全国船舶工业职业教育教学指导委员会“十三五”重点规划教材

船体放样

主　编　吴伟国　张海泉
副主编　高　靖　展　龙
主　审　魏莉洁

哈爾濱工程大學出版社
Harbin Engineering University Press

内容简介

本书为全国船舶工业职业教育教学指导委员会“十三五”重点规划教材，是按照“以工作过程为导向”课程改革要求编写的。本书主要包括船体手工放样和船体数学放样2个能力训练模块，以造船企业150 t冷藏船为载体，依据岗位工作过程，设置船体理论型线放样、船体结构线放样、船体构件展开、放样资料制作、HD－SHM2005线型系统、HD－SHM2005结构系统和HD－SHM2005船体外板系统7个项目。

本书不仅可以作为高职高专院校船舶工程技术专业学生的教材，也可以作为继续教育学校、中职学校相关专业学生及船厂员工的培训教材。

图书在版编目(CIP)数据

船体放样/吴伟国，张海泉主编. —哈尔滨：哈尔滨工程大学出版社，2020.7(2025.6重印)
ISBN 978－7－5661－2700－6

Ⅰ. ①船… Ⅱ. ①吴… ②张… Ⅲ. ①船体放样－高等职业教育－教材 Ⅳ. ①U671.2

中国版本图书馆CIP数据核字(2020)第109610号

选题策划 史大伟 薛 力
责任编辑 丁 伟
封面设计 李海波

出版发行 哈尔滨工程大学出版社
社　　址 哈尔滨市南岗区南通大街145号
邮政编码 150001
发行电话 0451－82519328
传　　真 0451－82519699
经　　销 新华书店
印　　刷 哈尔滨市海德利商务印刷有限公司
开　　本 787 mm×1 092 mm 1/16
印　　张 12.75
字　　数 335千字
版　　次 2020年7月第1版
印　　次 2025年6月第6次印刷
定　　价 35.00元
http://www.hrbeupress.com
E－mail:heupress@hrbeu.edu.cn

船舶行指委“十三五”规划教材编委会

前　言

“船体放样”是船舶工程技术专业(制造方向)的核心课程之一,是一门涉及船体建造整个过程、与生产实际密切相关的工学结合课程,主要培养学生船体放样的专业能力。为了适应船舶工业快速发展的形势,满足船舶企业对人才培养的需要,以岗位工作的知识能力需求为依据,结合高等职业教育特点,依托校企合作平台,我们编写了“船体放样”课程项目式教材。

本书主要包括船体手工放样和船体数学放样 2 个能力训练模块。其中手工放样分为 4 个项目——船体理论型线放样、船体结构线放样、船体构件展开和船体放样资料制作;数学放样分为 3 个项目——HD - SHM2005 线型系统、HD - SHM2005 结构系统和 HD - SHM2005 外板系统。

本书在编写过程中突出以下几个特点:

(1)突出对学生职业能力的训练,理论知识的选取紧紧围绕工作任务完成的需要来进行,同时又充分考虑了职业能力发展的需要,教学内容力求适时、精练、实用。

(2)依据“项目导向、任务驱动、学做一体”组织教学内容。以 150 t 冷藏船为载体,以其理论型线放样、结构线放样、构件展开和放样资料生成为任务驱动,按照工作过程组织教学内容,让学生在完成任务的过程中掌握知识技能,以达到培养学生职业能力的目的。

(3)在内容序化方面,依照船体放样流程,结合由简单到复杂的递进规律,并将项目按照由单一到复杂的递进规律组织学习任务,帮助学生循序渐进地提升船体放样能力。

(4)每个项目前列出了项目任务、学习内容和技能目标,在项目任务后面编制了思考与练习,便于教师组织教学和学生自主学习。

(5)本书配有全套课件,并针对教学难点制作了船体放样过程的动画,生动直观,给学习者带来了很大便利,有利于激发学习者的学习兴趣及主动性,从而提高学习效率和教学质量。

本书由吴伟国、张海泉任主编,高靖、展龙任副主编。参加编写的人员有:九江职业技术学院吴伟国(项目 2);武汉船舶职业技术学院张海泉(项目 3);九江职业技术学院高靖(项目 1);江苏省无锡交通高等职业技术学校秦昊(项目 4);九江职业技术学院展龙(项目 5);九江职业技术学院陈炯(项目 7);九江职业技术学院肖雄(绪论);九江职业技术学院江帆(项目 6)。全书由吴伟国统稿和定稿,魏莉洁主审。

本书在编写过程中得到了九江同方江新造船有限公司、广船国际造船有限责任公司的专家的支持和帮助，在这里表示衷心的感谢！

由于编者经验和能力有限，加之编写时间仓促，虽然已尽量做到精心组织、认真编写，但难免存在疏漏和不足之处，恳请读者朋友批评指正，以便修订时完善。

编　者

2020 年 4 月

目　　录

绪　论

【学习内容】

1. 现代造船工艺。
2. 船体放样。
3. 船体数学放样软件。

【能力目标】

1. 掌握船舶建造工艺的内容和工艺流程。
2. 掌握船体放样的概念、目的、方法和主要内容。
3. 熟悉常见的数学放样软件及其特点。

现代造船工艺

任务 0.1　现代造船工艺

船舶建造简称造船。造船工艺是造船施工方法和过程的统称，它是在综合应用各种先进技术和现代科学管理方法指导下的施工过程，即如何把设计阶段经过试验和计算并按照规范设计绘制的船舶图样变成实船，同时保证其使用性能。

0.1.1　船舶建造工艺内容

船舶建造过程比较复杂，按照现代造船工艺学的观点，船舶建造可分为三种类型生产作业，即船体建造、船舶舾装和船舶涂装。

1. 船体建造

船体建造是将船用钢材加工制作成船舶壳体的过程。其作业流程一般包括三个步骤：

①加工制作船体构件；

②零件装焊成中间产品（部件、分段、总段）；

③零部件及分段总装合龙成船体。

2. 船舶舾装

造船业通常将主船体和上层建筑以外的机电装置、营运设备、生活设施、各种属具和舱室装饰等统称为舾装工程。船舶舾装通常有以下几种分类方法：

①按专业内容分类，船舶舾装可分为机械舾装、电气舾装、管系舾装、船体铁舾装、木作等。

②按作业阶段分类，船舶舾装可分为舾装件制作（采买）、舾装托盘、分段舾装、总段舾装、船内舾装等。

③按区域舾装法分类，船舶舾装可分为机舱舾装、甲板舾装、住舱舾装和电气舾装等。

3. 船舶涂装

涂装作业就是在船体内外表面和舾装件上，按照技术要求除锈和涂敷各种涂料，使金属表面与腐蚀介质隔开，达到防腐蚀的目的。它一般包括钢材预处理、分段涂装、总段涂装、船台涂装和码头涂装等制造级的生产作业系统。

0.1.2 船舶建造工艺流程

现代造船方法以区域为基础，使船体建造、船舶舾装和船舶涂装三种不同作业相互协调和有机结合，形成“壳舾涂”一体化，按照区域、阶段、类型组织生产，即区域造船法，并以此建立造船工艺流程示意图(图 0－1)。

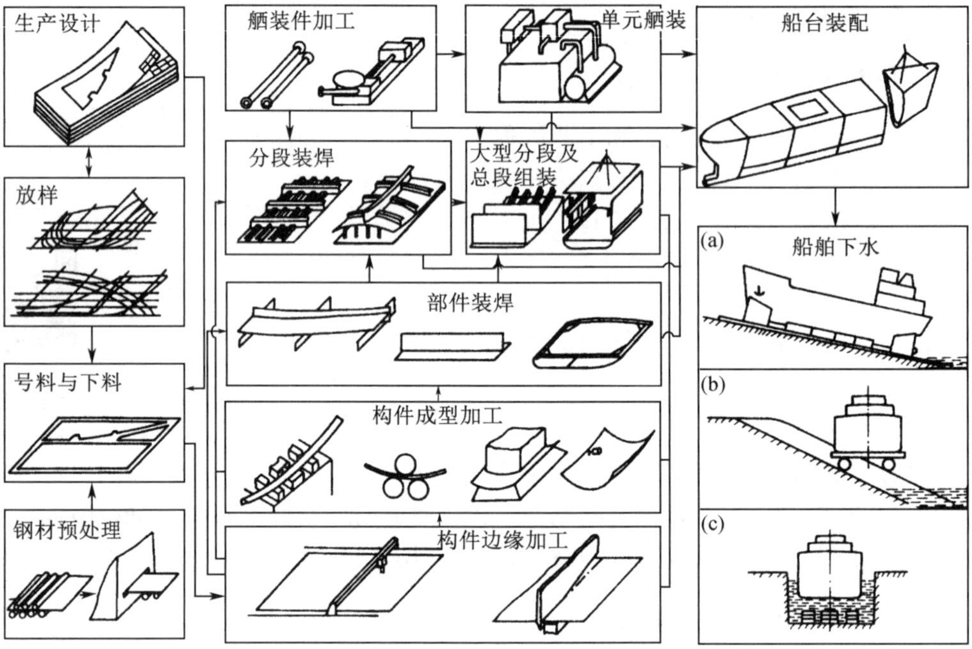

图 0－1 造船工艺流程示意图

1. 船体放样

船体放样是把设计型线或结构按一定比例(1∶1，1∶5或 1∶10 等)绘在放样间的地板上，或运用数学方法编成程序输入电子计算机进行数学放样。不论采用何种方法，均需光顺理论型线和修正理论型值，再绘出肋骨型线图并进行结构线放样，接着展开船体结构中的各个零件，据此提供各种放样资料为后续工序使用，如草图、样板、样箱和磁盘等。

2. 船体钢材预处理和号料

对船体钢材进行矫正和表面锈斑的清理、防护等预处理工作后，再应用草图、样板、样箱、磁盘等放样资料，把放样展开后的各零件图的图形及其加工、装配符号，画到平直的钢板或型钢上去，这个过程叫作号料。

有些号料工序还与切割工作结合进行，如数控切割机就是在号料的同时将零件外形切割完毕，实际上取消了号料工序。

3. 船体构件加工

船体构件加工包括构件边缘加工和构件成型加工等内容。

(1)船体构件边缘加工

船体构件边缘加工一般包含三种加工作业:第一,运用机械剪切或化学、物理切割方法,按施工信息从原材料上切割得到船体构件;第二,根据焊接和装焊技术要求,对构件进行坡口加工;第三,根据设计要求,用砂轮对某些构件的自由边和人孔进行磨光加工。从而得到满足不同技术要求的船体构件。

(2)船体构件成型加工

经过边缘加工后,对一些具有弯曲、折角或折边等空间形状的构件,还要使用辊弯、压弯、折弯和水火弯板等弯曲加工方法,将其弯制或折曲成所要求的空间形状,这种加工过程称为构件成型加工。

4. 船体装配

船体装配是指把下料加工成型的船体构件装配成整个船体的过程,它可分为部件装配、分段装配和船台装配三部分内容。

部件装配,俗称小合龙,将零件组装成部件,在专业平台上进行。

分段装配,俗称中合龙,在胎架上进行,也可在平台上进行。

船台装配,俗称大合龙,在船台或船坞上进行,有塔式建造法、岛式建造法、串联建造法、总段建造法、两段建造法等。

5. 船舶焊接

船舶焊接是运用焊接技术并采用合理的焊接程序,将已装配完成的船体部件、分段(或总段)、整个船体的各种接缝,按照设计要求连接起来,从而使各种船体构件结合成一个整体。实际上船舶焊接是渗透在船体装配的整个过程中的,如船体部件焊接完成后才能进行分段(或总段)装配,分段(或总段)焊接完成后才能进行船台装配等。

6. 火工矫正

船体焊接会产生局部或整体的变形。船体部件焊接变形可采用机械纠正,也可采用火工纠正。火工纠正是利用火焰局部加热变形部位,使之热胀冷缩而纠正变形的。

7. 密性试验

船体上的许多连续焊缝,特别是水下部分的外板、舱壁、舵等的焊缝必须保证水密,船上的油舱和油船上的各舱则要保证油密。因此,这些部位的焊缝需要进行密性试验(灌水、冲水、气压、冲气、冲油等试验)来检查其质量,以防航行中漏水、漏油,确保航行安全。有些重要船舶或重要部位的焊缝质量还须运用仪器来检查,如超声波探伤、X 光探伤等。

8. 船舶舾装

船舶舾装的主要内容有各种设备和管系的安装、电气安装、木工作业、绝缘作业、舱室设备安装、房间修饰等。

船舶舾装是一项相当复杂的工作,不仅需要各个专业工种的相互配合,还需要生产上的合理组织与安排,以便最大限度地缩短造船的总周期。

9. 船舶涂装

为了防止钢材腐蚀,延长船舶的使用寿命,必须对钢材和船体进行除锈、涂漆处理,这项工程作业称为船舶涂装。船舶涂装除了船体防腐外,还有外表装饰和船底防污等作用。

10. 船舶下水

当船舶在船台上(或船坞内)建造到预定工程量时,需要依靠专门设备和操作方法将船舶移到水中去,这项工程作业称为船舶下水。

11. 船舶试验

船舶试验有系泊试验、倾斜试验和航行试验三种。

(1)系泊试验

系泊试验是指船舶基本竣工,船厂取得船东和验船机构的同意后,将船舶系在码头上进行的试验。其任务是根据设计图纸和试验规程,对船舶的主机、辅机及其他设备和系统等进行试验,以检查船舶的完整性和可靠性。

(2)倾斜试验

系泊试验后将船舶置于静水区域,进行倾斜试验,以测定完工船舶的重心位置。

(3)航行试验

航行试验是对新建船舶综合性的全面考核,有轻载试航和满载试航两种形式,由船厂会同船东和验船机构一起进行。试验前应按船舶类型决定试航水道,备齐燃料、救生器材、生活必需品、试验仪器仪表和专用测试器具等。试航过程中应测定主机、辅机、各种设备系统和通信导航仪器的各项技术指标,测定船舶各项航行性能指标,以检查是否满足设计要求。

12. 交船与验收

船舶试验结束后,船厂应立即组织实施排除试验中发现缺陷的各项作业;同时对船舶及船上一切装备,按照图纸、说明书和技术文件逐项向船东交验。例如,逐个舱室的移交,备品的清点移交,主机、辅机、各种设备系统和通信导航仪器的动车移交等。

当上述工作结束后,即可签署交船验收文件,并由验船机构发给合格证书,船东便可安排该船参加营运。

任务0.2 船体放样概述

船体放样概述

船舶是一种外形及结构均较复杂的水上建筑物。其外形通常为形状复杂的双曲面,内部结构构件繁多,且很多构件的形状与船体线型有关。船体建造过程也比较复杂,需要经过放样、号料、加工、部件装配、分段装配、总段装配及船台装配和下水等工序。船体放样是船体建造的第一道工序,放样提供的型值、数据、草图、样板、样箱等是作为其后续工序的依据,船体建造的质量与放样的精度有着密切的关系,因此船体放样在船体建造过程中占有重要的地位。

0.2.1 船体放样及其作用

船体放样是船体建造的第一道工序。所谓船体放样,是将图纸上缩尺绘制的船体设计图样(型线图、结构图)放大光顺,并将其构件进行展开,以求得符合设计要求的船体结构真实形状和尺寸,作为船体构件下料、加工的依据。

由于船体表面是光顺的曲面,这就要求放大的图样也一定是光顺的。因此,船体放样的目的不仅仅是将设计图放大,更重要的是将设计图上因比例限制而隐匿的型值误差和曲线(面)不光顺因素予以消除,即对型线进行光顺;此外,还要补充设计图中尚未完全表示出的内容,并依据放大、光顺的图样求取船体构件的真实形状和几何尺寸,为后续工序提供施工资料(样杆、样板和草图等)。

由此可知,放样既是设计意图的体现与完善,又是产生后续工序施工依据的重要环节。

0.2.2 船体放样方法

常用的船体放样方法,有手工放样和数学放样之分。手工放样包括按1∶1比例绘图的实尺放样和按1∶10(或1∶5)比例绘图的比例放样。比例放样的优点在于能减小放样台面积,降低放样工作劳动强度。它的放样方法与实尺放样一样,只是所用的绘图比例、放样工具和技术要求有所不同。

数学放样则是用数学方程定义船体型线或船体型面,建立数学模型,借助于电子计算机完成船体放样。

船体数学模型,就是用数字表示整个船体的真实形状。建立数学模型以后,就可以对船体表面进行分割,将整个船壳模拟人工放样的过程,用数学方法把每一张外板的形状精确计算出来。运用几何图形相交和拼接的方法,把直线、圆弧和曲线组合成新的形体,与船体数学模型结合,就可以把各种船体结构零件精确地计算出来,进而完成放样的全部工作。

船体数学放样的方法效率高、成本低、工作环境好,但使用起来对工作人员的技术要求较高,技术人员既要懂得船体知识,又要懂得计算机操作和数学知识,甚至还要会编写复杂的计算机语言。但要真正学会放样知识,传统的放样方法和知识必不可少。

0.2.3 船体放样内容

船体放样主要包括船体理论型线放样、船体肋骨型线放样、船体结构线放样、船体构件和外板的展开、提供后续工序所需资料及修正和整理放样过程中的有关技术资料等内容,放样流程也是按此内容的先后顺序进行的。

1. 船体理论型线放样

根据设计部门提供的理论型线图和型值表进行型线放样,以获得船体准确光顺的三向型线图(纵剖线图、半宽水线图和横剖线图),作为船体肋骨型线放样的依据。

2. 船体肋骨型线放样

为了表达船体每挡肋位肋骨横剖线的形状和船体内部结构状况,在理论型线放样的基础上,按实际肋骨间距在纵剖线图和半宽水线图上插入肋骨线,根据三面投影关系,在横剖线图上得到每挡肋骨型线,即为肋骨型线图,作为船体构件线放样及船体建造的依据。

3. 船体结构线放样

在肋骨型线图上,按基本结构图、中横剖面图、外板展开图等有关图纸绘出甲板、平台、内底板、纵舱壁、肋板、纵桁材、外板接缝线等结构的理论投影线作为构件外板展开和加工制造的依据。

4. 船体构件和外板的展开

根据肋骨型线图所确定的构件线和外板的接缝线,按分段结构图和外板展开图等进行船体构件和外板的展开,求得构件和外板的准确形状及尺寸,据此绘制草图及制作样板。

5. 提供后续工序所需资料

用各类数据资料,绘制各类草图和钉制各种样板样箱,作为号料、加工制造的依据。

6. 修正和整理放样过程中的有关技术资料

船体放样是船体建造的第一道工序,为后续各道工序(号料、加工、装配)提供施工依据，对船舶建造质量和造船周期都有较大影响，因此，修正和整理放样过程中的技术资料是一项重要的工作。

0.2.4　船体放样的准备工作

1. 图纸的准备

由设计部门提供船体型线图及其型值表，还必须具备基本结构图、中横剖面图、肋骨型线图、外板展开图、艏艉柱结构图、船体结构理论线图和轴系布置图等。

2. 场地准备

手工放样时必须熟悉船体主尺度，考虑造船生产进度与周期，合理安排几艘船的放样场地。

3. 工具准备

船体手工放样工具较多，主要有 30～50 m 长的钢卷尺（用前由计量部门检验）、木质及塑料或有机玻璃样条、质量与大小不同的压铁、曲线板粉线等。

4. 材料及人员准备

钉制样板、样箱和绘制草图所需用的材料，包括木板、铁钉、纸、笔等。此外还需做好人员准备，合理调配人力。

采用计算机进行数学放样则需要配备相应的计算机硬件及船舶 CAD/CAM 系统软件等。

船体放样是一个技术性强、难度大、精度高的工作，它不仅是船体建造的首道工序，而且为船体建造的其他后续工序提供各种确切可靠的施工依据。因此，船体建造的质量，在很大程度上取决于放样的工作质量。

任务 0.3　数学放样软件

船体放样软件

0.3.1　计算机辅助造船技术特点和发展趋势

数学放样是用数学方程定义船体型线或船体型面，建立数学模型，借助于电子计算机完成船体放样。进行数学放样需要使用相应的造船 CAD/CAM 系统软件。

自 20 世纪 60 年代初成功研究数学放样以来，各造船国家竞相致力于造船 CAM 系统研究开发工作，使造船 CAM 技术得到了飞速发展，相继进入船体加工、管系加工与布置、船舶轴系校中、船舶电缆布置和螺旋桨加工等广阔领域，从最早的线框几何模型发展到曲面几何模型，又到了现在的实体几何模型。而且，各造船国家已将研制开发的 CAM 系统逐步集成发展为 CAD/CAM 系统，即造船集成系统。

船舶产品和造船生产过程具有不同于其他产品和制造业的显著特殊性，因而造船 CAM 技术与其他 CAM 技术既有许多共同点，又具有自己的特点。

1. 船舶产品和造船生产过程的特点

众所周知，船舶是一种极为复杂的大型水上建筑物，它不仅尺寸大，而且构成极为复杂，所以船舶产品及其制造过程具有一系列特点。

(1)造船生产方式的特点

船舶是水运交通和水域资源开发中的主要生产工具,其营运环境、用户经营目标和投资环境等的多样化,决定了用户对船舶产品需求的多样化。这种多样化需求将使造船生产依然采用多品种、单件或小批量生产的工业生产方式。

(2)船体设计的表示方法特点

船体是由空间曲面组成的大型金属结构物,在产品设计过程中只能用小比例绘制出三面正投影图,因此具有如下特点:

①空间曲面随船型变化而改变,只能采用型值表方法表示船体曲面;

②在表示船型的船体理论型线图上,对一些尺寸小的曲面(如艏艉柱)只能概略表示,不能精确表示船体外板的零件尺寸;

③表示船体曲面的型值,包含各种不可避免的误差,所以不能直接作为施工资料;

④许多船体构件的外形,依然是空间曲面,或者是含有空间曲线构成的空间平面,需要将其展开成平直平面后,才能在平直的原材料上进行号料。

从上述特点可知,船体建造过程必然具有其特有的船体放样工序。

(3)船体建造工程的施工特点

在船体建造过程中,由于船体零件和半成品的尺寸和质量大、外形和结构复杂、作业环境变化大等特殊性,部分零件成型加工和辅助作业、绝大部分装配焊接作业和质量检测作业等,仍然停留在手工操作的作业方式上。

此外,从船体建造过程的作业环境来看,因其具有船舶产品主尺寸大、船型和船体结构复杂多样等特点,船体装配和焊接必然存在室外高空、狭窄空间等作业环境。这些作业环境的复杂条件,同样给实现船体装配和焊接的机械化、自动化增加了很大的难度。

(4)船舶舾装系统在船舶制造中的施工特点

在船舶产品制造过程中,对船舶舾装工程的施工,主要是现场装配作业。

船舶制造中舾装工程的作业环境特点在于,舾装工程的现场装配作业都是在船体和上层建筑上进行的,作业位置和作业状态是全位置的,具有大量的高空仰视安装作业和狭窄空间的安装作业,即使在船体分段或总段内进行预舾装,也避免不了这类安装作业。同时,还具有在同一空间位置上敷设多种管线、绝缘和装饰等多专业工种作业的特点。

此外,舾装件的搬运和安装作业环境还受到船体和上层建筑内的工作空间、通道和船舶建造方案等的影响,例如影响运输工具和搬运方法的选择、舾装工程安装作业方式的选择等。

这些作业环境特点使舾装工程的安装作业更为复杂,给实现安装作业机械化和自动化增加了困难。

2. 造船 CAM 技术的特点

(1)船体放样的数据处理和计算

船体建造工程包含特有的船体放样工序,这道工序的工作内容主要有船体型线光顺、结构线放样和船体构件展开等,其主要任务是为后续工序提供准确的施工资料,属于产品设计资料的"再加工"性质。因此,在造船 CAM 技术中完全有可能和有必要应用计算机技术完成船体放样的各项工作内容,建立包括数学光顺、板缝线和结构线计算、构件展开计算和样板尺寸计算等功能的船体数学放样程序模块,这已成为造船 CAM 系统的主要组成部分,这也是造船 CAM 技术特有的内容。

(2)管系、电缆布置的数据处理和计算

船舶设计所提供的管系、电路布置图只是从功能角度出发绘制的一种概略布置图。必须在船体型线光顺以后,根据船型和船体结构特点,在光顺后的肋骨型线图上重新进行综合布置,以便正确决定管子尺寸、弯头角度、附属件尺寸、敷设位置与走向、船体结构开孔位置和尺寸等,这些工作内容可借助三维几何造型技术,建立具有上述功能的管系、电缆综合布置程序模块。

(3)船体构件的计算机辅助套料

船体构件由型材构件和板材构件两大类组成。为有效利用原材料,必须对船体构件进行合理的套料,以达到合理利用资源和降低生产成本的目的。因此,对于造船 CAM 技术而言,获得船体构件的展开信息只是船体构件信息处理工作的第一步,还必须在获得单件展开数据的基础上,进一步进行构件套料的数据处理和计算(构件数据的二次处理),然后才能以套料零件数据为基础,进行船体构件数控切割的自动编程,为数控切割机床提供加工控制信息。

(4)船体构件加工特点的影响

船体中数以万计的构件,其形状和尺寸各不相同,并随船舶产品的变化而变化。船舶制造采用的是多品种、单件或小批的生产方式,所以对船体加工机床的自动化,宜选择柔性自动化方式,即数控加工方式。迄今为止,对构件的边缘加工和型材构件的成型加工已实现了数控加工。至于板材构件的成型加工,由于受其形状复杂和加工过程中板材变形复杂的影响,冷压加工则有待于研制出保证加工质量的通用模具和弹塑性加工的数学模型,才有可能实现数控加工;水火加工则有待于研制成功水火加工的板材变形计算和尺寸与分布等的计算模型、作业机械的过程控制模型等,才有可能实现数控加工。再者,船体构件是形状复杂的大尺寸零件,它在加工过程中的搬运进给、定位和装卸等辅助作业的操作非常复杂,因此应在研制开发满足各种作业特点的大型辅助作业机械的基础上,研制数控装置,或者研制智能机器人和计算机监控装置,以实现辅助作业自动化。

(5)船体装焊工艺特点的影响

船体装配和焊接作业的自动化受到工件特点、作业方式和作业环境等因素的制约,实现这部分作业自动化的难度相当大。例如,即使在市场上已出现了通用焊接机器人,但它仍不能适应作业环境复杂多样的船体焊接作业要求。所以国外造船界认为,实现船体装配焊接作业的计算机监控,一方面要研究开发新的装配焊接技术方法,另一方面要研制开发满足船体装焊技术要求并适应其作业环境特点的智能机器人。

(6)舾装系统安装工艺特点的影响

舾装系统安装作业环境比船体装焊作业环境更为复杂,对实现安装作业计算机监控的制约更加苛刻。研究开发新的适于安装作业舾装安装作业自动化的智能机器人等的难度将更大,任务也更艰巨。

从上述可知,造船 CAM 技术的前三个特点,是在数控加工之前进行大量复杂的数据处理和计算工作,而且是属于生产工艺准备阶段的工作内容,它们与造船生产设计(CAPP)相互联系、相互合作、相互传递所需信息。它们集合在一起具有极为复杂的、大量的计算和数据处理工作。后三个特点是形成高度自动化和高柔韧性化的造船 CAM 系统的关键,还有许多高难度的技术问题有待研究和开发,它们代表了新一代的造船生产方式。从造船 CAM 技术的特点可知,造船 CAM 技术主要依靠计算机进行以下几方面的工作:

①计算和统计工作；

②取代某些工艺过程（船体放样、套料和管系电缆综合布置等）；

③工艺过程控制（机床和辅助作业机械的数控）；

④型线的存储、传递和处理；

⑤生产过程的监测。

0.3.2 主要船舶 CAD/CAM 系统简介

船舶 CAD/CAM 软件是指为船舶设计和建造领域服务的专用计算机软件。

目前，中国船舶行业应用较多的软件系统主要有 TRIBON、CATIA FORAN、CADDS5、NAPA，以及拥有中国自主知识产权的东欣船舶设计与建造系统 SPD 和 HD－SHM。

1. TRIBON 专业造船系统

TRIBON 系统是由瑞典 KCS（Kockums Computer System AB）公司设计开发的用于辅助船舶设计与建造的计算机软件集成系统，它也是个先进的专家系统。

该软件的特点在于用计算机建立船舶的生产信息数据库，在计算机上建立一个实船模型，不仅可以绘制生产用图纸，还能进行各种信息数据的计算、管理和统计，这些生产信息可以被提取用于生产制造，实现设计与生产准备的统一。

进入 20 世纪 90 年代以来，我国有多家船舶设计单位和科研院所购买了该软件。在一定时期内 TRIBON 软件的大量使用提高了我国的造船水平，TRIBON 软件集成制造系统功能的充分发挥，大大提高了设计效率，减少了工作量，缩短了造船周期，使我国的造船水平与国际接轨，能够参与到国际竞争当中。

TRIBON 软件在应用中的不足之处也显而易见：

（1）开发环境落后

TRIBON 系统是在 DOS 系统环境下开发并逐渐完善的系统，这使得其在 Windows 环境下操作烦琐，可视化程度低，一定程度上阻碍了它的应用和发展。

（2）初始化数据不能共享

在 TRIBON 系统中，每个工程项目的建立都要进行重复的数据准备工作，包括系统的初始化、船号定义、基础数据库设立与拷贝、缺省文件设置、用户权限设置等，缺一不可。而初始化文件多为表格和文本文件，填写、修改它们不仅浪费大量时间，而且极易造成错误。

（3）数据库维护及管理不便

TRIBON 系统的各个子系统都带有多个共享的数据库，如 SBD_VOLUME、SB_HULL、SB_CCDB、SB_PSDB、SBP_SKETCH_DB 等，这些数据库可以被追加、复制、删除、修改等。这些数据库中的数据信息是通过一个文本文件（d065）被调用的，这也反映了该软件在数据库方面的不足。

（4）不能完全适应国内船厂情况，二次开发烦琐

TRIBON 系统本身提供了两种语言供用户提取数据，一种是宏语言 MACRO，另一种是建模语言 PLM。原文件按照存储性质不同，可分为图形文件、建模数据文件、标准部件数据文件三类。针对这三种不同类型的数据，又采用了三种不同类型的提取方法。

目前，只有科研能力较强的造船厂和研究所，才可以把这些数据抽取到外面的 SQL 和 Oracle 数据库中进行后续的处理，并输出到其他 CAD 三维系统中进行更进一步的建模加工处理。在二次开发方面比较成功的有沪东中华造船（集团）有限公司、广船国际有限公司和

渤海船舶重工有限责任公司。

(5)拓扑关系不能动态更新

虽然TRIBON系统建立了统一的生产信息数据库,以及构件间的拓扑关系,使得某一构件的数据一旦被修改,有拓扑关系的构件数据就会同时发生变化(假设修改合理),但它的变化是“假变化”,需要对这些构件的编辑对话框重新运行后,才能在三维视图中看到改动后构件的样貌。另外,在系统中,一旦模型修改,相应的图纸也会相应地更新,这种更新不是实时更新,需要操作者从数据库中重新调用,这在操作中往往会带来其他小麻烦。

(6)熟悉软件时间长,培训费用高

由于TRIBON软件操作复杂,对技术人员专业素质要求高,许多企业和研究院所放弃了正规培训,靠帮助文件在实践中摸索,往往只应用了其中的部分功能,并通过二次开发或结合其他软件共同应用。

2. CATIA软件系统

CATIA是英文computer aided tri-dimensional interface application的缩写,是世界上一种主流的CAD/CAE/CAM一体化软件,隶属于法国Dassault System公司。现在的V5版本应用于UNIX和Windows两种平台,功能强大,广泛应用于航空航天、汽车制造、造船、机械制造等行业,它的集成解决方案覆盖所有的产品设计与制造领域,全球用户数量超过1.3万。目前国内船舶行业的主要客户是广州文冲船厂和烟台中集来福佛士船厂,使用CATIA进行船舶三维设计取代了传统的二维设计。

(1)软件的主要优势

①为船厂提供系统级的解决方案。国内造船业的特点是建造船舶种类繁多,批量小,这样就加大了设计、制造和管理的难度。同时,从产品全生命周期的角度来讲,一艘船交付以后的整个维护费用,应该是造船成本的3~4倍,在几十年的运营周期里随时面临着维护的问题。CATIA软件系统提供了这种功能,帮助船厂提高在造船行业特别是民船市场的竞争力。

②DMU电子样机功能推动生产力的提高。与CATIA共同构成PLM系列的产品DELIMIA,采用新一代的虚拟仿真技术在计算机上完全实现设计、制造全部流程,直接可观测到制造结果,可对不合理的地方及时修改,达到全生产过程的最优化。

③支持不同应用层次的可扩充性。CATIA V5对于开发过程、功能和硬件平台可以进行灵活的搭配组合,可为产品开发链中的每个专业成员配置最合理的解决方案;允许任意配置的解决方案,可满足大、中、小型船舶企业的需要。

④内核与操作平台的选择。CATIA V5是在Windows NT平台和UNIX平台上开发完成的,并在所支持的硬件平台上具有统一的数据、功能、版本发放日期、操作环境和应用支持。CATIA V5在Windows平台的应用可使设计师更加简便地同办公应用系统共享数据;而UNIX平台上NT风格的用户界面,可使用户在UNIX平台上高效地处理复杂的工作。

⑤可视化程度高,易学易用。CATIA软件的界面友好,三维模型立体逼真,操作符合用户习惯,易学易用。

(2)国内造船应用中表现出的主要不足之处

①并非专业造船软件。CATIA软件率先用于航天、汽车行业,后由于其强大的功能和良好的口碑,继而开发出船舶设计模块。从设计理念、操作习惯来看,CATIA软件并不完全符合船舶行业的特点和习惯,这就使得在船舶设计尤其是生产设计中产生一些不便。

②仿真缺陷。CATIA 软件是基于点、面、体素开发的实体软件，对于船舶行业中的声、光、电无法做逼真的仿真。

与 CATIA 软件的强大功能和系统技术结构相比，软件在造船模块方面的一些缺陷不影响其成为船舶行业优秀的系统级 PLM 软件。

3. FORAN 专业造船系统

FORAN 专业造船系统是西班牙 SENER 工程系统公司研发的。该公司原是西班牙著名的多学科工程咨询公司，由造船工程师于 1956 年组建。服务覆盖了航空航天、民用建筑、动力工程、流程加工及船舶与海洋工程等领域，其所有部门和业务活动全部获得了 ISO 9001、ISO 14001 和 OSHAS 18001 认证。

(1)FORAN 的优点

①专业性。FORAN 是一款包含船舶设计所有专业、覆盖船舶设计全过程的全面而完整的设计软件，为造船的全过程提供了集成化的整体解决方案。60 多年来，SENER 设计的船舶已超过1 000艘。其进入中国市场不久，目前拥有中国船舶重工集团公司第七〇一研究所、爱克伦(中国)集团船舶及海洋工程技术中心、江苏科技大学、哈尔滨工程大学等用户。

②软件设计更加合理。目前的版本是基于 Windows、面向对象体系 Oracle 数据库重新开发的，可以实现异地协同设计，很好地实现了单一数据共享的并行工程的设计模式，使得设计系统和管理信息系统之间的数据交换极为简单。这就使得用户界面极为友好，操作方式和设计流程符合船舶设计的工程习惯，FORAN 成为易于学习、易于操作的系统，无须复杂的 IT 支持。创新与二次开发更易满足客户需求，这也是引起客户兴趣的一个亮点。

FORAN 彻底避免了 TRIBON 软件初始化数据不能共享、数据库维护及管理不便、拓扑关系不能动态更新的弊病，真正实现了三维可视化总体设计，2D/3D 之间无缝转换，仿真功能真正实现了高效可靠。

③提出了数字化造船解决方案。以实现船舶产品全生命周期管理为目标，现有商业化的 PLM 软件为框架，采用开放式的船舶 CAX 软件作为上游的研发设计工具，以及制造过程管理软件 MPM 为下游的制造工具软件，能与企业原有的或准备配置的 ERP、CRM、SCM、MIES 等管理软件紧密集成并满足企业个性化需求的全企业统一的数字化造船平台。

④软件本土化。为便于软件推广和国内设计师学习使用，西班牙 SENER 公司考虑研发 FORAN 中文版。

(2)FORAN 的不足之处

①性能计算模块功能较弱。在 FORAN 的应用过程中，性能计算模块不能满足船舶性能计算的需要，有些还需借鉴其他性能计算软件。

②个别操作命令须改进。不同类型的船舶结构相差较大，有些建模命令虽能满足建模需求，但操作方法复杂，不够直观。

据了解这些不足之处正在软件的推广过程中进行改进，相信这个优秀的软件在中国的船舶行业能够有更快的发展。

4. CADDS5 15.0 专业造船软件

CADDS5 软件是美国 PTC 公司提供的、基于 UNIX 操作系统的计算机辅助设计与绘图系统软件，曾服务于制造业的不同行业。CADDS5 15.0 是 PTC 公司专门面向造船业推出的软件，它所提供的新特性和扩展功能可以帮助造船企业提高生产能力，改善易用性，并增强协作性,解决造船业大装配结构的规模和复杂性的独特需求,并符合行业产品开发标准,已经成为我国军船设计制造的主要软件产品。

日前 CADDS5 15.0 已经在武昌造船厂、武汉船舶设计研究所、大连造船厂、山海关船舶重工有限责任公司、天津新港造船厂等国内客户中获得成功应用。实现了以三维设计为统一平台的数字化产品建模,建立了协同设计制造的工作环境,大大地提高了企业的研发效率和设计能力。

CADDSS 15.0 对操作环境要求较高,虽然安全性较高,但还是限制了它在中国船舶企业的推广,主要客户为军品客户,民船较少。另外,CADDSS 升级较缓慢,界面不够友好。

5. NAPA 船舶设计软件

NAPA 的全称是 naval archieclure package,该软件是由芬兰的 NAPA 公司开发的一套主要用于船舶总体性能计算的软件,也可用于船舶结构的有限元建模、强度分析及船体结构的设计。公司成立于 20 世纪 80 年代初,至今已有近 40 年的历史。公司对软件的不断开发、更新和推广,以及软件本身的可操作性和计算结果的可靠性,为 NAPA 赢得了越来越多的用户,目前已有多家船级社船厂和设计公司采用 NAPA 计算船舶的总体性能。

NAPA 是一个不断扩充的系统软件,每年都会推出两个最新版本。目前软件包括总体设计、结构设计和船用装载计算等功能模块。NAPA 总体设计涵盖了船舶设计所有的设计工作。它的功能包括线型生成、静水力计算、完整稳性计算、舱容(包括纵倾舱容)计算、破舱稳性(包括确定性破舱和概率性破舱)计算、可浸长度计算、谷物稳性计算、集装箱配载计算、下水计算和倾斜试验报告、航速预估和螺旋桨设计、耐波性和操纵性分析计算、空船质量统计等。

NAPA 软件通过生成和存储同一个数据库,保持上述计算所用数据的同步性和一致性。这种同步性和一致性把设计人员从以前各个计算间需要人工更新数据的繁重劳动中解放出来,使设计人员能更好地发挥设计才能,从而大大提高了工作效率,促进我国船舶事业更好、更快地发展。

6. 东欣船舶设计系统和建造系统

东欣船舶设计系统和建造系统是由上海东欣软件工程有限公司研发的。该公司是沪东中华造船(集团)有限公司投资控股的软件公司,软件开发具有良好的企业生产使用背景。

公司开发的船舶软件主要包括造船设计软件 SPD、船舶建造软件 HD - SHM 和造船 ERP(造船生产计划、造船物流管理、劳动力资源管理、船舶成本管理、人力资源管理、企业财务管理、船舶成本核算、船舶质量管理、设备信息管理)软件,公司拥有软件著作权和软件产品证书近 20 项。该公司软件产品已在国内 200 余家船舶制造厂、设计院所、大专院校成功应用,取得了十分明显的社会效益和经济效益。东欣软件为我国船舶工业推进现代造船模式,实现精细化管理,降低成本,缩短造船周期,增强企业竞争力做出了贡献。

通过多年的不断开发,东欣软件目前已经具备了造船生产设计所需的绝大部分功能,并且在人机交互方面也日臻完善。该软件涵盖了船体、舾装、船电、管系、风管等诸多专业领域。在船体方面,拥有型线设计、型线光顺、船体结构建模、报表生成、图纸生成、套料等多种功能。

本书将以该软件为载体,详细介绍使用东欣软件 HD - SHM 系统进行船体放样的相关内容。

【思考与练习】

1. 现代造船工艺包括哪些内容?
2. 简述现代造船一般的工艺流程。
3. 简述船体放样的概念和内容。
4. 简述船体放样的目的和作用。

项目1　船体理论型线放样

【项目任务】

本项目的任务是150 t冷藏船理论型线手工放样。

【学习内容】

1. 理论型线图认识。
2. 格子线绘制。
3. 轮廓线绘制。
4. 型线修正及检验。

【能力目标】

1. 掌握船体理论型线手工放样的方法和步骤。
2. 能正确使用激光经纬仪绘制格子线和检验格子线。
3. 能正确绘制梁拱曲线和甲板中心线。
4. 能正确进行理论型线修正和检验。

船体设计型线图是按照一定的比例(1∶50或1∶100等)绘制的。虽然从图面上来看,各型线似乎十分光顺,但经过1∶1放出实尺型线时,将会出现不同程度的一些差错,给船体的建造带来较大的影响。通过理论型线放样,在船体建造的初始阶段就将这些缺陷和错误暴露出来,修正、完善一些不合理的型值,使型线更趋光顺和合理,求得符合设计要求的船体外形,为船体放样后道工序施工提供依据。

船体理论型线图认知

任务1.1　船体理论型线图认知

1.1.1　船体外形的表达

为了使船舶具有良好的航行性能,船体外板通常具有纵横双向曲度的光滑曲面;同时,为了减少甲板上浪和迅速排除甲板积水,甲板一般也是纵向有脊弧、横向有梁拱的光滑双曲面。

由于船体外形一般都是双向曲面,目前常用船体理论型线图来表达船体准确外形和尺寸。船体型线图所表示的船体外形为船体型表面。钢船的型表面为船体骨架外表面,不包括外板和甲板的厚度,水泥船和木船则为船壳的外表面。

1.1.2　船体型线图的组成

船体型线图是表示船体表面形状和大小的图样,它是用三组互相垂直的平行剖面(横剖面、纵剖面和水线面)与船体型表面相交得到的三组型线(横剖线、纵剖线和水线,如图1-1~图1-3所示)及投影线和船体型表面(外板型表面和甲板型表面)轮廓线在三个投影面上的投影(图1-4和图1-5),绘制成三个投影视图(横剖线图、纵剖线图和半宽水线图)来表示的,如图1-6所示。

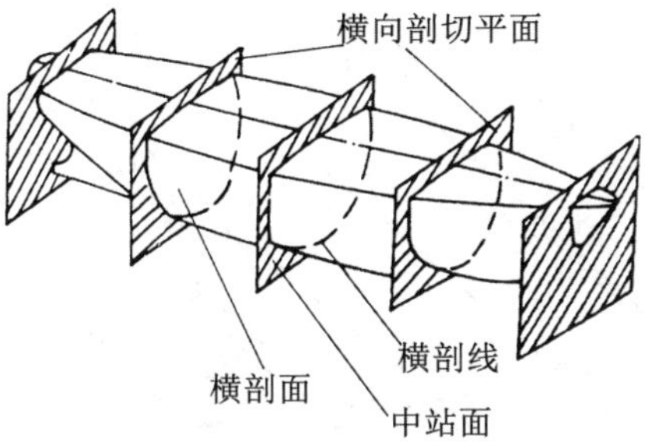

图1-1 横剖面及横剖线

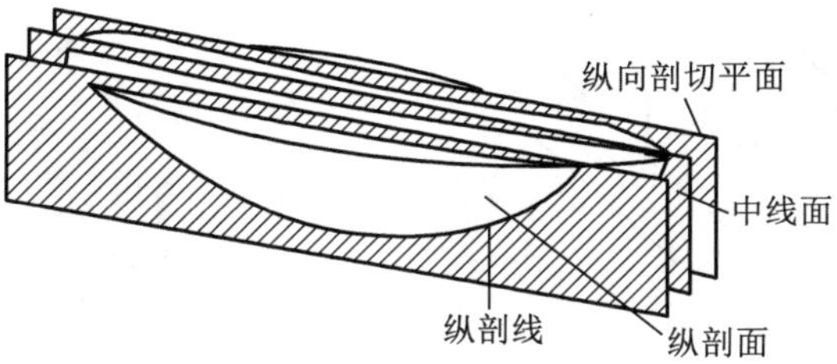

图1-2 纵剖面及纵剖线

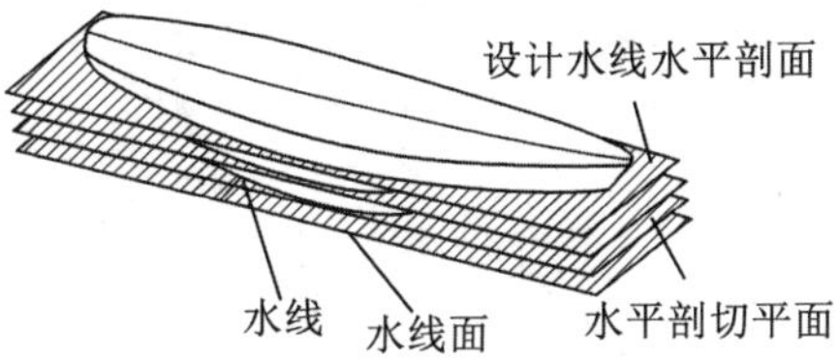

图1-3 水线面及水线

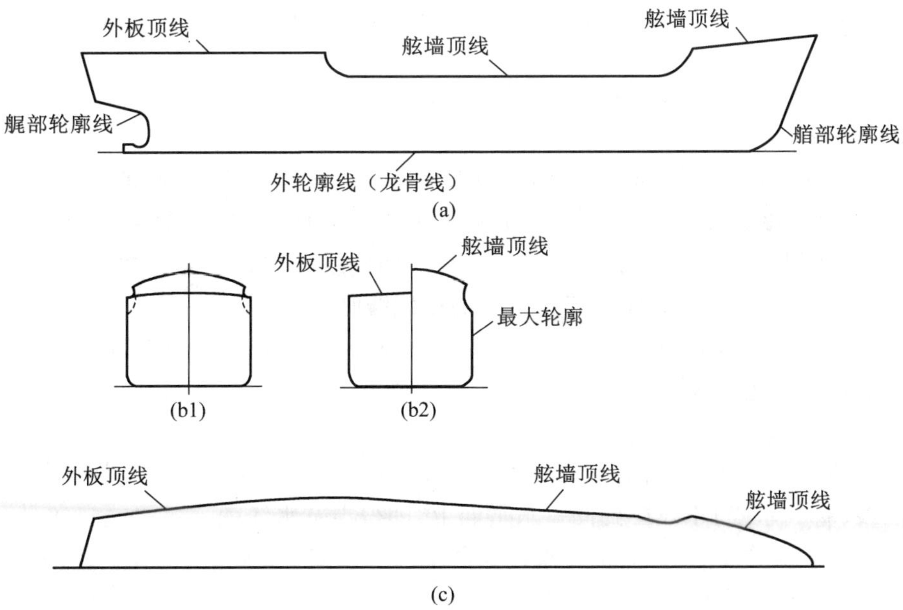

图1-4 外板型表面轮廓投影

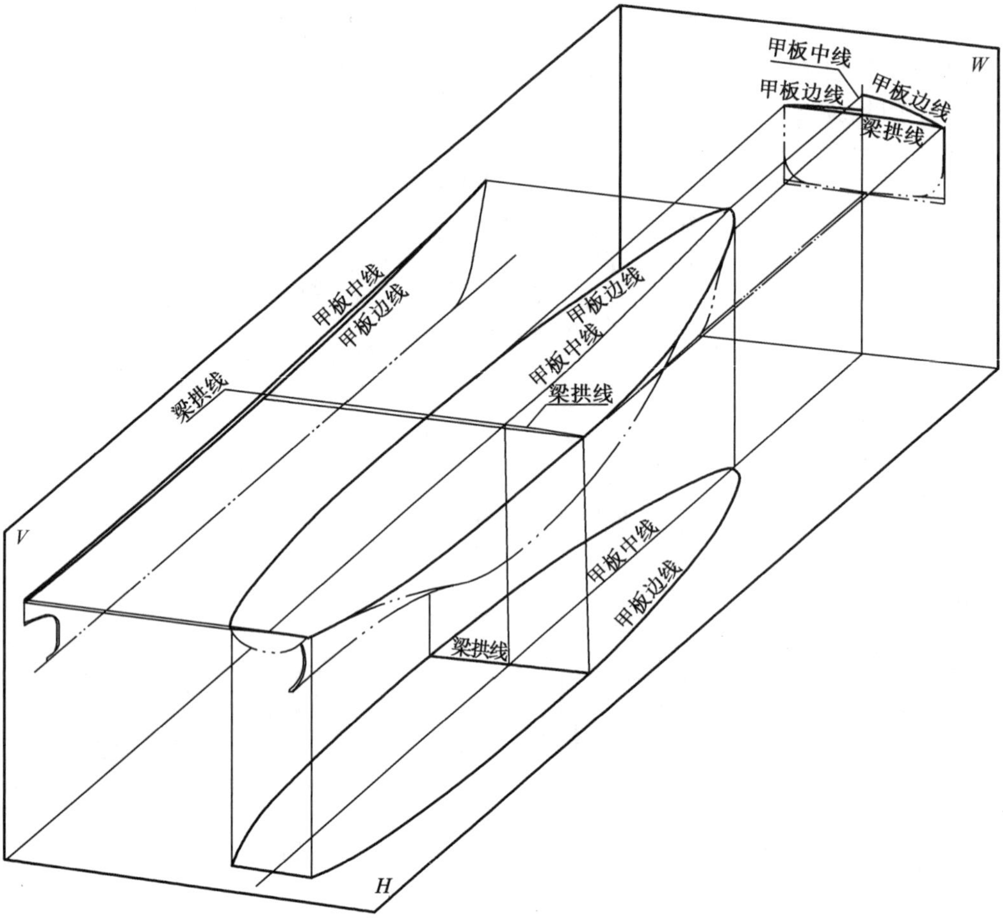

图 1-5　甲板型表面轮廓投影

现以 49.9 m 的 150 t 冷藏船的型线图为例,说明如下:

1. 横剖线图

沿船长方向平行于中站面,取 11 个(也有的取 21 个)等间距的横剖面,把船长等分为 10 个间距(称为站距);再将各横剖面所截得的船体型表面曲线(称为横剖线)都投影到中站面上,即得横剖线图。由于船体左右对称,每一横剖线只需画出半边即可。通常,将艉半段的左半边横剖线画在左边,艏半段的右半边横剖线画在右边。

注意　在我国船舶设计部门中,习惯对民船的各站从船尾至船首依次编号,而军船的各站则从船首至船尾依次编号。

2. 半宽水线图

沿吃水方向平行于基平面,取若干个等间距的水平剖面,将各水平剖面所截得的船体型表面曲线(称为水线)都投影到同一水平面上,即得半宽水线图。各水线自龙骨基线向上依次编号。由于船体左右对称,每一水线只需画出半边即可,故称为半宽水线图。

站号	半宽值/mm										高度值/mm							
	700 WL	1 400 WL	2 100 WL	设计水线	3 500 WL	甲板边线			外板顶线	舷墙顶线	纵剖线		甲板边线			外板顶线	舷墙顶线
						上	艉楼	艏楼			1500	3000	上	艉楼	艏楼		
艉封板	—	—	—	—	1390	2280	3080	—	3600	6100	4170	6270	—	6345	—	—	—
0	—	—	—	850	2080	2850	3620	—	3620	—	3180	4390	4100	6200	—	6275	—
1	560	860	1410	2400	3300	3810	4200	—	4200	—	2150	—	4050	6150	—	6225	—
2	2150	2720	3150	3550	3920	4150	4250	—	4250	—	250	—	4000	6100	—	—	—
3	3520	3940	4100	4170	4220	4250	—	—	—	4250	80	—	4000	—	—	—	5450
4	4100	4200	4250	4250	4250	4250	—	—	—	4250	80	—	4000	—	—	—	4800

站号	半宽值/mm										高度值/mm							
	700 WL	1400 WL	2100 WL	设计水线	3500 WL	甲板边线			外板顶线	舷墙顶线	纵剖线		甲板边线			外板顶线	舷墙顶线
						上	艉楼	艏楼			1 500	3 000	上	艉楼	艏楼		
5	3770	4110	4250	4250	4250	4250	—	—	—	4250	80	300	4000	—	—	—	4950
6	2930	3500	3610	4000	4120	4180	—	—	—	4250	80	790	4020	—	—	—	4920
7	1960	2580	3020	3340	3580	3800	—	—	—	4090	370	2050	4170	—	—	—	5070
8	1020	1530	1950	—	2660	3150	—	—	—	3600	1370	4190	4440	—	—	—	6350
9	320	560	810	1080	1460	2100	—	3200	—	3330	3160	6360	4790	—	6690	—	6840
10	—	—	—	0	280	840	—	1740	—	1960	6620	—	5240	—	7140	—	7580

主尺度

总　　长 49.90 m
型线间长 45.00 m
型　　宽 8.50 m
型　　长 4.00 m
吃　　水 2.80 m
梁　　拱 0.17 m

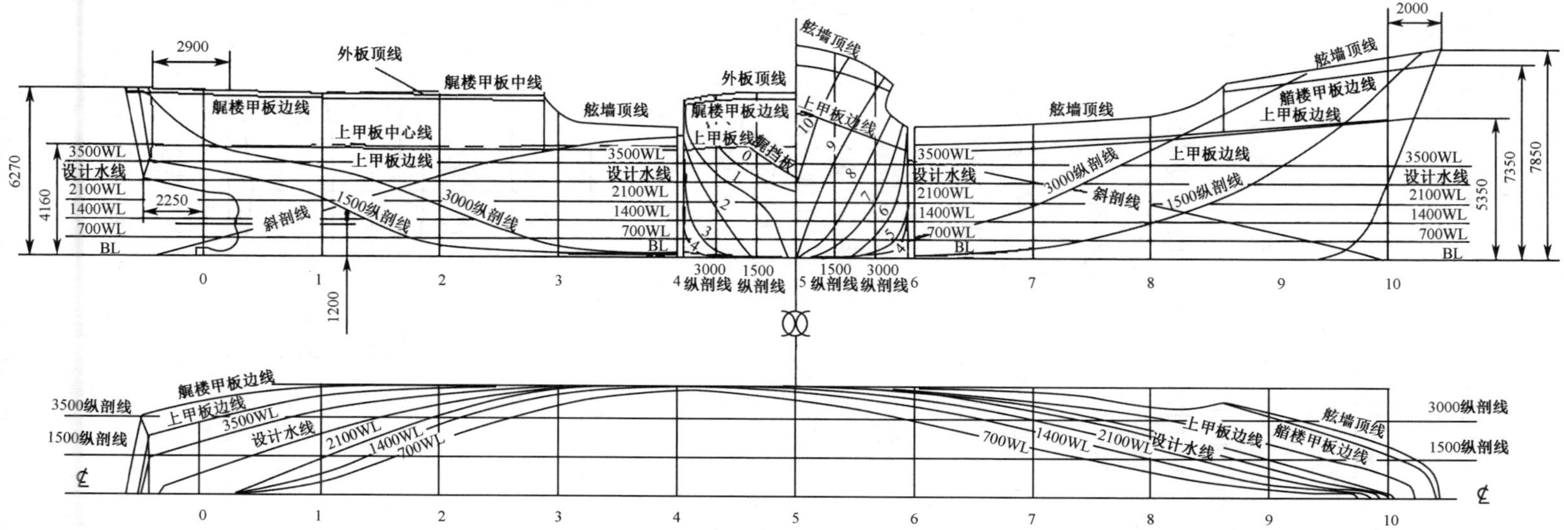

图1-6　150 t冷藏船的型线图及型值表

3. 纵剖线图

沿船宽方向平行于中线面，取若干个纵剖面，再将各剖面所截得的船体型表面曲线（称为纵剖线）都投影到中线面上，即得纵剖线图。各纵剖线通常自中线面开始往舷侧依次编号，在纵剖线图上还需画出龙骨线、艏艉轮廓线、甲板边线、甲板中线和舷墙顶线等的侧投影。

1.1.3 船体型线图投影特征

1. 船体剖面线

船体型线图就是由上述三组图形组成的。现对三者之间的关系进一步说明如下：由于上述三个剖面图是相互垂直的，因此每一组剖线在一个投影面上为曲线（表示它的真实形状），而在另外两个投影面上则为直线。例如，纵剖线在纵剖线图上为曲线，而在横剖线图和半宽水线图上则为直线。型表面型线上任何一点在三个图上都有其相应的位置，而且彼此必须符合“长对正、高平齐、宽相等”的原则。

2. 甲板线

甲板通常是纵向具有舷弧、横向具有梁拱的双重曲度的复杂曲面。甲板型表面的表达应画出甲板边线（甲板型表面的外形轮廓线）、甲板中线和梁拱线在三个投影面的投影。

(1) 甲板边线

甲板边线是甲板的型表面与船体外板的型表面的交线。甲板与船体外板的交线通常是一根空间曲线，在三个投影面上的投影都是非真实形状的曲线。甲板边线在 H 面（基平面）上一般只画出左舷部分的投影；在 W 面（中横剖面）上，船体中线的右边画最大投影轮廓至船首部分甲板边线的投影，左边画最大投影轮廓至船尾部分甲板边线的投影；甲板边线在 V 面（中纵剖面）的投影常为艏艉部高、舯部低的曲线或折线，称为甲板脊弧。常见的甲板脊弧如图 1－7(a) 所示。

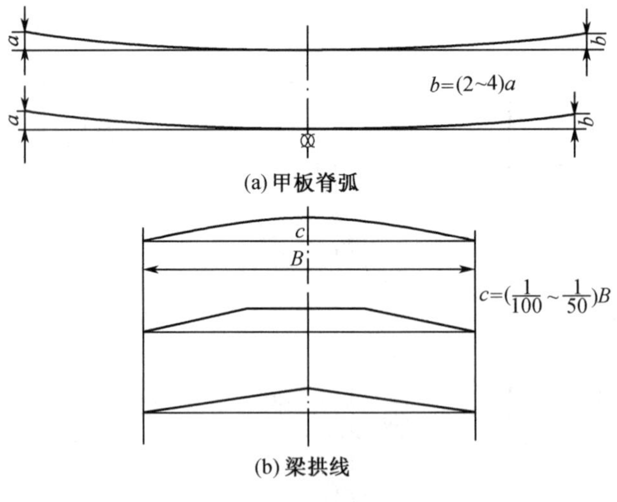

(a) 甲板脊弧

(b) 梁拱线

图 1－7 甲板脊弧和梁拱线

(2) 梁拱线

梁拱线是横向平面与甲板型表面的交线。梁拱线通常是平面曲线或折线，中间高，两边低，如图 1－7(b) 所示。在甲板最宽处，中间高于两舷的尺寸为梁拱高度值。梁拱线在中站面上的投影常为曲线，并显示为真形，在中纵剖面和基平面上的投影为直线。由于梁拱线的形状在全船是相同的,因此只需在中站面上画出船舶宽度最大处的梁拱线的投影。

(3)甲板中线

甲板中线是中线面与甲板型表面的交线。甲板中线通常是平面曲线或直线,一般艏艉部高、舯部低。甲板中线在船长方向的曲度称为甲板脊弧。甲板中线在中纵剖面的投影常为曲线,并显示真形,在中横剖面和基平面上的投影为直线。

3. 斜剖线

斜剖线是斜剖面与船体的交线(图1-8)。斜剖面一般与基平面和中线面成一定角度相交,与中站面垂直。斜剖线在横剖面上投影为直线,在水线面和纵剖面上投影为曲线。为了能使斜剖线表达真形,通常将其剖面旋转到中纵剖面或者水线面上向轴侧面投影。

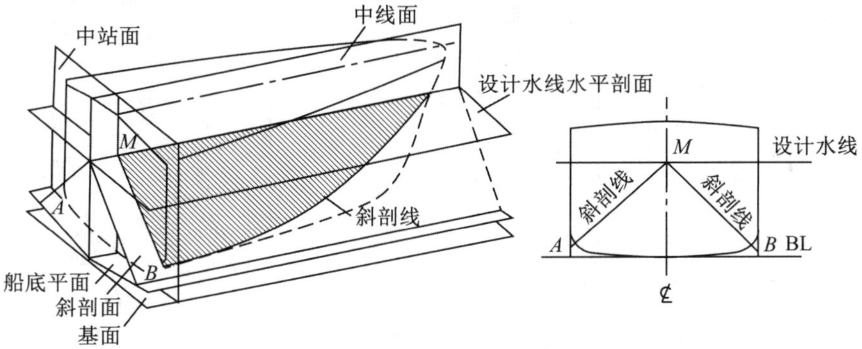

图1-8 斜剖面及斜剖线

综上所述,型线图基本型线的投影特征见表1-1。

表1-1 船体型线的投影特征

剖面线			横剖线	水线	纵剖线	甲板线		斜剖线
						中线	边线	
投影面	中线面	形状	直线	直线	曲线(实形)	曲线(实形)	曲线	曲线
	基平面		直线	曲线(实形)	直线	直线	曲线	曲线
	中站面		曲线(实形)	直线	直线	直线	曲线	直线

4. 船体型线精确性

另外,由于实船船体外板和甲板面都应该是光滑双曲面,所以它的剖面线、轮廓线及投影线也都应该是三向光顺的,型线的精确性体现在型线的光顺、协调和投影一致三个方面,通常就是从这三个方面入手进行检验的。

(1)光顺性

型线的光顺性是指各型线的曲率应和缓地变化,不应有局部凹凸起伏和突变现象存在。单根型线的光顺性通过目测加以检验。检验时,用眼从型线的端部顺着型线的变化方向观察,看其是否光顺。

(2)协调性

型线的协调性是指同组型线间距大小应有规律地变化,不应有时大时小的现象存在。

船体型线变化的特点通常是：沿船长方向，舯部变化比较平缓，艏艉两端型线变化较大；沿船深方向，底部型线变化较大。因此，反映在横剖线图中，站距相等的相邻两横剖线的间距，艏艉部大，舯部小。在图1－9(a)所示的横剖线图中，9号与8号横剖线的间距大于8号与7号横剖线的间距，反映在半宽水线图中相邻两水线，通常自设计水线起，越靠近甲板、船底，间距越大。在图1－9(b)所示半宽水线图中，700WL与1400 WL的间距大于1400WL与2100WL的间距。

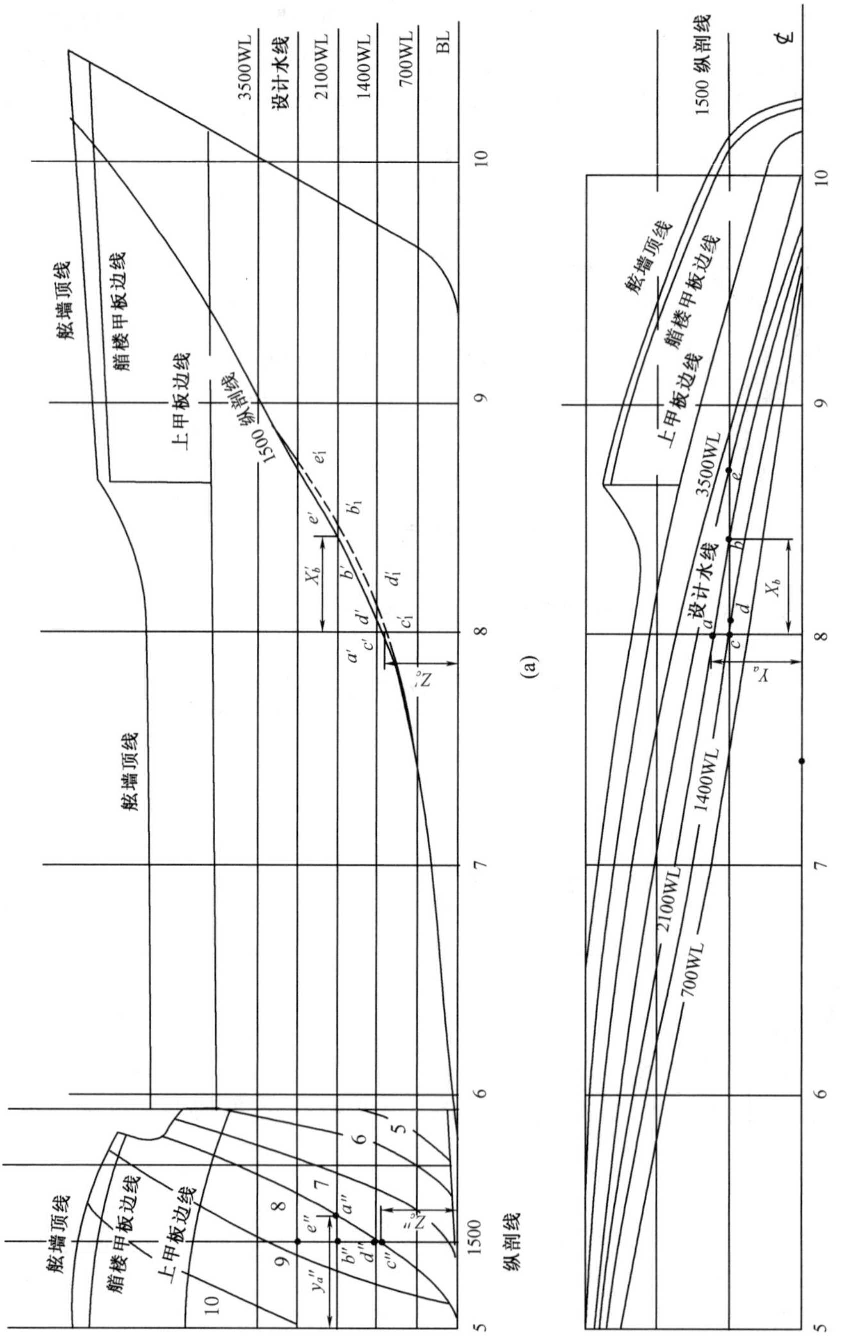

图1－9　型线不协调性

(3)投影一致性

型线的投影一致性是指型线上任意一点在三视图中的投影应符合点的投影规律。对型线投影一致性进行检验时,通常主要检验型线交点在三视图中的投影是否符合投影规律,即长对正、高平齐、宽相等,如图 1－10 所示。

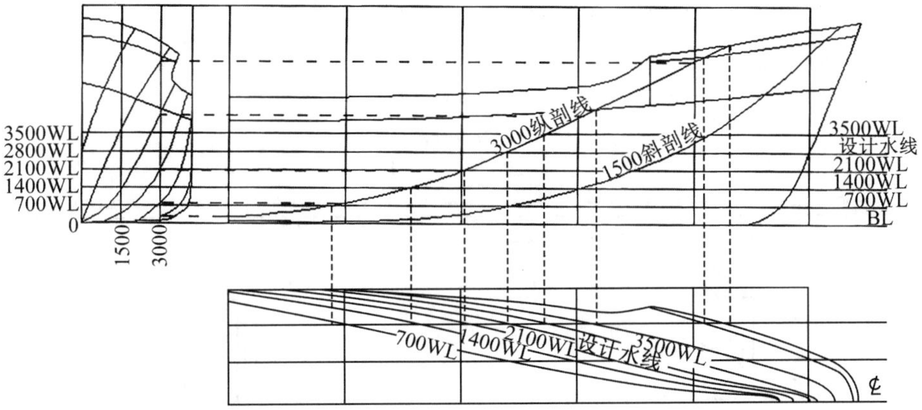

图 1－10　投影一致性

任务 1.2　格子线绘制

格子线绘制

船体理论型线放样是依据设计部门提供的型线图和型值表,利用计算机软件或手工放样的方法,进行型线图的绘制修正,以达到船体型线图三面投影光顺和正确的目的。

船体理论型线放样步骤主要包括:绘制格子线→绘制轮廓线→绘制理论型线(横剖线、水线和纵剖线)→型线修改→型线检验。下面以手工放样为例,讲解格子线绘制内容。

1.2.1　格子线绘制方法及步骤

型线图上的格子线,实际是各组船体型线在相应投影面上的投影线。此外,格子线还是型线放样中测量尺寸的基准。所以,保证格子线的绘制精度(直线性、垂直性和间距正确性)是保证船体放样精度的前提条件。

要绘制与实际船舶尺度相当的格子线,必须有相应的绘制方法才能满足精度要求。放样中有多种绘制格子线的方法,如线锤法、角尺法、激光经纬仪法等,如图 1－11 和图1－12 所示。

目前最常用的是激光经纬仪法,下面以其为例介绍格子线的绘制方法。

激光经纬仪是在经纬仪的望远镜上增设一个激光管,通过一套光学设备,将激光束从望远镜中射出,并使射出的光束与目镜观察点相重合。激光经纬仪既保持了经纬仪的作用,又发挥了激光管的直射强光束的特性,扩大了经纬仪的昼间目观效果和夜间应用范围。激光束不但不影响观测人员的目测,而且使放样人员有直观的依据,给工作带来了许多便利。激光经纬仪绘制格子线简捷方便，精确度高，故被广泛采用。

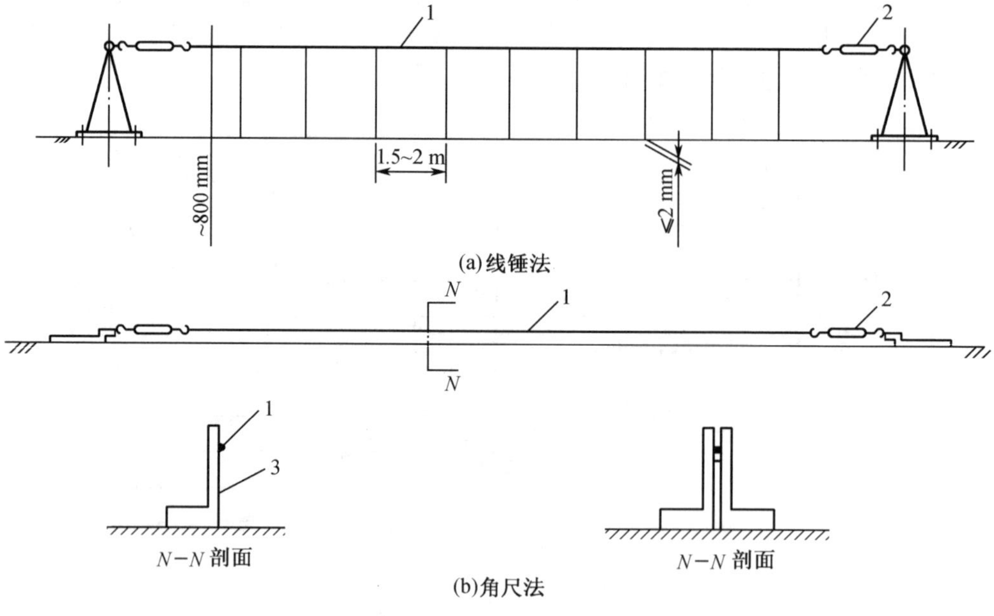

1—钢丝；2—紧松螺丝；3—角尺。

图 1-11　线锤法和角尺法作基线

1. 绘制基线

将激光经纬仪整平并置中于基准点 O 点，如图 1-12(a)所示。转动望远镜，使其瞄准 A 点，即先进行直线定向，锁定经纬仪的水平度盘，使望远镜只能在过 O 点和 A 点的垂直平面内旋转；然后旋转望远镜，使激光束在 O、A 两点间均匀地扫描并标记出 B、C、D 等若干点，则 $A,B,C,\cdots,O$ 等点定在一条直线上，连接各点就得到一条理想的直线。船体放样中，常用此方法绘制基线和中心线。一般 $A,B,C,\cdots,O$ 各点的间距以 1.5 ~2 m 为宜。

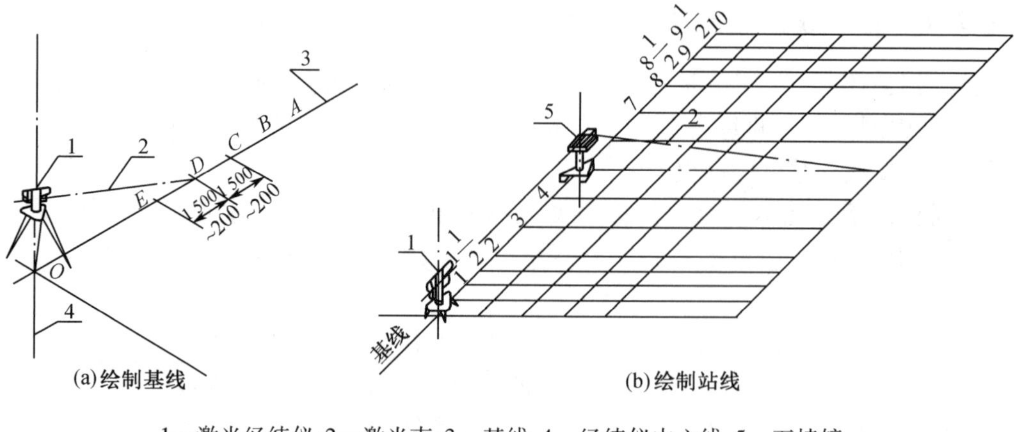

1—激光经纬仪；2—激光束；3—基线；4—经纬仪中心线；5—五棱镜。

图 1-12　激光经纬仪绘制基线和格子线

2. 绘制其他格子线

(1)绘制站线

站线是将垂线间长分成若干等份并垂直于基线的直线，一般大船分 20 站，小船分 10 站。首先在基线上定出 0 号站位置，用钢盘尺以 0 号站为准沿基线按站距将其分成要求的等份。

在等分点处作垂直站线，可采用作图法（三角形法）和激光经纬仪法。图 1－12(b)所示为激光经纬仪绘制站线方法。将激光经纬仪整平并置于基线某垂足上，水平转动经纬仪，使水平度盘处于基线的角平分线位置并锁定，再用上述绘制基线的方法绘制出的直线就是基线的垂线。另一种方法是用光学仪器五棱镜配合激光经纬仪，可较方便地绘制站线。

(2)绘制水线和纵剖线

在选定的几条站线上，将各水线、纵剖线的间距用标准钢盘尺找出，并注明号数，通过站线上号数相同的各点，弹出粉线，画上色漆，即得水线和纵剖线。

(3)绘制横剖线图上的格子线

绘制格子线方法同上。图 1－13 所示为 150 t 冷藏船格子线。

1.2.2 检验格子线

格子线画好后，需对其精度进行检验。一是检验对应的格子线间距在三个视图中是否相等，二是检验格子线的等分、平行和垂直。如图 1－14 所示，其检验方法如下：

①在大矩形中用粉线拉出对角线，观察粉线通过各小矩形的对角点时，对角点是否与粉线重合，其误差应不超过 ±1 mm。

②测量大矩形的对角线是否相等，其误差每 10 m 内应不超过 ±1 mm，每 10 m 以上不超过 ±3 mm。如有误差超过允许范围者，再检查站距、水线和纵剖线间距，要求相邻站距误差不超过 0.5 mm，水线和纵剖线相邻间距误差不超过 0.3 mm。基线与格子线的直线度误差为每 10 m 不超过 0.5 mm，线宽为 0.3～0.5 mm。

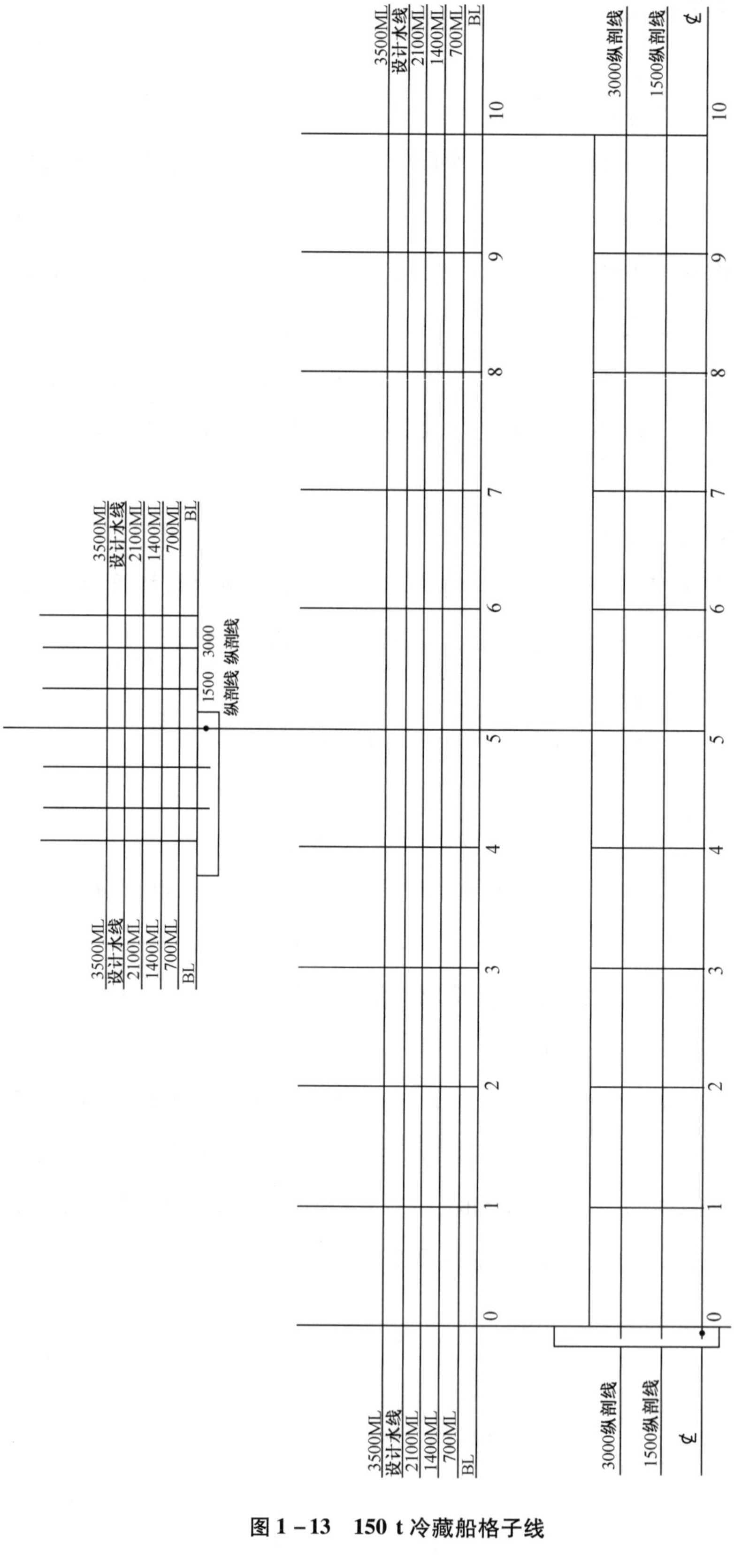

图 1-13　150 t 冷藏船格子线

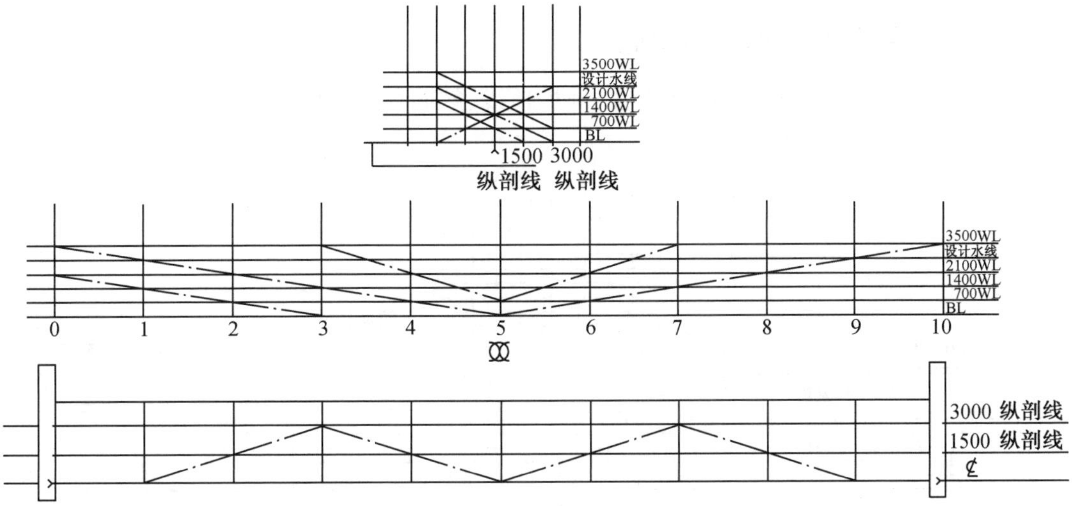

图 1－14 格子线检验

任务 1.3 轮廓线绘制

外板型表面投影放样

根据理论型线放样的步骤，格子线绘制完毕后，是轮廓线绘制，因为它决定了船舶的主尺度，同时也决定了其他型线的起点和终点，最后才绘制剖面线。

轮廓线绘制的内容包括绘制外板轮廓线的投影和甲板线的投影。

1.3.1 作中纵剖面的轮廓线

根据型线图中提供的龙骨线、艏艉轮廓形式和尺寸以及型值表右边部分的高度型值，在纵剖线图格子线上取点连线，作出并光顺艏艉轮廓线及甲板边线、外板顶线、舷墙顶线，如图 1－15 所示。

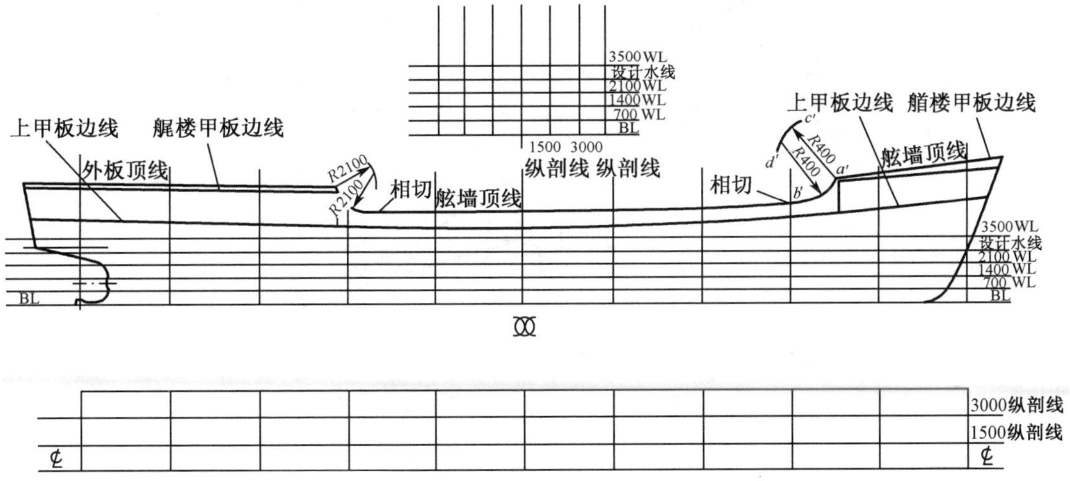

图 1－15 作纵剖线图艏艉轮廓线及甲板边线、外板顶线、舷墙顶线

1.3.2 作半宽水线图的轮廓线

根据型值表的半宽值绘制甲板边线、外板顶线、舷墙顶线及设计水线,如图 1 – 16 所示。

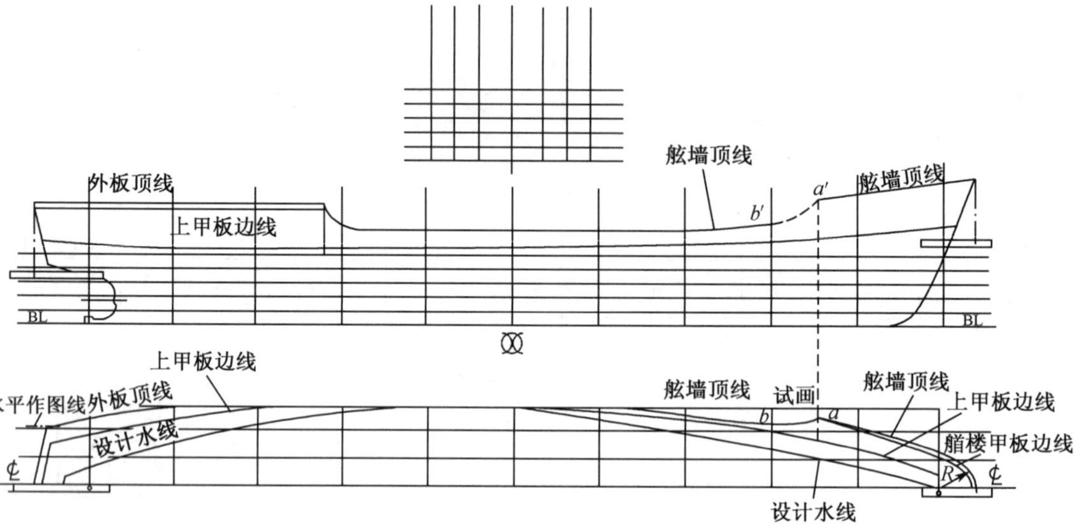

图 1 – 16 作半宽水线图上甲板边线、外板顶线、舷墙顶线及设计水线

1.3.3 作中横剖面的横向轮廓线

根据型值表中最大横剖线的型值绘制最大横剖线,并与船底线相切。用样条将纵剖线图及半宽水线图上的甲板边线、折角线等的高度值和半宽型值转录到横剖线图上,进行三向光顺,最后绘制出舷墙顶线高低过渡曲线的投影,如图 1 – 17 所示;光顺后的甲板边线、外板顶线、舷墙顶线如图 1 – 18 所示。

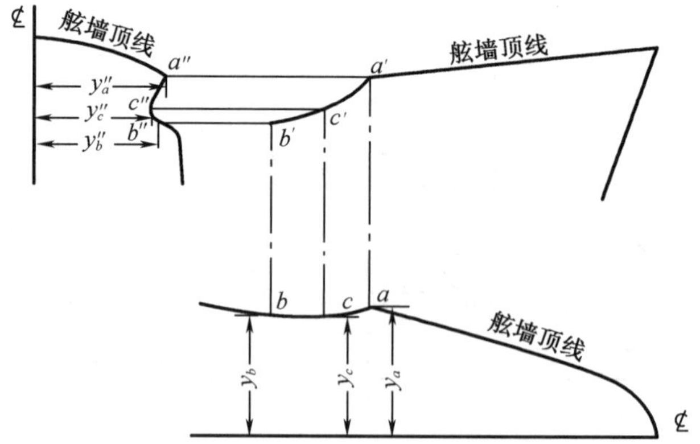

图 1 – 17 舷墙顶线高低过渡曲线的投影

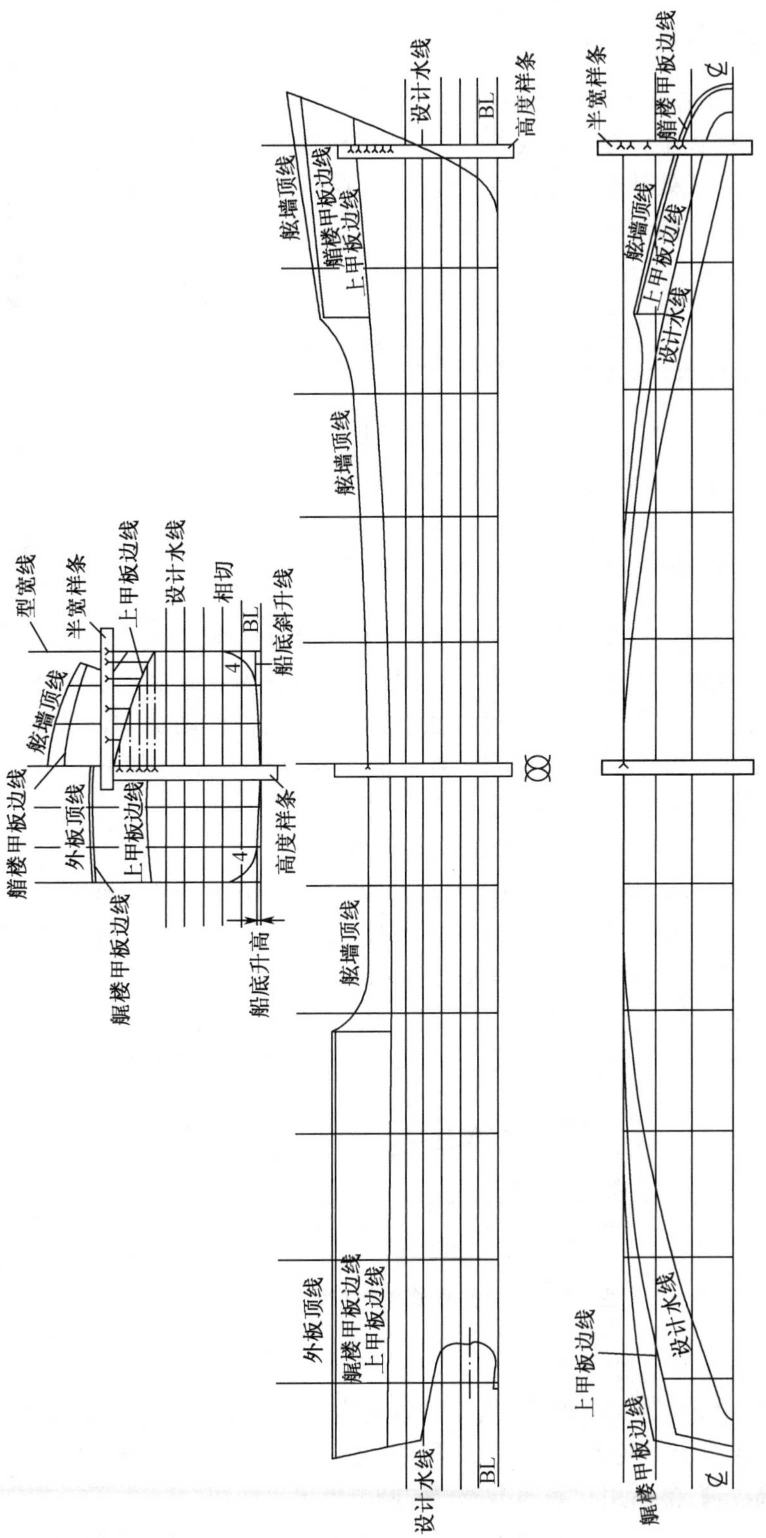

图1-18　作中横剖面的甲板边线、外板顶线、舷墙顶线

1.3.4 绘制纵剖线图的甲板中线

甲板中线放样

甲板边线放样

梁拱曲线放样

甲板中线通常是根据甲板边线作出的。这是由于甲板在横向具有梁拱，所以甲板边线与甲板中线在同站线处就相差一个梁拱高 y，如图 1－19 所示。当然，在不同站线处随着甲板宽度的改变，其梁拱高也就随之改变。因此绘制甲板中线的关键，是求取各站线的梁拱值。

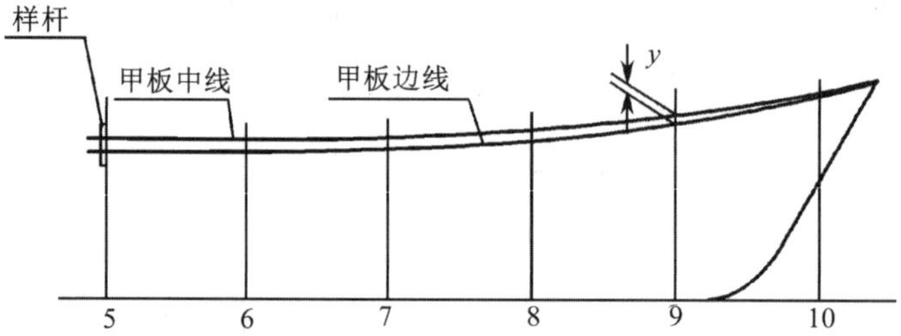

图 1－19　纵剖线图上的甲板边线与甲板中线的关系

梁拱线的形状在全船是相同的，所以通常只需作出甲板宽度最大处的梁拱线即可。常用的梁拱曲线有抛物线形、大半径圆弧形和折线形，后两种因具有简化加工和装配作业的优点，已被广泛采用。目前作梁拱曲线的方法有两种，即几何作图法和计算法。现以抛物线形梁拱曲线（作图法）和圆弧形梁拱曲线（计算法）的绘制为例分述如下。

1. 抛物线形梁拱曲线的绘制（作图法）

如图 1－20 所示，抛物线形梁拱曲线的绘制步骤如下：

①取直线 $OA = B/2$，作 OC、AD 垂直于 OA，且 $OC = AD = H$，得矩形 $OCDA$。

②等分 OA 得 d、e、f 各等分点，等分 AD 得 1，2，3 各等分点（与 OA 上的等分数相同）。

③过 d、e、f 各等分点分别作 OA 的垂线交 CD 于 d''、e''、f''；连 C、1 交 dd'' 于 d'；连 C、2 交 ee'' 于 e'；连 C、3 交 ff'' 于 f'。

④用样条光顺地连接 C、d'、e'、f'、A 点，即得到所求抛物线形梁拱曲线。

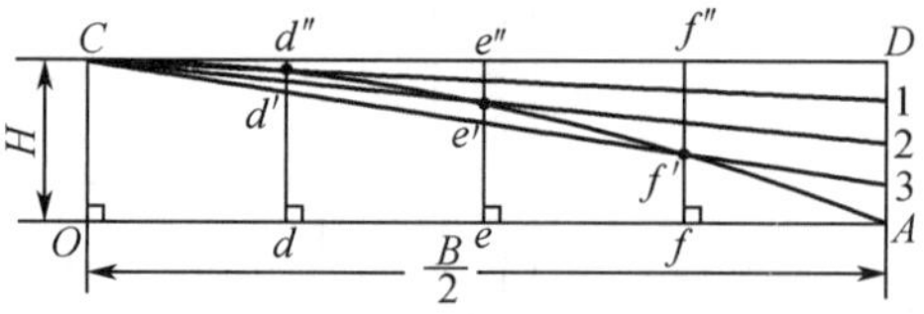

图 1－20　抛物线形梁拱曲线的绘制

2. 圆弧形梁拱曲线的绘制（计算法）

用一个大圆弧曲线作为梁拱曲线，从而使甲板横梁成为等曲率的弯曲构件，加工和安装都较方便。由于圆弧半径较大，不便于作图，故常采用计算法求出梁拱曲线在宽度方向上各等分点处的高度值，然后用样条连出光顺的圆弧形梁拱曲线。

图 1－21 所示为圆弧形梁拱曲线 CEA 的相关几何关系。由 $\triangle OO'A$ 可得

$$R^2 = \left(\frac{B}{2}\right)^2 + (R - H)^2 = \left(\frac{B}{2}\right)^2 + R^2 - 2RH + H^2$$

则
$$R = \frac{B^2}{8H} + \frac{H}{2} \tag{1-1}$$

由△ $DO'E$ 得
$$R - H + y = \sqrt{R^2 - x^2} \tag{1-2}$$

将式(1－1)代入式(1－2)，可得
$$y = \sqrt{\left(\frac{B^2}{8H} + \frac{H}{2}\right)^2 - x^2} - \frac{B^2}{8H} + \frac{H}{2} \tag{1-3}$$

式中　B——型宽，mm；

H——拱高，mm；

x——所求等分点的半宽值，mm；

y——所求等分点的梁拱高度值，mm。

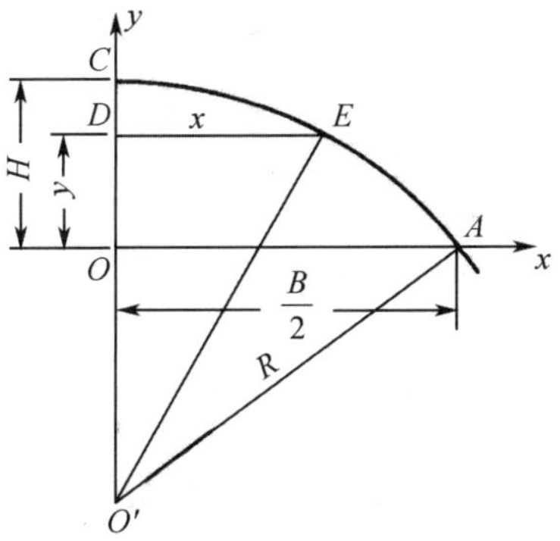

图1－21　圆弧形梁拱曲线的绘制

式(1－3)比较复杂，在实际计算中可以进行简化。由式(1－3)得
$$y = R\left(\sqrt{1 - \frac{x^2}{R^2}} - 1\right) + H = R\left[\sqrt{1 - 2\frac{x^2}{2R^2} + \left(\frac{x^2}{2R^2}\right)^2 - \left(\frac{x^2}{2R^2}\right)^2} - 1\right] + H \tag{1-4}$$

由于 $x \ll R$，则 $\left(\frac{x^2}{2R^2}\right)^2 \to 0$，将此项略去，得
$$y = R\left[\sqrt{\left(1 - \frac{x^2}{2R^2}\right)^2} - 1\right] + H \approx H - \frac{x^2}{2R} \tag{1-5}$$

式(1－5)实质上是抛物线方程，但它表达的梁拱与用 R 为半径所作的圆弧曲线非常逼近，故用它代替圆弧曲线完全满足技术要求。

求得梁拱曲线后即可钉制梁拱样板(图1－22)，样板上应画出半宽线、船体中线、水平线和纵剖线，可以用来绘制纵剖线图上的甲板中心线和肋骨型线图上的横梁线。

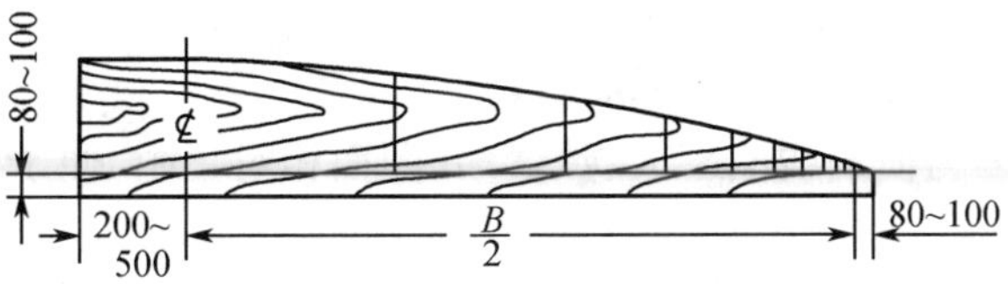

图1－22　甲板梁拱曲线

3. 甲板中线的绘制

设计提供的型线图上，一般不给出甲板中线的型值，而是根据给出的甲板边线型值和甲板最宽（型宽）处的梁拱高度（H）值求取。当绘制了梁拱曲线和甲板边线后，就可以求取甲板中线的高度。

一般情况下，梁拱曲线是全船通用的，由于各站的甲板宽度各不相同，对应的梁拱高度也不相同。各站的梁拱高度是甲板中线处相对于甲板边线处的甲板高度差。可以在画有各站甲板宽度线的梁拱曲线（或样板）上，用样杆将上述各高度差录下，分别叠加到纵剖线图各对应站线的甲板边线交点之上，得各站甲板中线高度，如图1－23所示。用样条光顺地连接这些高度点，即得甲板中线。如果有个别点不在该曲线上，则应反复修改甲板边线及甲板中线，直到两者都协调光顺为止。

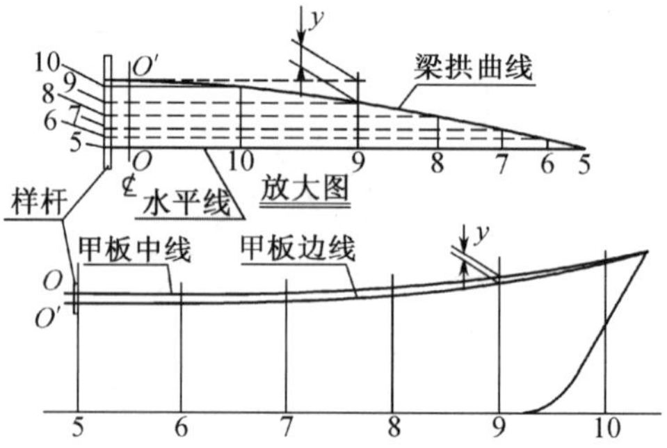

图1－23　甲板中线的绘制

至此，船体型表面轮廓线全部绘制完成。接下来的任务是绘制三组剖面线，在下面任务中将做介绍。

任务1.4　型线修改及检验

船体型表面是光顺的曲面，要保证船体曲面光顺，应该使横剖线、水线、纵剖线达到光顺。由于设计图纸比例小，不可避免地隐匿了许多误差。放样时按型值表给定的型值绘制型线，往往是不光顺的，应该对型线进行修改。

1.4.1　三组型线（剖面线）绘制

型线图中三组型线（或称三组截交线）是平行于三个投影面的三组平面与船体型表面的交线，如图1－24所示，它表示了外板型表面沿船长、船宽和船深方向的变化情况。在作三组型线时要特别注意，当型线不光顺时应进行修改。

一般绘制步骤是：横剖线→水线→纵剖线。

先绘制横剖线是因为横剖线曲率大、数量多、图面相对集中，便于型线绘制、检验和修正工作。

横剖线绘制

1. 作横剖线图上的各横剖线

根据型值表左右两部分各横栏中的型值用尺沿各水线量取半宽值，沿各纵剖线量取高度值。与设计水线的交点，需用样条在半宽图上量取；与中纵剖线的交点，可从纵剖线图中横剖线与中纵剖线的交点用样条驳取；与甲板边线及舷墙顶线的交点已经得到。用样杆连接各点并与船底线及最大半宽线相切即得各横剖线，如图1－25所示。

当横剖线各点不能连成光顺曲线时必须修改某些交点的型值，直到型线光顺为止。在修改时，设计水线各点的型值不允许修改。

2. 作半宽图上的各水线（宽相等）

用样条在横剖线图中量取水线与各横剖线交点的半宽值，然后搬至半宽图中相应的横剖线上，与船体中心线的交点可根据投影规律从纵剖线图找到，并按艏（艉）圆弧半径作出艏（艉）圆弧，用样杆光顺连接各点并与艏（艉）圆弧相切即得各水线，如图1－26所示。

水线绘制

3. 作纵剖线图上的各纵剖线（高平齐）

画纵剖线图上的纵剖线，可用两根样棒分别在横剖线图和半宽水线剖线图中录取高度和长度型值，然后转录到纵剖线图上，再用样杆光顺连接各点，即得各纵剖线，如图1－27和图1－28所示。

纵剖线绘制

1.4.2　型线修改

修改型线是一项细致的工作，对型线某一处的修改，常会引起型线上相邻部分的变化，并且涉及其他型线。所以在修改型线之前，要对型线有关部分加以观察和分析，以求得船体线型三向光顺。除了光顺性以外，还要求型线投影一致，因此型线的修改有一定的原则和经验性。

型线光顺和检验

1. 修改原则

型线修改是一项技术性高、难度大的工作，需要多次反复才能完成。型线修改原则如下：

①船体主要尺度（总长、垂线间长、型宽、型深、设计水线（尤其是半进流角）、中横剖面（尤其是舭部））的型值，原则上不能改动。因为改动这些尺寸将影响船舶的排水量与航行性能。

②根据船舶类型、性能和用途不同进行修正。

对航速要求较高的舰艇、高速客船等船型，修改时应在不影响纵倾的前提下适当使浮心偏后，艏部的水线可以稍瘦些，以利于提高航速。货船一般除设计水线外，修改时可适当放大宽度。

一般船舶首部都较瘦削，型线的修改须先满足水线的光顺，再考虑纵剖线。对于艉部应依据船型而定：吃水浅而型宽较大的内河船舶，应将纵剖线的光顺性放在重要位置，水线次之；吃水深而型宽较窄的海船，则以光顺水线为主，纵剖线次之。

③型值一致性误差不大于2 mm；设计水线以下各点的修正量应以小于图纸上的比例尺的分母值为原则，设计水线以上各点的修正量可以放宽些；船体型线修改前后排水量保持不变；对与总体性能、船体容积有关的设计部位（船体主尺度、载重水线进水角及中横剖面型线）不能任意修改；主甲板边线型值在一般情况下不宜改动。

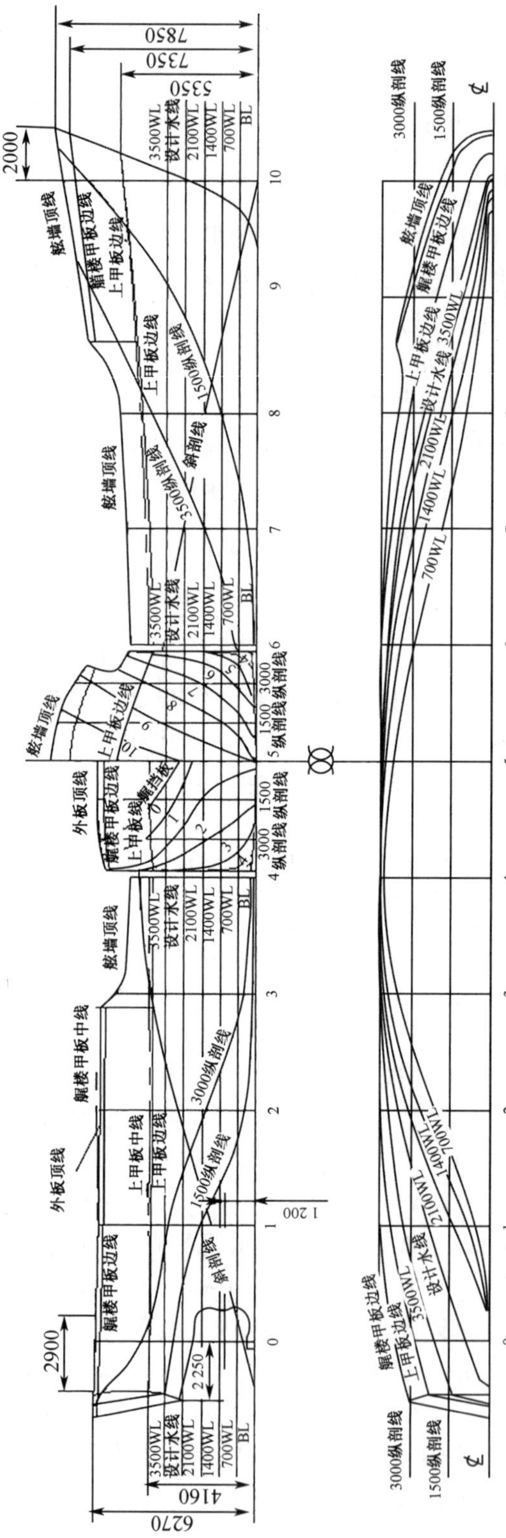

图1-24 型线图的三组剖面线

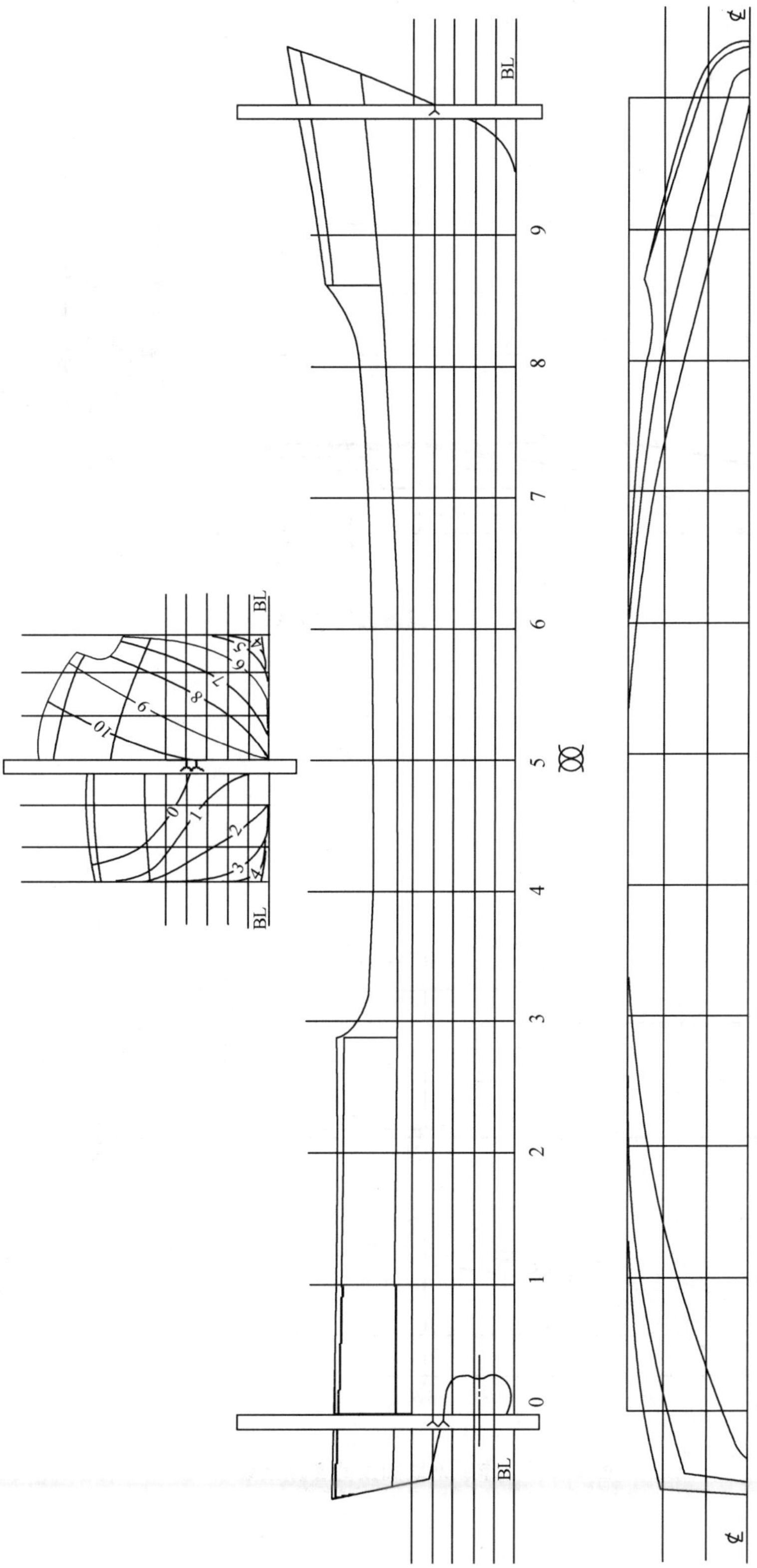

图1-25　作横剖线图上的各横剖线

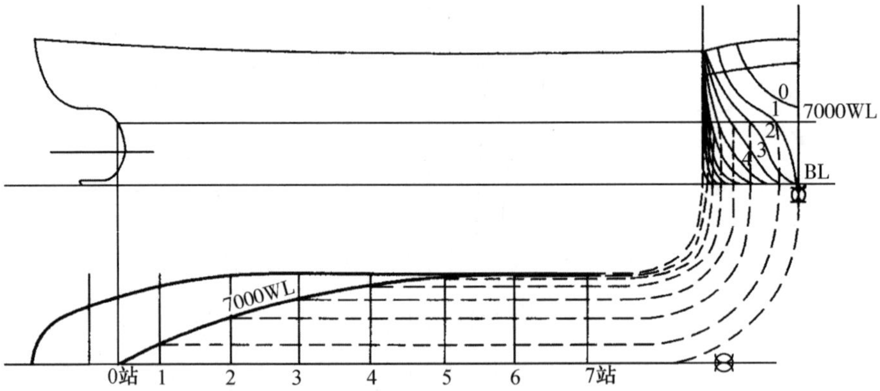

图 1 – 26　作半宽图上的各水线

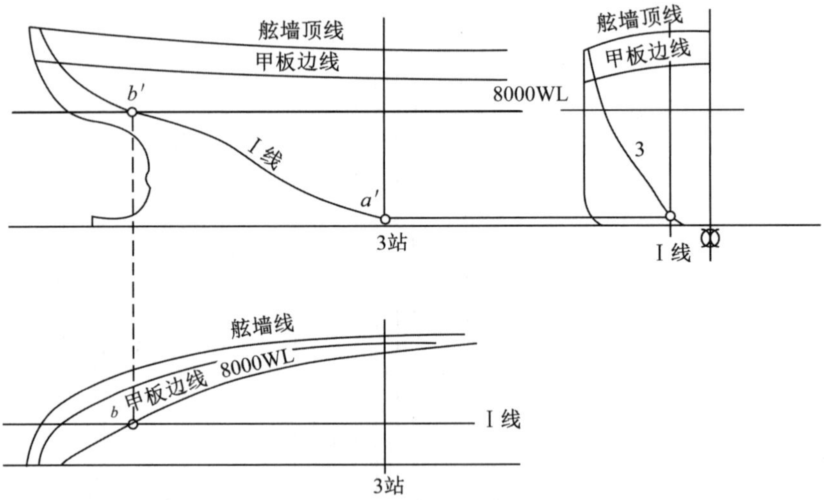

图 1 – 27　作纵剖线图上的各纵剖线

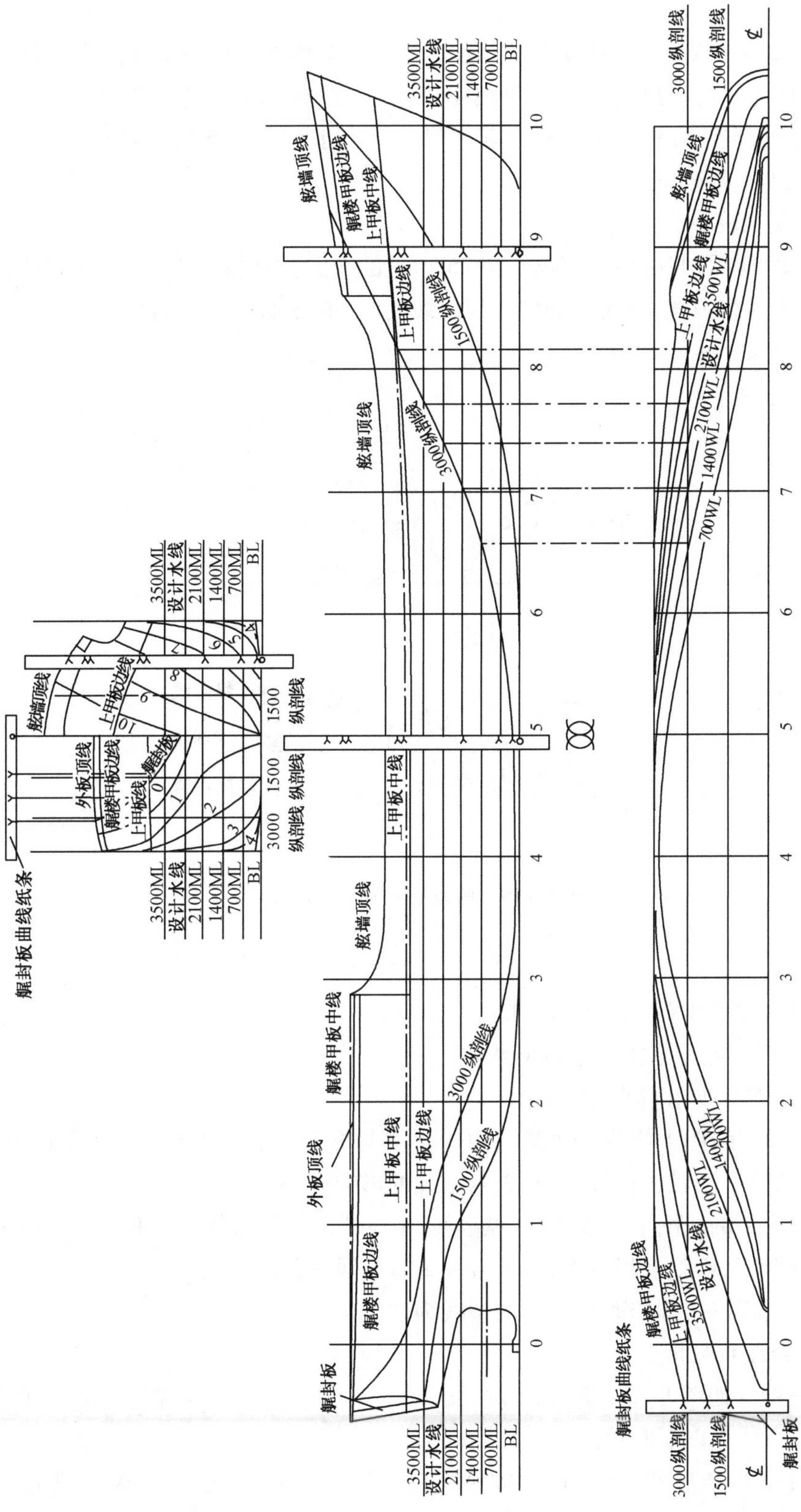

图1-28　作150 t冷藏船纵剖线图上的各纵剖线

2. 修改方法

修改型线是个反复修正、互相对应,逐步达到船体型线光顺的工作过程。如果光顺方法不当,容易使光顺过程出现多次反复而陷于复杂,影响光顺的进度和效果。型线修改方法要根据光顺的部位、操作者的习惯和经验而定。一般修改交角较小的型线,并应减少修改点的数量及型线修改量。

(1)修改交角较小的型线

如图 1－29 所示,修改前 4500WL 与 2500 纵剖线的交点投影不一致,即 a 和 b'点不对应(修改前的型线为虚线,修改后的型线为实线)。它们在水线图内的交角不大于在纵剖线图内的交角,即 $\angle\alpha \leqslant \angle\beta$ 。

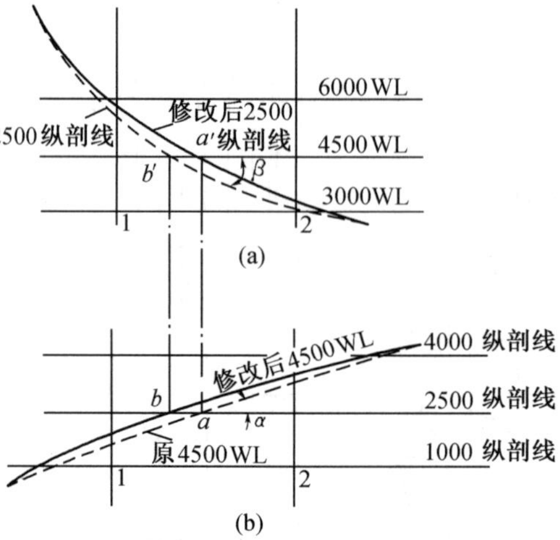

图 1－29　修改交角较小的型线

修改方案:

【方案 1】修改水线图上的 4500WL。

【方案 2】修改纵剖线图上的 2500 纵剖线。

方案比较,在修改相同的长度值时:

【方案 1】在水线图上修改 4500WL,由于水线与纵剖线的交角较小,所以 4500WL 半宽值变化较小,修改面积较小,对 1 号和 2 号站线的影响较小。

【方案 2】在纵剖线图上修改 2500 纵剖线,由于纵剖线与水线的交角较大,所以 2500 纵剖线高度变化较大,修改面积较大,对 1 号和 2 号站线的影响较大。

结论:方案 1 较好,即修改交角小的型线为佳。

(2)减少修改点数量

①修改站线。如图 1－30 所示 8 号站线,通过 a、b、c''、d 各点,而在 2000WL 处设计型值在 c 点。修改方法有以下两种:

【方案 1】cc''距离较小,则修改 2000WL 在 8 号站线处半宽型值,保留已光顺的 8 号站线。

【方案 2】cc''距离较大,为了不影响排水量,宜将 b 点移到 b',c 点移到 c',并使 bb'近似等

于 cc'，过 a、b'、c'、d 点即得修改后的 8 号站线。同时应修改 2000WL、3000WL 与 5000 纵剖线，但这时的改动点数量较多。

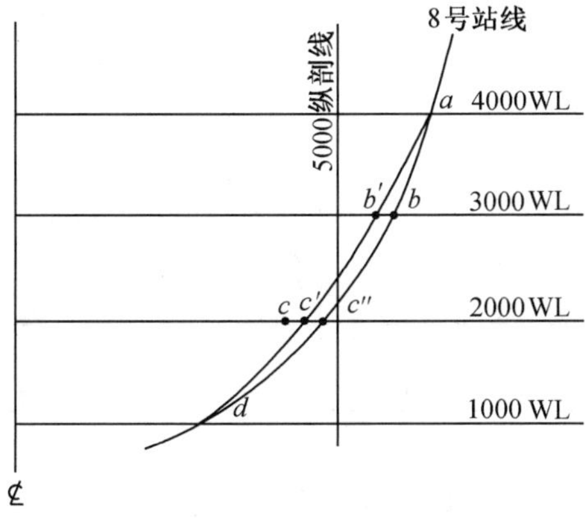

图 1-30 修改站线

②修改纵剖线。如图 1-31 所示，过 a、b、c、d 点的 3000 纵剖线，它在 17 号站线的 c 点处不够光顺，若改至 c' 点则为光顺曲线。修改方法有以下两种：

【方案 1】cc' 距离较小，则修改 17 号站线，保留已光顺的 3000 纵剖线。

【方案 2】cc' 距离较大，为了不过多影响排水量，应将 b 点上移到 b'，c' 点下移到 c，并使 bb' 近似等于 $c'c$，过 a、b'、c''、d 点即得修改后的3000纵剖线。同时应修改 17 号、18 号站线和 2000WL。

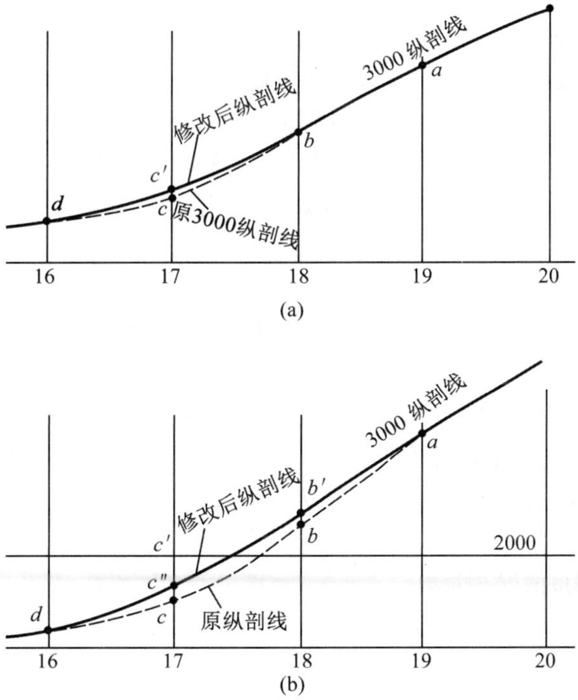

图 1-31 修改纵剖线

③修改部位的选择。如图 1 - 32 所示过 $a \sim g$ 点的 2000 纵剖线，其间 $a \sim f$ 区域曲线不够光顺。

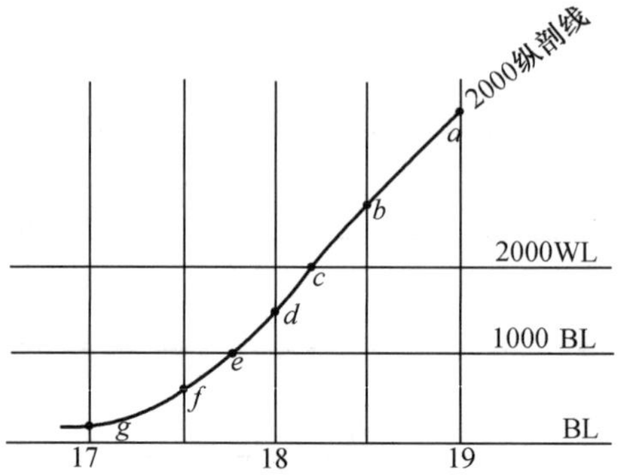

图 1 - 32　修改部位选择

若选择 e 点，则影响邻近 f、d 点，况且又位于 $17\frac{1}{2}$号和 18 号站线下端曲线变化大的部位，所以修改工作量大，不宜选择 e 点进行修改。

若选择 b 点进行修改，该部位曲线比较平坦，对邻近部位影响较小，易于使其成为光顺的曲线，同时相应只影响 $18\frac{1}{2}$站线。

(3)尽量减少型线修改量

如图 1 - 33 所示，光顺水线时发现，1000WL 不能同时通过点 2，3；2000WL 不能同时通过点 5，6；3000WL 不能同时通过点 7，8。修改方法有以下两种：

①如图 1 - 33(a)所示，若三条水线与 1，2，3 号站线分别交于点 1，2，点 4，6，点 8，9(修改点 3，5，7)，则在横剖线图上 1，2，3 号站线均应做修改。

②如图 1 - 33(b)所示，若这三条水线分别通过点 1 和 3，点 4 和 6，点 7 和 9(修改点 2，5，8)，则在横剖线图上只需修改 2 号站线。如图 1 - 33(c)所示，在 2000WL 以上减小 2 号站线半宽，在 1000WL 以下增大 2 号站线半宽，这样排水量影响较小，是比较理想的修改方法。

(4)横剖面修改

水线、纵剖线经修改已光顺，将改动部位交点投影至横剖线图上，常常出现下面两种不符合投影关系的状况：

①如图 1 - 34(a)所示，站线与水线的交角大于站线与纵剖线的交角，18 号站线仅能通过点 1，2′或通过点 1′，2。若选定站线通过点 1′，2，则 6000 纵剖线的修改量为 a；若选定站线通过点 1，2′，则 2000WL 的修改量为 b。因为 $b < a$，故选定站线通过点 1，2′较好，修改比较简单。

②在图 1 - 34(b)中，情况相反。

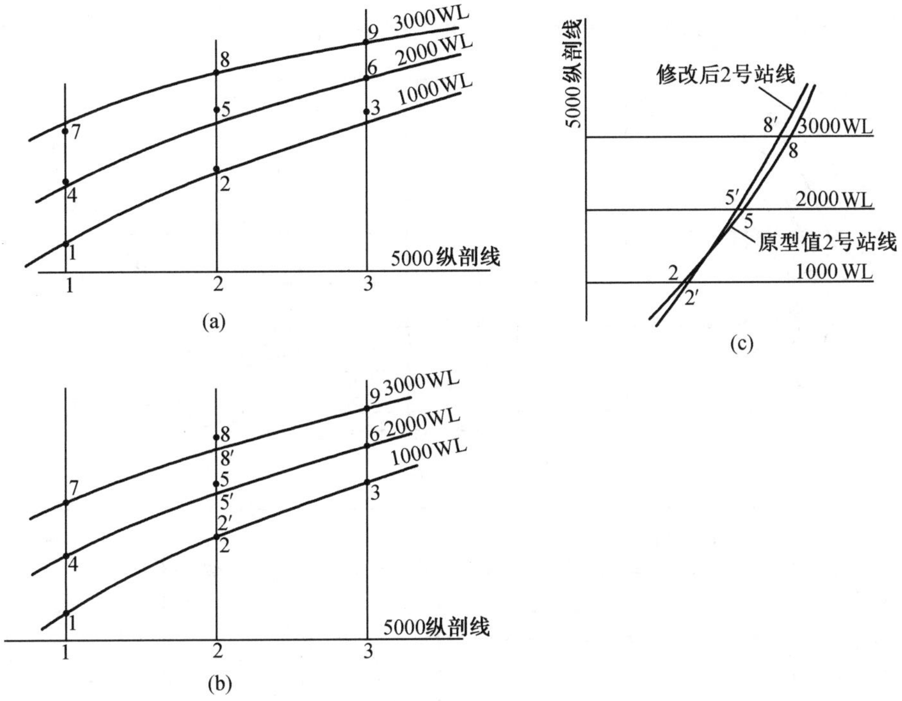

图 1－33　尽量减少型线修改量

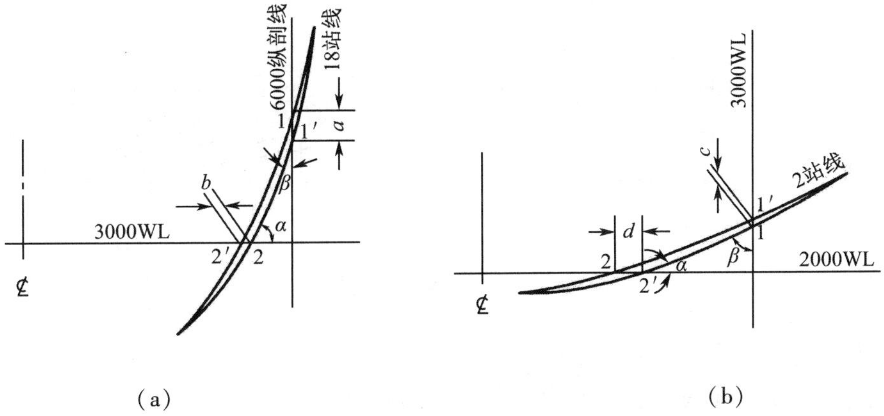

图 1－34　横剖面修改

1.4.3　型线检验

型线绘制结束后需要对型线的精确性进行检验。型线的精确性体现在型线的光顺、协调和投影一致三方面，通常就从这三方面着手进行检验。

型线修改技巧

1. 检验型线的光顺性、协调性和投影一致性

型线的光顺性是指各型线的曲率应和缓地变化，不应有局部凹凸起伏和突变现象存在；型线的协调性是指同组型线间的间距大小应有规律地变化，不应有时大时小的现象存在；型线的投影一致性是指型线上任意一点在三视

图中的投影应符合“长对正、高平齐、宽相等”的投影规律，如图 1－35 所示。型线的光顺性和协调性可以通过目测来检验，投影一致性可用样条来检验。

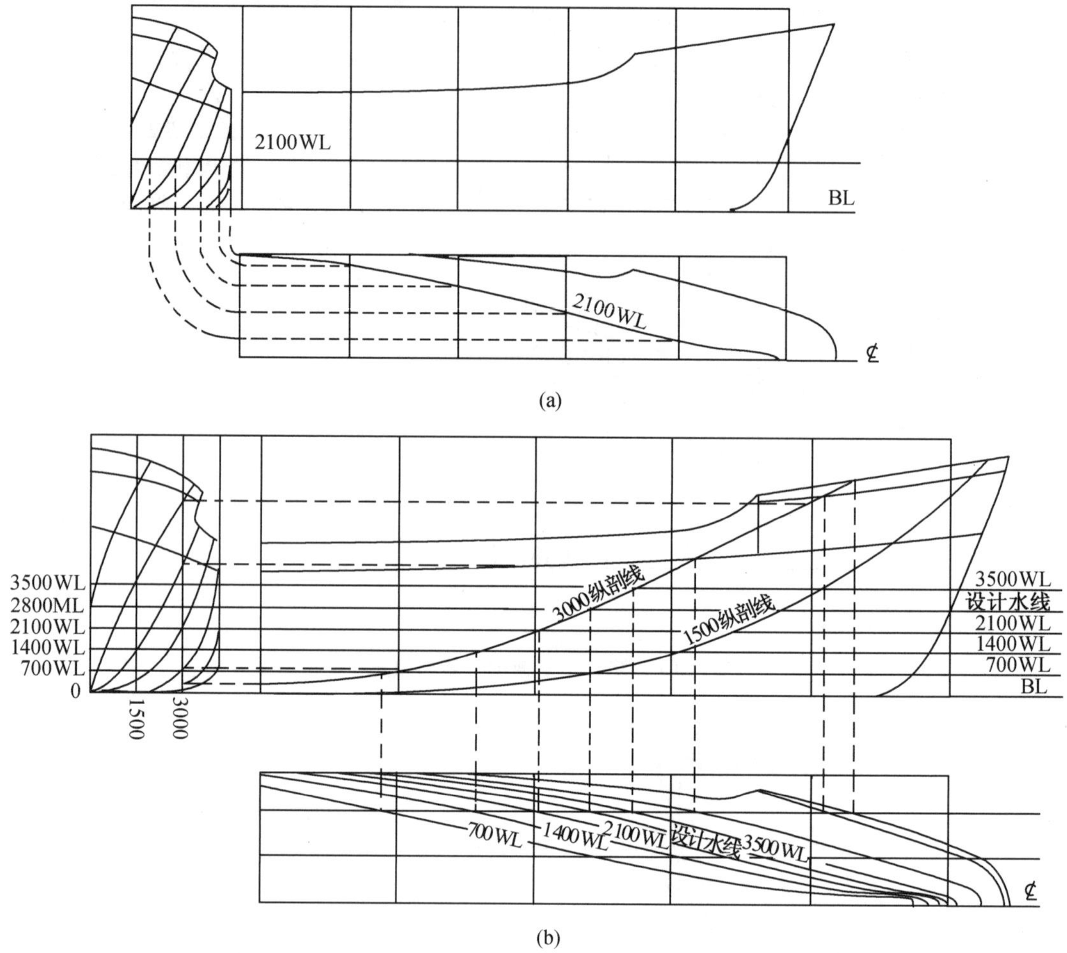

图 1－35　投影一致性检验

2. 检验船底底平线和舷侧边平线

底平线是指横剖线与船底平面的切点（或交点）的轨迹线。

边平线是指横剖线与舷侧平面的切点（或交点）的轨迹线。

边平线（底平线）是舷侧（船底）平面部分和曲面部分的分界线，其画法是：在站线上用样条录取切点（或交点）的半宽值（底平线）或高度值（侧平线），置于水线图或纵剖线图对应的站线上，用样条连顺。如果不光顺，则要进行修顺并将改动的点返画到横剖线图上去修正横剖线，如图 1－36 所示。

3. 绘制斜剖线综合检验型线

对型线精度综合检验的方法通常是作斜剖线。斜剖线一般是垂直于横剖线图的斜剖面与外板型表面的交线。如果得到的斜剖线是一条光顺的曲线，则表明该处的型线绘制正确，即这部分型线的光顺性、协调性和投影一致性是满足要求的。如果得到的斜剖线不光顺，则需要修改斜剖线上某些点，使斜剖线光顺，并以此修改相应的型线。

斜剖面通常选在型线曲率变化较大的部位，在舭部用包含中线面与设计水线面交线的平面剖切外板型表面作斜剖线，如图1－37所示。根据平面投影特性可知，这样的斜剖线在横剖线图上的投影为直线，在纵剖线图和半宽水线图上的投影为不反映真形的曲线。为了得到斜剖线的真形，可以将斜剖面绕中线面与设计水线面的交线旋转到中线面或设计水线面上。这样，在纵剖线图或半宽水线图中就可得到斜剖线的真形。

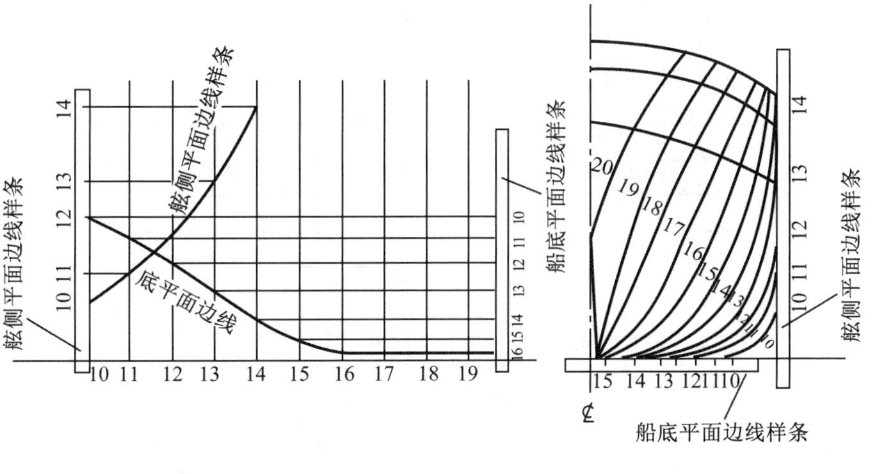

图1－36　绘制底平线和边平线检验

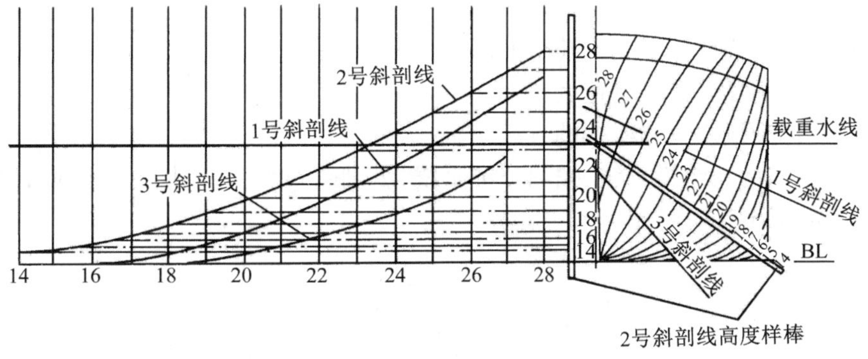

图1－37　绘制斜剖线检验

斜剖线的做法如下：

①取一样棒沿横剖线图的斜剖线（直线）放置，使样棒的基准点对准舭侧线与基线的交点，录下斜剖线与各站交点的位置，并注明站号。

②将样棒上各点驳至纵剖线图（或半宽水线图）所对应的站线上，并过各点连成一曲线，该曲线即为斜剖线。如果得到的斜剖线不光顺，则须修正理论型线，直至三面投影符合一致性，斜剖线光顺为止。

【思考与练习】

1. 习图1－1为某船船首型线图。

（1）求出图中A、B、C、D各点在另外两个投影图上的投影；

（2）已知曲线 EF 在半宽水线图上的投影，试求出其在另外两个投影图上的投影；

（3）已知 $^{\#}40$肋骨位置，在横剖线图上画出 $^{\#}40$肋骨线。

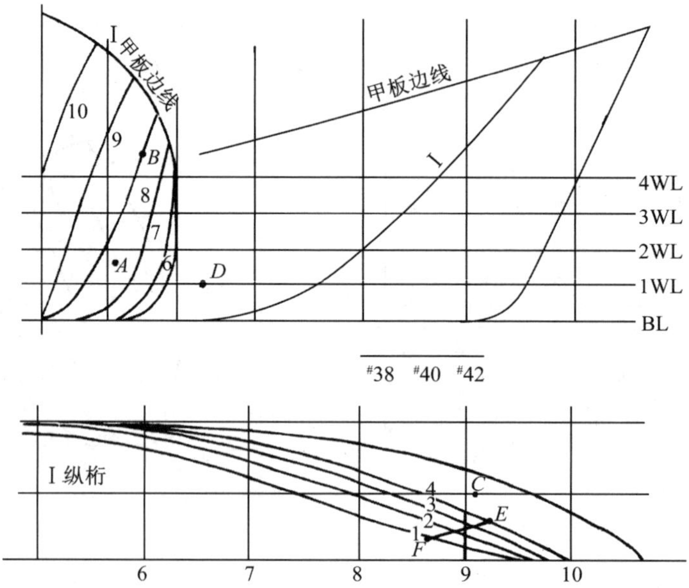

习图 1－1　某船船首型线图

2. 船体型线精确性体现在哪几个方面？

3. 船体型线的投影特征是什么？

4. 简述船体型线修改和检验的方法。

5. 习图 1－2 为一组横剖线，按图作出水线、纵剖线及斜剖线，肋距 15 mm，比例为1∶1。（保留必要作图痕迹）

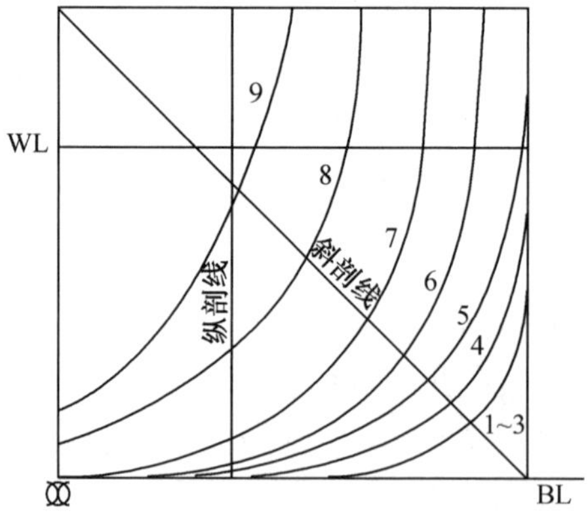

习图 1－2　横剖线图

6. 已知 $B = 2000$ mm，$h = 100$ mm，比例为 1∶10。试用作抛物线形梁拱曲线的方法作甲板梁拱曲线（半宽）。

7. 利用上题中的梁拱曲线，在习图 1－3 中绘制甲板中线。甲板边线与甲板中线高度差

比例为1∶50。各站甲板半宽值见习表1－1。（作图要求：注明必要文字符号，保留必要作图痕迹）

习表1－1　各站甲板半宽值

站号	5	6	7	8	9	10
半宽/mm	1 000	950	880	810	710	440

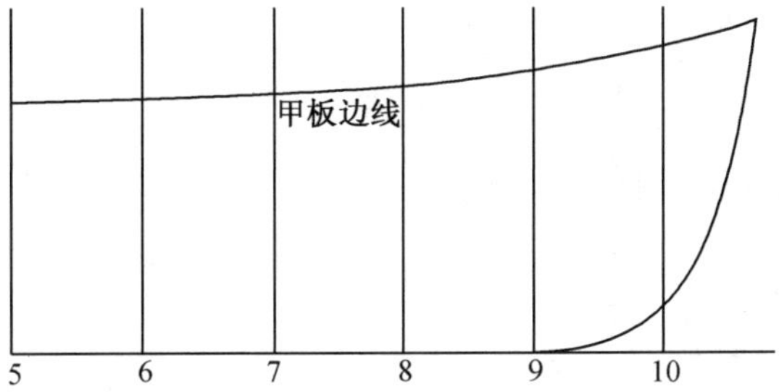

习图1－3　纵剖线图

项目2　船体结构线放样

【项目任务】

本项目的任务是150 t冷藏船结构线放样。

【学习内容】

1. 肋骨型线放样。
2. 艉轴出口处肋骨型线放样。
3. 艏柱放样。
4. 外板接缝线放样。
5. 船体纵向结构线放样。

【能力目标】

1. 能正确进行艉轴出口处肋骨型线放样。
2. 能正确理解艏柱放样的方法和步骤。
3. 掌握外板板缝线的布置原则。
4. 能正确进行理论纵向结构线放样。

任务2.1　肋骨型线放样

肋骨型线放样

理论型线图只是从设计角度反映船的曲面外形,还未能体现船体每一实际肋位横剖面和内部结构的真实形状,因此不能作为构件放样展开和制作各种样板、样箱的施工依据。为此,在理论型线放样的基础上,按实际肋骨位置在纵剖型线图、半宽水线图上,根据图纸给定肋距插入各号肋骨线,再根据三个基本投影面的相互投影关系,在船中横剖面上作出肋骨型线图。

肋骨型线图是船体构件放样展开和制作样板、样箱,以及为冷热加工、装配画线提供施工依据的最根本的型线图,所以精度要求很高。肋骨型线图可在原理论型线放样的横剖型线图的格子线上进行,不用重作格子线。一般民用船舶的肋骨号是按由艉向艏的顺序编排;军用舰船则是按由艏向艉的顺序编排。0号肋骨位置线应严格按图纸要求定出,然后按设计给定的肋距依次画出所有肋位线。

2.1.1　肋骨型线放样方法

肋骨插值是指在光顺的船体型表面上作肋骨剖面(或称为肋位剖面)来获得每挡肋骨处的横剖线(即肋骨型线)。图2-1所示为肋骨型线放样图,它包括以下两项内容:

①绘制船体肋骨型线(所求肋位处的全宽肋骨型线);

②绘制各肋位处的横梁曲线。

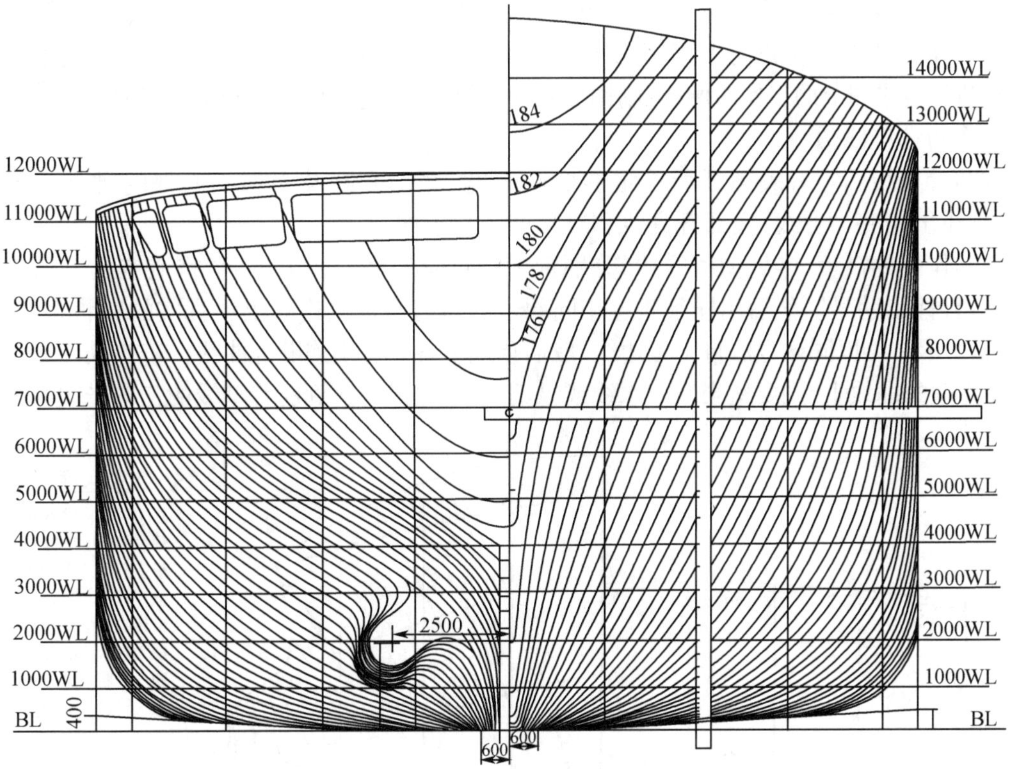

图 2-1 肋骨型线放样图

2.1.2 肋骨型线放样步骤

1. 设置肋骨线

根据设计给定的各种肋距，在纵剖型线图、半宽水线图上，用钢盘尺于其基线、中线上量出尺寸，画出各肋位点，且过各肋位点分别作基线、中线的垂线，这些垂线即为肋位线，并按图纸要求编写出肋位号码。如图 2-2 所示，#51 肋位位于型线图 13 号和 16 号站线之间。

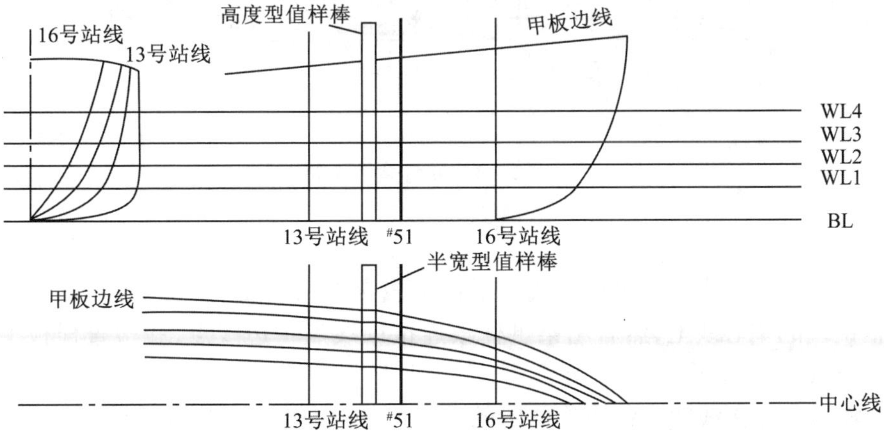

图 2-2 绘制肋骨型线的直线投影

2. 量取肋骨型值

肋骨位置线作出后，在半宽水线图和纵剖线图上量取每根肋骨线与各水线、纵剖线、甲板边线、舷墙顶线等型线交点的半宽、高度型值。编制肋骨型值表或放样型值样棒。为使肋骨型值投至肋骨型线图上的工作简便，可制作出两种型值样棒：高度型值样棒和半宽型值样棒。

3. 作肋骨型线图

按肋骨型线图等有关图纸所给定的船底半宽、底部升高及中横剖面处的舭部圆弧半径，分别作出船底半宽线、底部升高线和舭部圆弧切点线。

将制作好的高度、半宽型值样棒，分别置于所对应的格子线上，逐个将应有的型值坐标点录下，且标出肋号。然后用样条通过相同肋号的型值坐标点连顺出各真实的肋骨型线，如图 2－3 所示。再以同样方法将甲板边线、舷墙顶线上各点分别连顺为曲线。若有某些型值点未落在光顺的曲线上，则要适当修改水线或纵剖线，使之最终达到肋骨型线的三向光顺为止。

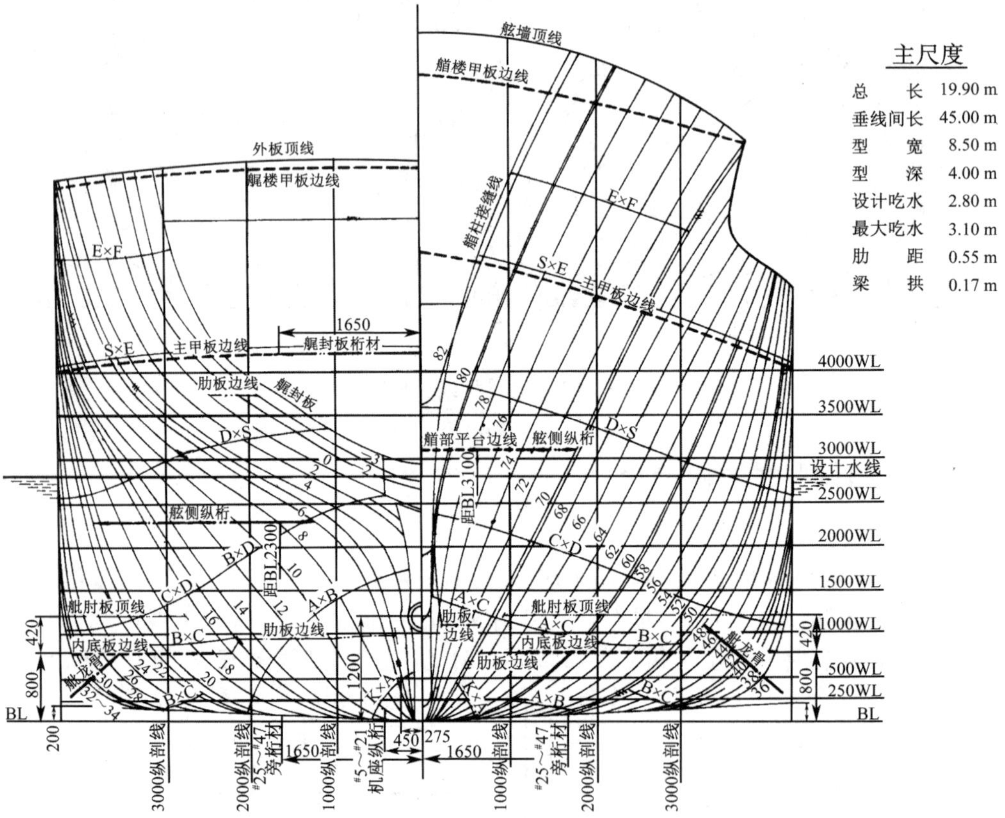

图 2－3　肋骨型线绘制

4. 作梁拱曲线

【方案 1】将纵剖线图上肋骨站线与甲板中线交点的高度值（可从最高一条水线量起）转画到横剖线的中心线上，然后用梁拱样板连接中线点与边线点，并检查样板上的水平线必须与格子线平行，如图 2－4 所示。

【方案 2】将纵剖线图上各肋骨位置的甲板中线高度（即各横梁曲线的中心点高度）转录到横剖线图上，再将梁拱样板的中线对准横剖线图上的上述各横梁曲线中心点，并使梁拱曲线通过对应肋骨曲线的甲板边线点，最后绘出各横梁曲线。

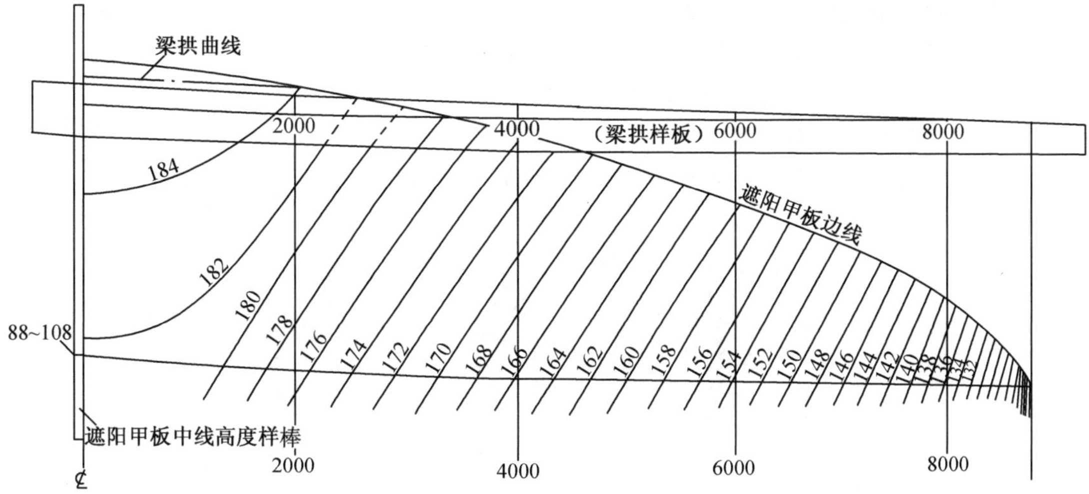

图2－4　梁拱曲线绘制方案1

5. 检验肋骨型线图

肋骨型线图画好后，须检验船体型线的光顺性。检验方法与理论型线图的斜剖线检验法相同。一般在型线曲率变化较大的地方作3～5根斜剖线，其作法与前述理论型线图斜剖线作法相同。肋骨型线图的斜剖线除检验船体型线的光顺性外，还能对某些无纵剖线和水线相交的或相交距离较远的肋骨型线起到校正与光顺的作用。

2.1.3　肋骨型线放样的工艺要求

①肋骨型线曲线偏移坐标点位置，一般不大于1 mm；
②肋骨型线要求线条光顺、粗细均匀，符合放样线条精度要求；
③斜剖线坐标点允许偏移范围不大于2 mm。

任务2.2　艉轴出口处肋骨型线放样

艉轴出口处肋骨型线放样

艉轴在穿出船体时，该处船体表面的光顺性和内部结构的完整性会遭到破坏。为了弥补这一缺陷，确保其出口处水流顺畅及内部结构的强度，需要对该处肋骨型线进行修改，使其成为圆弧形的轴毂，并与船体曲面组合，形成光顺过渡的封闭曲面。艉轴出口处肋骨型线的光顺性要求艉轴出口处肋骨型线的放样，既要保证轴壳本身的光顺性，又要保证轴壳纵向和横向都能与船体曲面光顺过渡。

2.2.1　艉轴布置形式

按船舶的不同类型，推进器轴的轴数与轴线布置形式有下列六种形式：
①在船体中线面上，并与基线平行（图2－5(a)）；
②在船体中线面上，与基线成一角度（图2－5(b)）；

③不在船体中线面上，但平行于船体中线面及基线（图 2－5(c)）；

④不在船体中线面上，但平行于船体中线面而与基线成一角度（图 2－5(d)）；

⑤与基线平行，但与船体中线面成一角度（图 2－5(e)）；

⑥与基线及船体中线面成一角度（图 2－5(f)）。

上述六种情况的前两种用于单推进器的船舶，后四种用于多推进器的船舶。

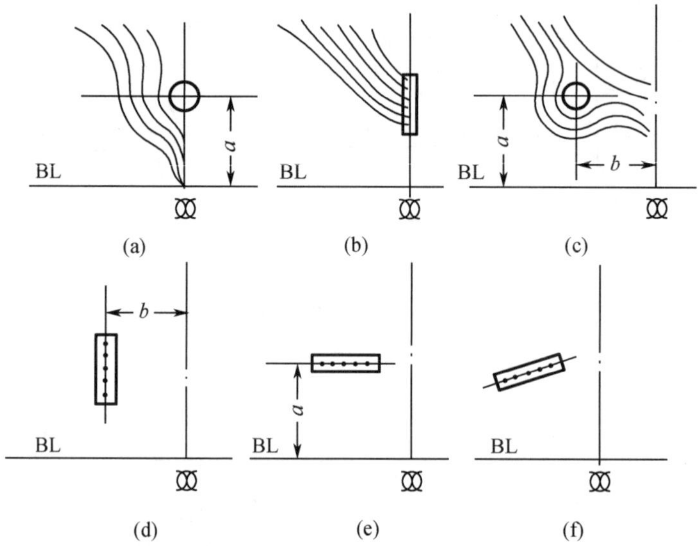

图 2－5　艉轴布置形式

2.2.2　艉轴出口处肋骨型线放样方法

艉轴出口处肋骨型线的放样既要保证轴壳本身的光顺性，又要保证轴壳纵向和横向都能与船体曲面光顺过渡。

为了满足轴壳横向与船体曲面光顺过渡的要求，放样时只需求出轴壳在相应肋骨处的圆弧半径，以相应的轴心为圆心作圆弧，并用反圆弧将其与原肋骨线光顺连接即可。

为了满足轴壳的纵向光顺性要求，通常通过作纵向斜剖面来光顺和检验，而这又是求取圆弧半径的重要手段。所选择的纵向斜剖面必须满足以下两点要求：

①其在横剖线图上的投影直线应通过艉轴的轴心（如图 2－6 中的剖线 OA 所示），亦即通过轴壳圆弧的所有圆心；

②其在横剖线图上的投影直线应垂直于轴壳开始凸起处的原肋骨线，使其贯穿整个轴壳板，以便求取轴壳在各肋骨线处的全部圆弧半径。

2.2.3　艉轴出口处肋骨型线放样

以图 2－6 为例，艉轴出口处肋骨型线放样步骤如下：

①按照轴系布置图、轴壳图等有关图样给定的尺寸，在肋骨型线图上画出轴中心线的位置 O 点。

②从轴系布置图可知，轴中心线在船体两侧，且与中线面和基平面平行，又知轴壳在#8 肋骨处的半径 R_8。轴壳在#11～#12 肋骨间某处开始凸起，到#8 肋骨止。在图中过 O 点作一

辅助剖线 OA 垂直于#11 号肋骨线。

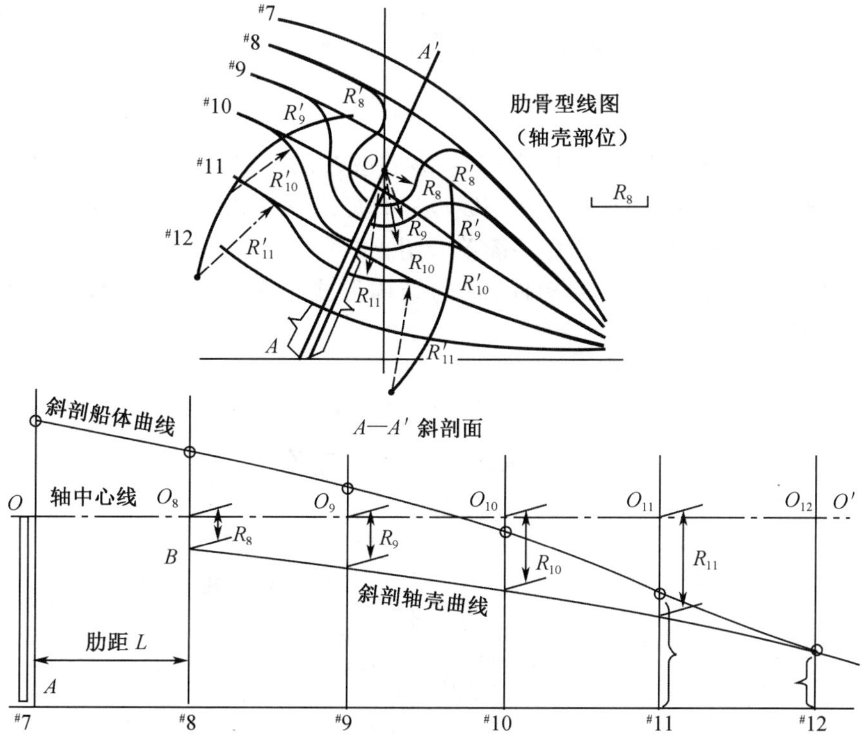

图 2-6　艉轴出口处肋骨型线放样

③用样棒沿辅助剖线量取各肋骨线与直线 OA 的交点到基准点的距离，转录到纵剖线图的各对应肋骨线上（使 A 点始终对准基线），再用样条将各点连成光顺的曲线，即得到斜剖船体曲线；将横剖线图上各轴心点（本例均重合于 O 点）到基准点 A 的距离，也转录到纵剖线图的各对应肋骨线上，并作出轴中心线。

④斜剖面图上，从轴中心线与#8 肋骨线的交点向下量取 R_8，得点 B；过点 B 作直线或光滑曲线，并在#11 ~ #12 肋骨间与斜剖船体曲线光顺地连接，得到斜剖轴壳曲线，该曲线与轴心和曲线在各肋骨线上的距离，即为相应肋骨处轴壳圆弧半径 R_8、R_9、R_{10}和 R_{11}。

⑤在横剖线图上，以点 O 为圆心，分别以各半径画圆弧，圆弧两端应接近对应的肋骨线。

⑥以同样的半径作反圆弧（也可按比例选取反圆弧半径），光顺地连接轴壳圆弧及原肋骨线。最后，将各反圆弧的圆心连成光顺曲线，以检验反圆弧的纵向光顺性，若有个别圆心不在曲线上，应修改反圆弧，使圆心落在曲线上。

任务2.3　艏柱放样

艏柱放样

艏柱和艉柱是船体的重要构件，由于其型线比较复杂，设计部门所提供的理论型线图无法精确地把它表示出来，必须在船体型线放样时加以修改和完善。艏柱和艉柱放样原理大致相同，因此这里仅对艏柱放样做一简单介绍。

艏柱是位于船舶首段重要的构件，它的结构形式很多，这里以前倾式艏柱为例（图2－7），介绍艏柱放样方法。

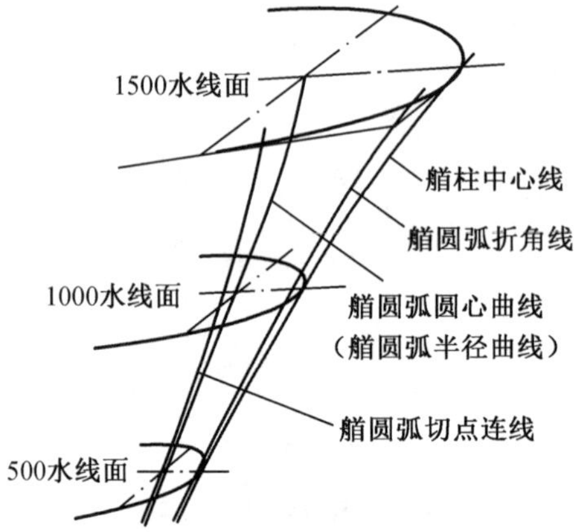

图2－7　前倾式艏柱示意图

2.3.1　艏柱放样（光顺）要求

由于艏柱表面是由许多光顺连接的艏圆弧曲线（各水线面和甲板面）构成的光顺空间曲面。因此，艏柱光顺性必须满足以下要求：

①各艏圆弧必须与相应的水线、甲板边线、甲板折角线和舷墙顶线等光顺地连接；

②在纵剖线图上，艏柱中心线（即艏轮廓线）和艏圆弧圆心连线必须是光顺的；

③通过各水线、甲板边线、甲板折角线、舷墙顶线与对应艏圆弧相切的切点连线和与艏折角垂线相交的折角点所连成的折角线必须是光顺的；

④通过各艏圆弧的任意斜剖线和纵剖线都必须是光顺的。

2.3.2　艏柱放样内容

①修改和确定艏圆弧半径，绘制各水线、甲板边线和舷墙顶线等的艏圆弧；

②绘制艏柱板与外板的接缝线；

③绘制与艏柱板相交的横剖线和肋骨型线的根部型线。

2.3.3　艏柱放样方法及步骤

1.绘制艏圆弧

(1)作艏圆弧折角线

①将纵剖线图上艏柱中心线与舷墙顶线、甲板边线及各水线的交点1,2,…,6(图2－8(a)),投影到半宽水线图的中心线上,并以各投影点为垂足,分别作中心线的垂线,称为折角垂线。

②将半宽水线图上舷墙顶线、甲板边线及各水线的艏部型线向艏自然地延长,与相应的折角垂线相交,得$a,b,\cdots,g$各点,它们的交角称为艏圆弧折角。

③在横剖线图上,量取最低一条水线以下的船底折角的半宽x_1、x_2(图2－8(c)),将其转录到半宽水线图上对应的肋骨线上,得交点g、h。

④将半宽水线图上的$a,b,\cdots,h$各点连接并光顺,即得到艏圆弧折角线(图2－8(b))。

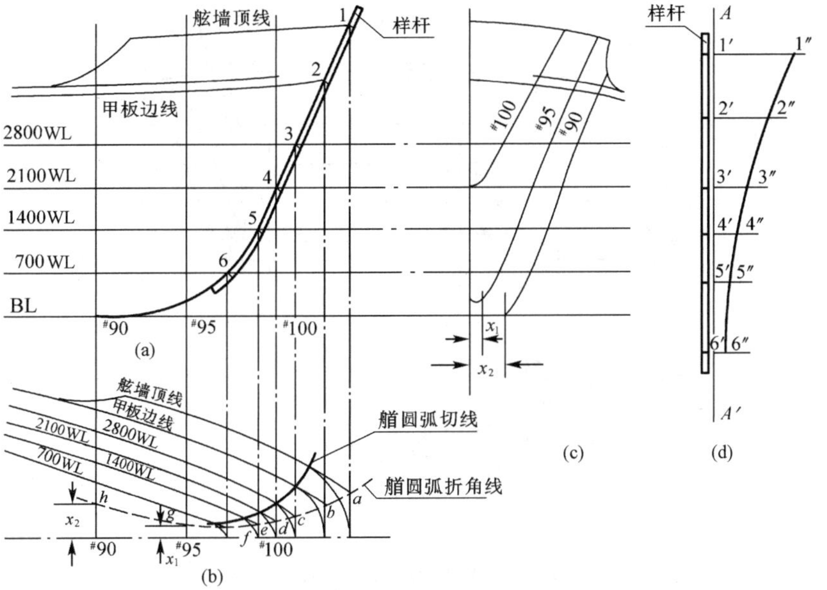

图2－8　艏圆弧绘制

(2)绘制艏圆弧半径曲线

①在半宽水线图上,作各艏圆弧折角的平分线,它们与中心线的交点就是对应艏圆弧的圆心。从圆心到对应折角垂线的距离,就是该艏圆弧的半径。

②在纵剖线图上,用样条围在艏轮廓线上,将1,2,…,6各点录下,使样条伸直,将样条上1,2,…,6各点转录到直线AA'上,分别得$1',2',\cdots,6'$各点。

③过$1',2',\cdots,6'$各点作直线AA'的垂线,在其上量取对应艏圆弧的半径值,得交点$1'',2'',\cdots,6''$,用样条将各点连成光顺的曲线,即为圆弧半径曲线(图2－8(d)),若不光顺应重新修改上述步骤。

(3)绘制艏圆弧(图2－8(b))

用上述光顺所得的艏圆弧半径和圆心位置,在半宽水线图上绘制出各艏圆弧,并使相应的舷墙顶线、甲板边线及各水线与它们相切。

(4)绘制艏圆弧切线(图 2－8(b))

用样条将上述各切点连成一根光顺曲线,即为艏圆弧切线。艏圆弧切线起到最后检验艏部光顺性的作用。

2. 绘制艏柱板与外板的接缝线

艏柱板与外板的接缝线一般布置在艏圆弧切线以外,这样有利于艏柱外板的加工。绘制艏柱板与外板的接缝线,是为了给艏柱展开及制作艏柱加工样板提供依据,如图 2－9 所示。

①根据艏柱图纸上规定的尺寸,在纵剖线图上画出艏柱与外板接缝线的投影曲线。

②将纵剖线图上接缝线与肋骨线的交点 d、h、j 投影到横剖线图上相应的肋骨线上,得 d'、h'、j'点,并将其半宽 x、y、z 量到半宽水线图上对应的肋骨线上,得 d''、h''、j''点。

③将纵剖线图上接缝线与舷墙顶线、折角线、甲板线及各水线的交点 $a,b,\cdots,i$ 投影到半宽水线图相应的各线上,得 $a'',b'',\cdots,i''$点,过各投影交点连成一条光顺曲线。若不光顺,则应修改水线上的交点,尽量使艏圆弧曲线和纵剖线图上的艏柱与外板的接缝线保持不变。

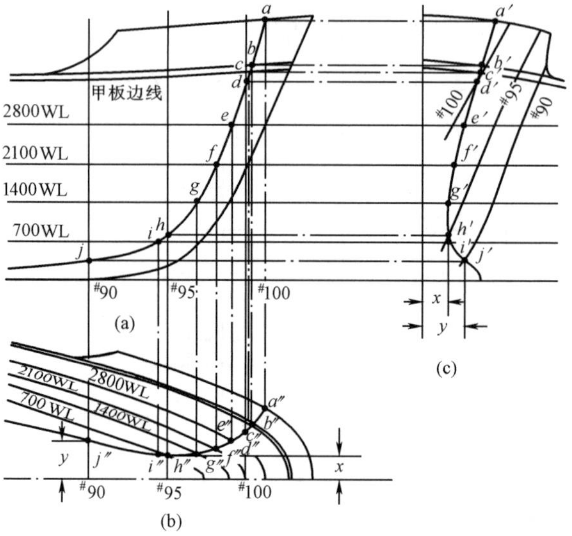

图 2－9　艏柱与外板接缝线的绘制

④用样条将半宽水线图上接缝线的半宽值投影到横剖线图上,并过交点 $a',b',\cdots,j'$连成一条光顺的曲线,即得接缝线在横剖线图中的投影。

3. 绘制与艏柱板相交的肋骨根部型线

艏柱型线确定后,即可运用作辅助线法求取肋骨根部型线。辅助线的作法一般有以下三种:

①在纵剖线图上作若干条平行于艏柱中心线的辅助线;

②在半宽水线图上作若干条等分各艏圆弧的辅助线;

③在半宽水线图上(或横剖线图上)作若干条辅助纵剖线。

图 2－10 所示为作辅助纵剖线求取肋骨根部型线的方法。

①在半宽水线图和横剖线图上作 200,400,600 等辅助纵剖线。

②把半宽水线图上的这些辅助纵剖线与舷墙顶线、折角线、甲板边线、各水线的交点投影到纵剖线图上,用样条连成一条光顺的曲线,即得到纵剖线图上各辅助纵剖线。

③以$^{\#}100$为例，将纵剖线图上辅助纵剖线与$^{\#}100$肋骨线的交点a、b、c、d、e投影到横剖线图对应的辅助纵剖线上，得a'、b'、c'、d'、e'，将它们与原肋骨线连成一条光顺曲线，即为$^{\#}100$肋骨的根部型线。

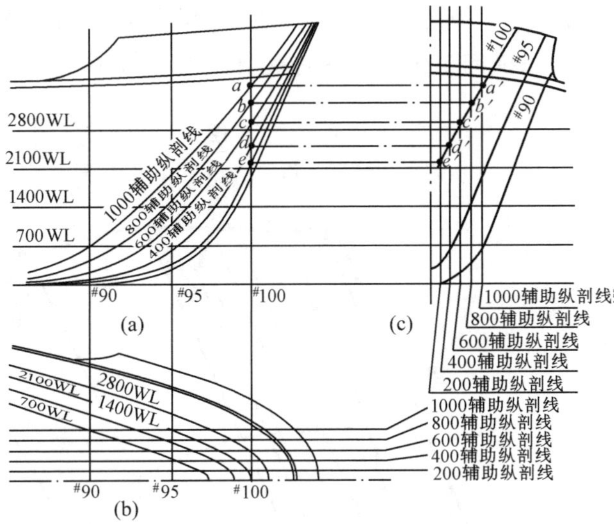

图2-10　作辅助纵剖线求肋骨根部型线

2.3.4　艏柱放样后说明

现代船舶为了降低阻力、提高航速常设置球鼻艏。在球鼻艏艏柱放样中，水线呈交叉网形，放样比较困难，但基本方法与以上所述一致。只是最好以直剖线作为辅助线，以免造成混乱。

艉柱放样的基本原理与艏柱相同，只是艉柱轮廓不像艏柱那样只有一个弯曲方向，而是出现几个反弯曲，因此水线端部无法始终保持圆弧状。主甲板与艉柱相交的形状也应与艏部一样处理，但由于艉甲板中心线基本与水线平行，而且主甲板处的艉部线型变化缓慢，因此艉部甲板边线在水线面上的投影可保持为圆弧形，不会给放样带来太大的困难。艉柱放样必须按照艉柱图进行，使艉柱满足设计要求，并与船舶主体光顺连接。

任务2.4　纵向结构线放样

纵向结构线放样

肋骨型线放样结束后，为获得构件展开，样板、样箱钉制、加工和装配等的施工依据，必须进行结构线放样。结构线放样包括纵向结构线放样和板缝线放样，本任务先介绍纵向结构线放样，板缝线放样将在后续内容中介绍。

2.4.1　船体结构线

船体结构由船体外板、甲板和内部骨架等纵、横向构件组成。

纵向构件是指甲板、平台、内底板、纵舱壁、中(旁)底桁材、中(旁)内龙骨、舭龙骨等沿船长方向布置的构件。

横向构件是指肋骨、肋板、横舱壁等沿船宽方向布置的构件。

结构线是构件与船体型表面的交线,它表达构件形状及其在船体外板上的位置。如图 2－11 所示,纵向结构线包括甲板边线 *a*、舭龙骨线 *g*、内底板边线 *e* 和舷侧纵桁结构线 *c* 等;纵向板缝线包括 *AB*、*FS* 等;横向结构线包括肋骨型线#100、#106 等。

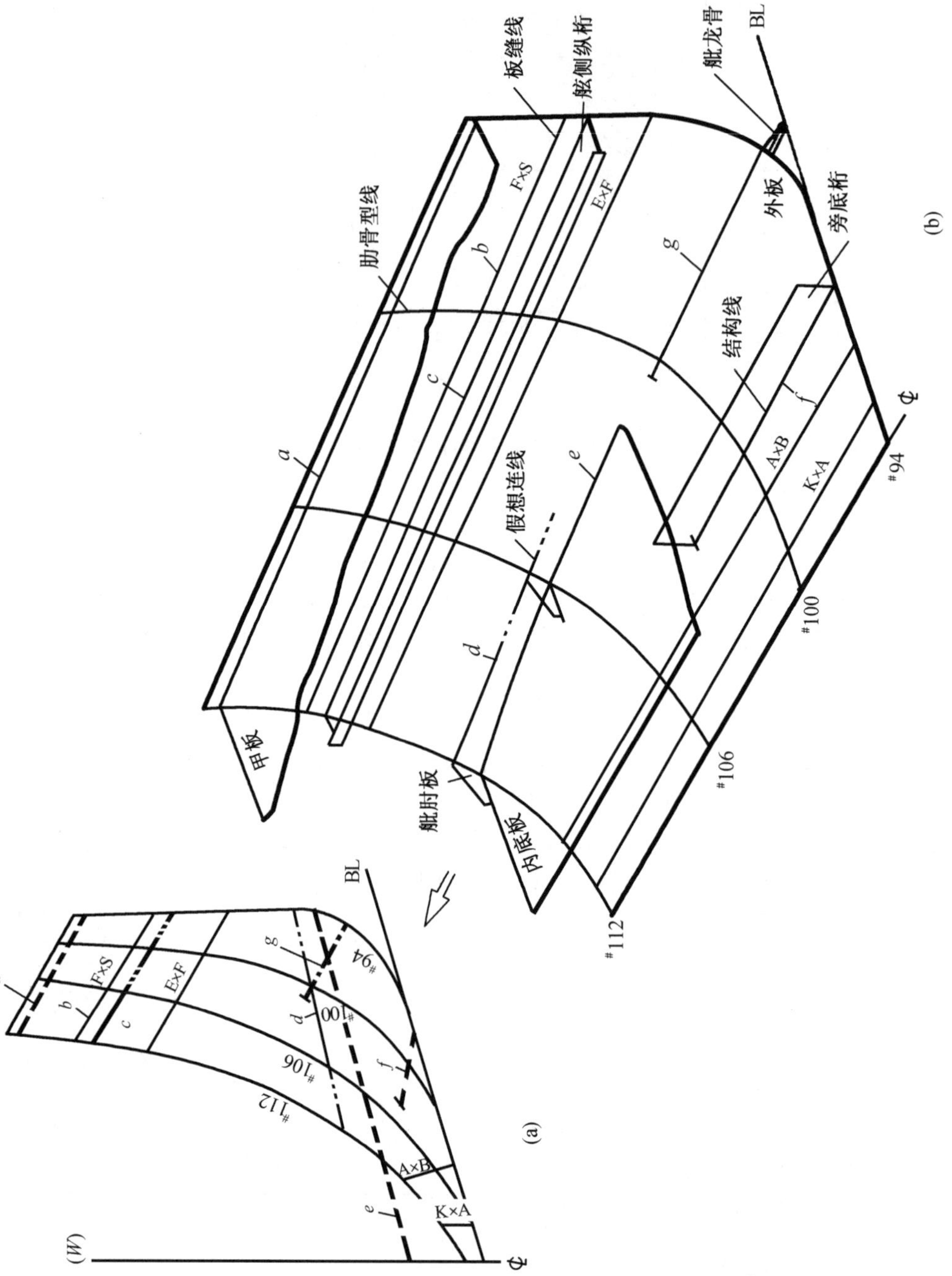

图2-11 船体结构线示意图

2.4.2 结构线放样

结构线放样是根据设计部门提供的基本结构图、中横剖面图、外板展开图、艏艉柱结构图、分段结构图和肋骨型线图等，把纵、横向构件的理论投影线绘制于肋骨型线图上的工作。

结构线放样的主要内容有内底板线、平台线、船底纵桁线、舷侧纵桁线、甲板纵桁线、舭龙骨线、纵舱壁线、主机机座位置线、肋板顶线、舭肘板顶线等。

肋骨型线放样也可理解为横向构件放样（横向结构线放样）的一部分。

2.4.3 纵向结构线放样

在肋骨型线图上画出纵向构件的结构理论线或投影线（即与船体型表面的交线，与肋骨剖面的交线及其边界线的投影线）。

通常，甲板纵桁与甲板的交线称为上口线，其腹板与面板的交线称为下口线；舷侧纵桁与船体外板的交线称为外口线，其腹板与面板的交线称为内口线；底部纵桁与船底板的交线称为下口线，其腹板与面板的交线称为上口线。在肋骨型线图中上口线和下口线、外口线和内口线之间各肋骨垂线段就是该纵向构件的肋骨剖线，两条口线和艏艉两端肋骨剖线所围成的形状，就是该纵向构件在肋骨型线图中的投影形状。

2.4.4 纵向结构线放样形式

纵向构件放样一般有两种形式：一种是肋骨剖线垂直于基线的纵向构件，这种纵向构件的肋骨剖线是相互平行的，有纵向弯曲但无扭曲；另一种是肋骨剖线垂直于肋骨型线的纵向构件，这种纵向构件的肋骨剖线是相互不平行的，既有纵向弯曲又有扭曲。

2.4.5 旁内龙骨结构线放样

如图 2－12 所示，旁内龙骨结构线放样步骤如下。

1. 作旁内龙骨的下口线

①按图纸规定的尺寸，在半宽水线图上绘出旁内龙骨与船体外板的交线（即旁内龙骨的下口线）。

②将半宽水线图上旁内龙骨的下口线投影到肋骨型线图上。

2. 作旁内龙骨的上口线

①在肋骨型线图上过下口线与各肋骨线的交点作基线（或肋骨线）的垂线。

②在垂线上截取旁内龙骨的高度，得各高度点。

③将各高度点连成一根光顺的曲线，即为旁内龙骨的上口线。

3. 生成肋骨剖线

上下口线之间各肋骨直线段即为所求肋位剖线。

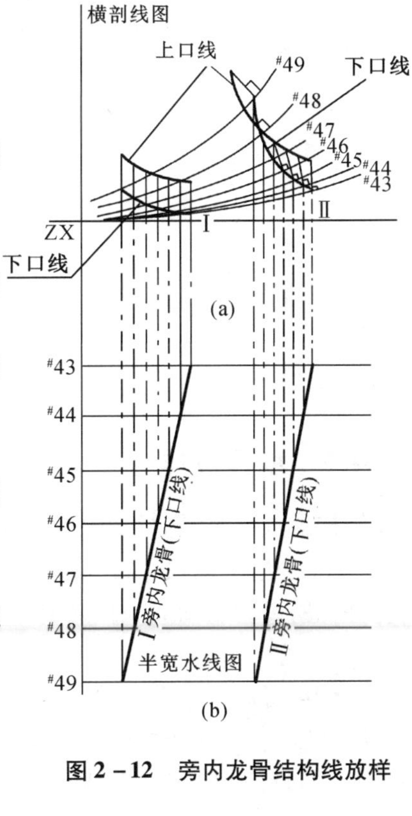

图 2－12 旁内龙骨结构线放样

4. 形成旁内龙骨完整的结构线

上下口线、各肋位剖线所围成的形状即为该旁内龙骨腹板在肋骨型线图中的投影。

5. 投影

①旁内龙骨的横向理论线(即肋位剖线)相互平行且垂直于基线，腹板为柱面，其放样、展开、加工和装配都较为方便。

②旁内龙骨的横向理论线垂直于对应的肋骨线，腹板扭曲，其放样、展开、加工和装配都较为困难，但惯性矩大、强度好。

2.4.6 舷侧纵桁结构线放样(腹板与肋骨型线垂直)

1. 求外口线

在图 2-13 中，作图(b)内 $a \sim e$ 和图(a)内的 $a' \sim e'$各点，得桁材的外口线。

2. 作肋骨剖线

过 $a' \sim e'$各点作出 $a'a'' \sim e'e''$线，使之分别垂直于(或成一定夹角)#140 ~ #144 肋骨线。

3. 截取内口线

过 $a' \sim e'$各点量取 $a'a'' \sim e'e''$值，使其等于桁材设计宽度，用样条连顺 $a'' \sim e''$各点，即为桁材内口线。

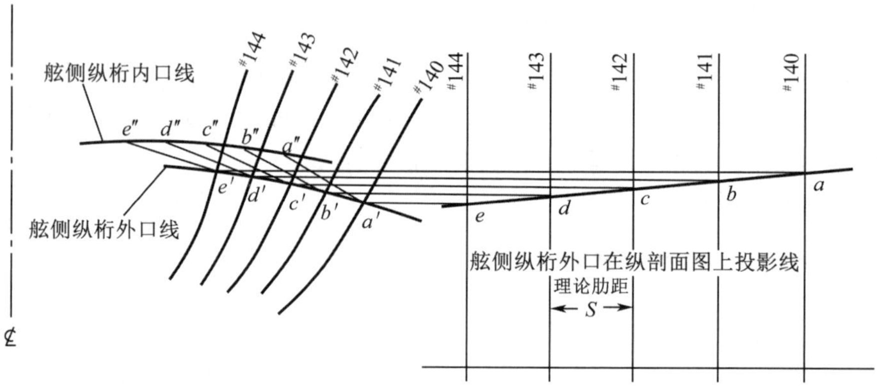

(a)纵剖线图　　(b)肋骨型线图

图 2-13　舷侧纵桁结构线放样

2.4.7 肋板放样

在结构线放样时，平行于中横剖面的肋板等横向构件在肋骨型线图上的投影是其真实形状，只要知道它们的尺寸，画出其理论线的位置，标上名称即可；平行于中线面或基面的纵向构件在肋骨型线图上的投影是一直线段，只要根据图纸规定的尺寸，画出其理论线的位置，标上名称即可。

图 2-14 所示为肋板放样。所谓肋板放样就是按基本结构图所给定的肋板高度值置于各对应肋骨线上，且向船中作基线平行线，即可得每挡肋板的实际形状。图示为船舶前体肋板。#66 ~ #118 和#129 ~ #134 肋板为平直部分，#118 ~ #129 肋板呈斜线升高部分。同样，若

为双层底,可体现内底板的放样情况。

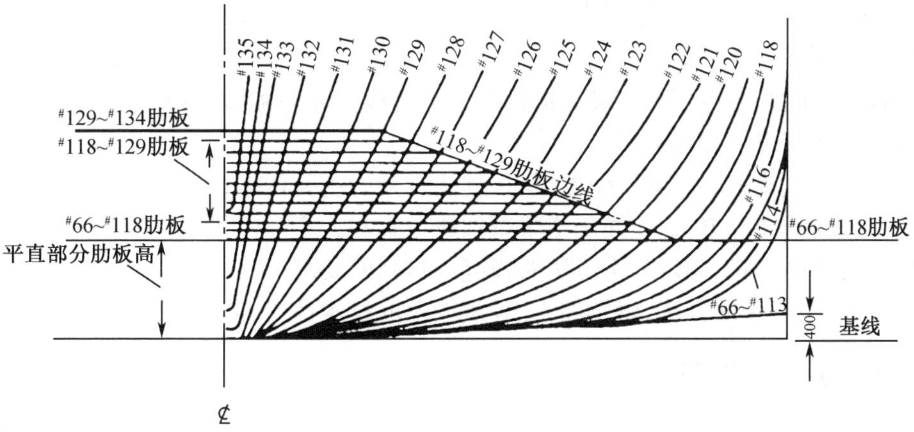

图 2－14　肋板结构线放样

纵缝线排列原则

横缝线排列原则

任务2.5　外板接缝线放样

外板接缝线放样是船体结构线放样的重要内容,因为板缝线排列的好坏,直接影响到原材料的节约与否、加工和装配的难易、船体建造质量的优劣等诸多方面。

2.5.1　外板板缝线

外板由许多块钢板并合焊接而成,钢板的长边沿船长方向布置(图 2－15)。

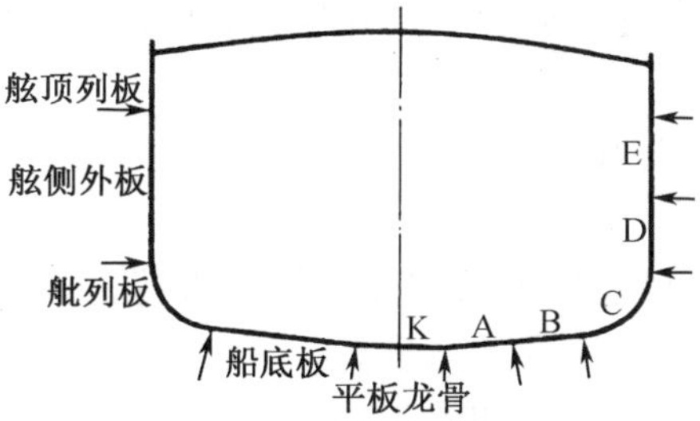

图 2－15　外板板缝示意图

1. 边接缝线

边接缝线即纵向接缝线,是相邻两列外板间的接缝线。

2. 端接缝线

端接缝线即横向接缝线,是同一列外板中,相邻两块板间的接缝线。

3. 分段接缝线

分段接缝线即相邻两分段间的接缝线。

2.5.2 板缝线排列的依据

1. 参照的主要图纸

外板接缝线的排列主要参照设计提供的肋骨型线图和外板展开图。

2. 板缝排列前应掌握的情况

①钢板规格直接影响板缝线位置,是板缝线排列的主要依据。

②船体外板的装配方法,以便确定余量加放位置和大小。

③外板的弯曲形状,确定加工方法对板缝线排列的要求。

④船厂加工、焊接的方法,以及加工、焊接设备的技术性能等。

2.5.3 纵缝线排列

1. 纵缝线排列的方法

①在中横剖面肋骨线上,按设计板宽排列平板龙骨、舭部列板和舷顶列板等主要受力列板,并按同样的板宽向艏艉延伸,绘出其光顺的纵缝线。

②根据钢板规格和其他工艺要求,从舯部向艏艉排列其他列板的纵缝线。

舷顶列板的最小宽度 $B=0.1D$(D 为型深),舷顶列板的纵缝线通常与甲板边线平行或近似平行,在确定其纵缝线时,可以甲板边线上口的企口为基准,向下量取板的宽度,即可得舷顶列板的纵缝线。

平板龙骨的最小宽度(mm)$B=900+3.5L$(L 为夏季设计水线长度,m),平板龙骨由整块钢板做成,钢板中心线与船体中心线重合。排板时,用一根长为平板龙骨半宽的样条,一端对准肋骨型线图的中心线,另一端顺着肋骨型线围出纵缝点,过各纵缝点连成光顺的纵缝投影线。

舭列板,钢板中央布置于舭部曲度最大处,其纵缝线在肋骨型线圆角切点以外,若圆角半径很大,而转圆的围长尺寸超过一张钢板的宽度时,在加工设备有能力的情况下,可先拼板后轧圆。

2. 纵缝线的布置应遵循的原则

(1)充分利用原材料

在船体较平直的部分,应尽量按钢板的宽度排列板缝;由于钢板边缘实际上不是完全平直的,必须对钢板的长和宽留出必要的余量。

应尽可能使纵缝线与肋骨线正交,如图 2-16 所示。

(2)避免外板纵缝线之间或纵缝线与内部结构线之间呈小角度相交

如果小角度相交(焊缝热影响区大,影响焊接质量),应使两者避开或者将纵缝改成阶梯形,两者避开的距离必须满足船舶建造规范的要求:

①对接焊缝与对接缝之间的平行距离不小于 100 mm;

②对接焊缝与角焊缝之间的距离不小于 50 mm,如图 2-17 所示。

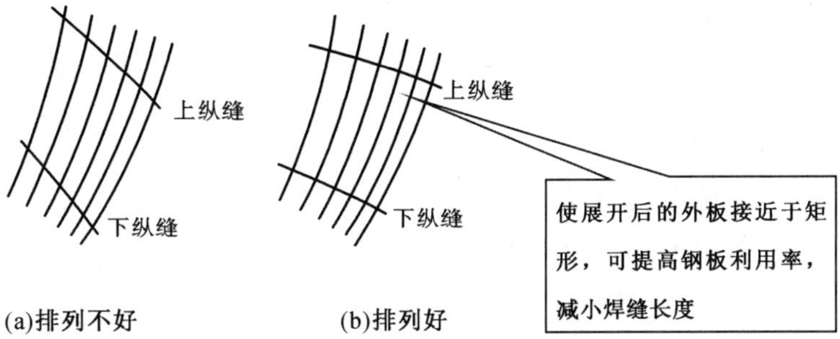

图 2－16　纵缝线与肋骨线相对位置

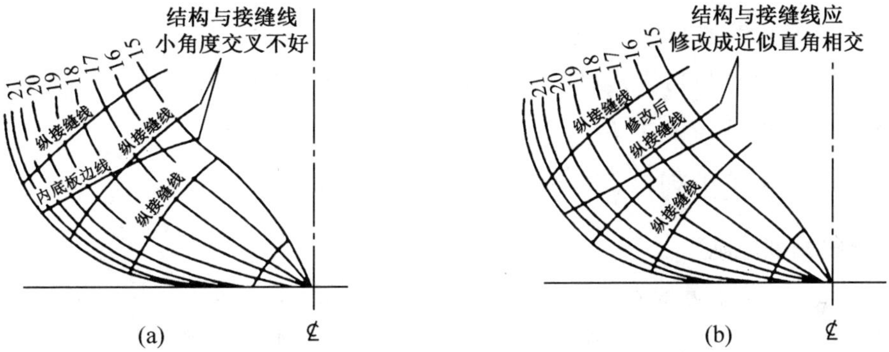

图 2－17　纵缝线之间或纵缝线与内部结构间的相对位置

(3)便于外板的加工

采用水火弯制的艏艉柱，应适当将板宽排窄，以降低弯制时的刚性，提高成型效果。

板缝线的排列，应尽可能使每块外板的弯曲方向单一，即避免出现同时有正、反弯的情况，以降低加工的复杂性。

对于双向曲度均较大的外板，应适当缩短其长度和宽度，以利于加工。

槽形龙骨底板宽度的排列应使设备能够进行折弯（图 2－18），避免在压力机上折角时发生与压头相碰的情况以致无法加工。

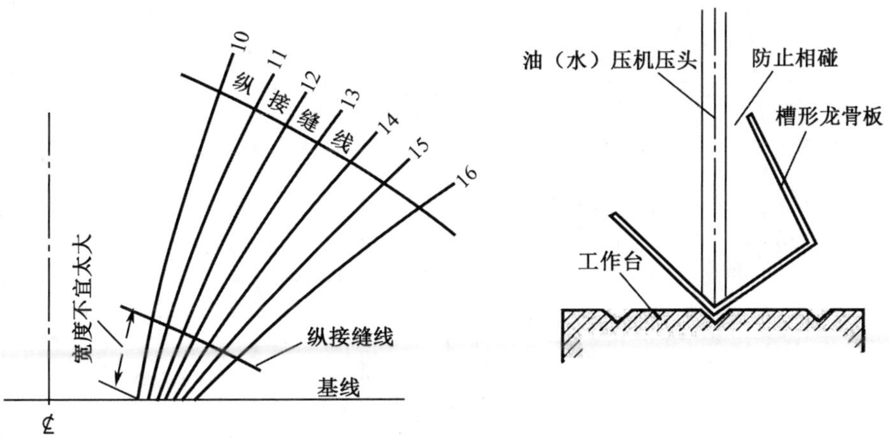

图 2－18　槽形龙骨板底板宽度排列

(4)便于构件的装配和焊接

平行中体部分的纵缝线,应尽可能平行于中线面和基平面,使接缝线为直线,既提高钢板利用率,又便于实施自动焊。

双层底分段的上口纵缝若与内底板的距离过大,则自由端太大容易出现荷叶边变形,影响装配的精度;若过小,则会形成装配硬点和死角,使施工条件变坏(图 2-19)。

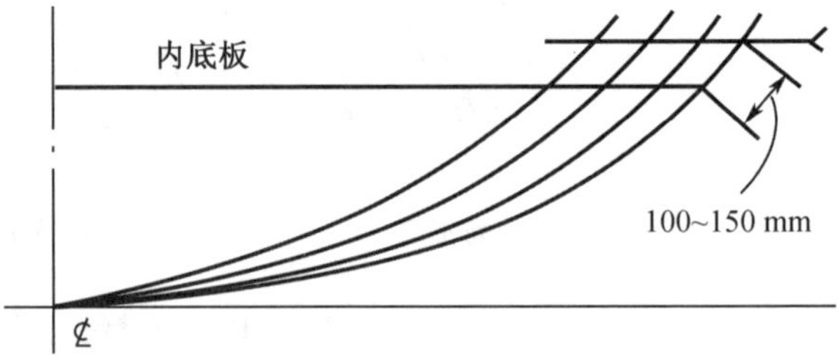

图 2-19 双层底分段纵向板缝排列

(5)要注意外表的美观性

排列满载水线以上的纵缝线时,应该在保证施工工艺性的前提下,使这些纵缝线与甲板边线(或折角线)近似平行,并沿船体全长光顺贯通,尽量不要错开,以保证满载水线以上船体外表的美观性。

2.5.4 横缝线排列

1. 横缝线排列原则

横缝线排列取决于分段划分情况,所有的分段横向大接缝都是外板的横缝线。

在每一分段中应提高钢板利用率,便于加工和装配,并做适当的横向划分。

横缝线平行于肋骨剖面,而且要求布置在 1/4(或 3/4)肋距处。从局部强度来看,该处的弯矩为零,容易保证强度。若布置发生困难时,则应排在1/3或 2/3 肋距处,避免排在 1/2 肋距处,因为此处为弯矩峰值。

2. 绘制横缝线的方法

①根据横缝线所在的纵向位置,用绘制肋骨线的方法绘出。

②根据肋骨级数值用插入法绘出。

如图 2-20 所示,按图纸规定艏端接缝线在$(146+l_1)$,艉端接缝线在$(141-l_1)$。设 x 点为艉端接缝线上任意一点,K_x 为 x 点距#141 肋骨线的距离,K 为 x 点处的肋骨级数,l_1 为端接缝线超出相近肋骨线的理论尺度,S 为理论肋距,则可求出 K_x。

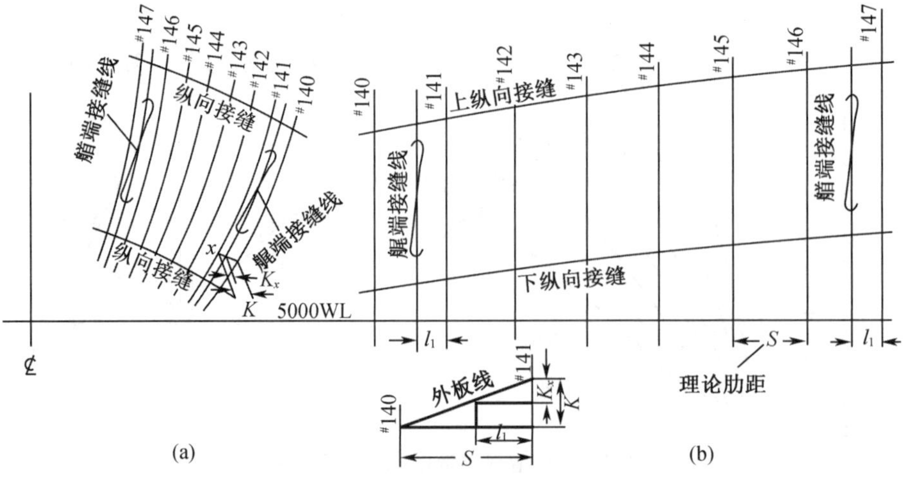

图 2-20 插入法绘制横缝线

按上述方法连续作出若干点，用样条连顺，即可得端接缝线。

2.5.5 肋骨型线完工型值表

船体型线放样与结构线放样结束后，应将所有的构件线、板缝线的名称标注在肋骨型线图上，还应编制完工型值表，如图 2－21 所示。

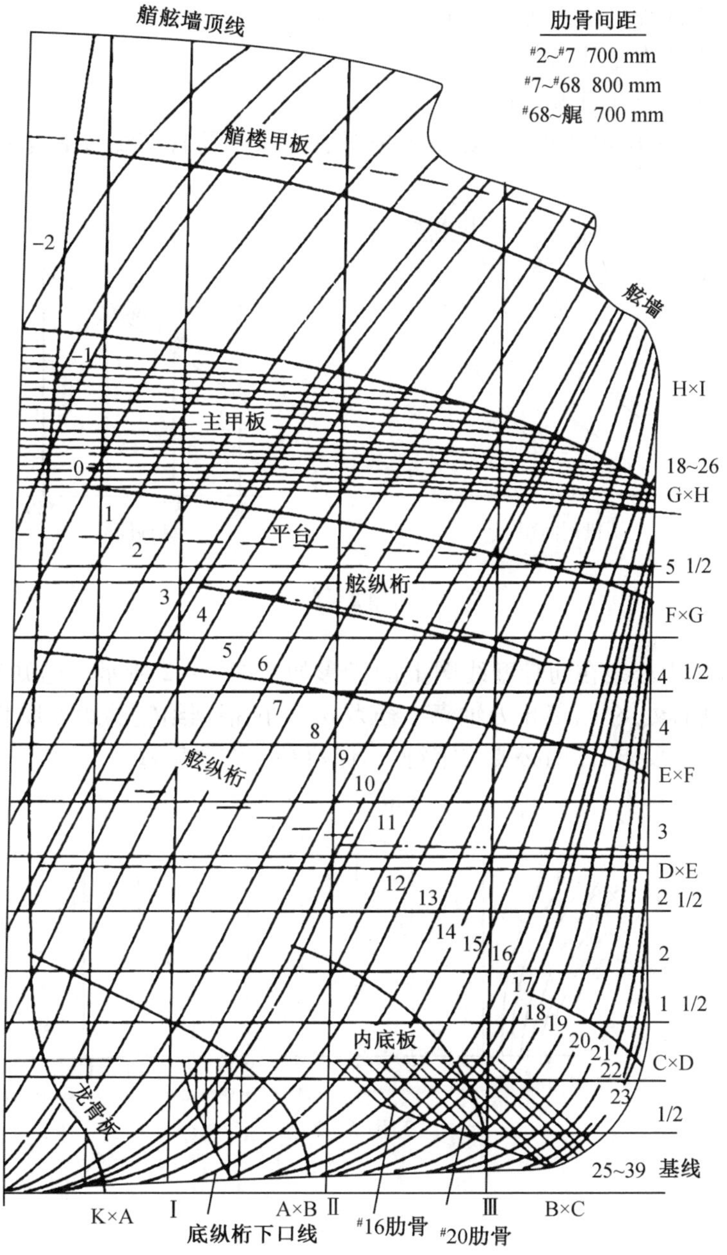

图 2－21 肋骨型线完工型值表

完工型值表包括理论型线型值表，肋骨型线型值表，艏艉等部位的型线草图，以及结构线、板缝线的型值表，这是对整个船体型线放样的总结；并写好肋骨编号、结构名称，至此，船体型线放样工作全部结束。

【思考与练习】

1. 叙述船体结构线放样概念、作用和内容。
2. 叙述肋骨型线放样的方法和步骤。
3. 在肋骨型线放样时怎样作各肋位的横梁曲线？（用简要的文字和示意图加以说明）
4. 叙述外板纵向板缝线的排列要求。
5. 艏柱光顺性要求是什么？
6. 艉轴轴线布置形式有哪几种？
7. 画出习图 2－1 所示舷侧纵桁的内、外口线（腹板的肋骨剖线与基线平行）。

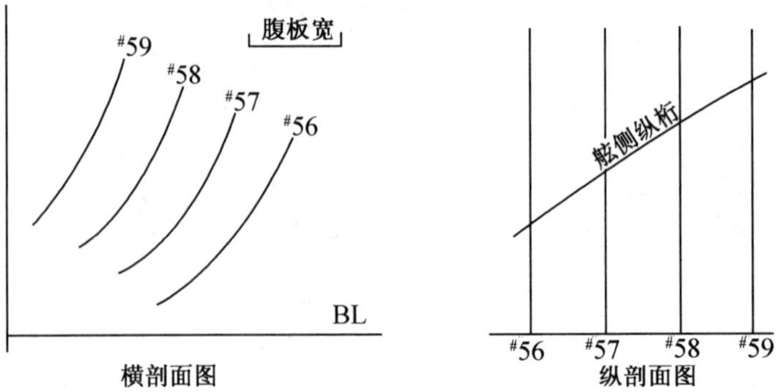

习图 2－1

8. 某船的艉轴中心线在肋骨型线图上的投影如习图 2－2 所示。已知轴壳从#10 肋骨开始膨出，至#5 肋骨处终止，终止处轴壳半径为 R_5 。试根据给定肋距及肋骨型线图进行艉轴轴壳放样。（作图要求：注明必要文字符号，保留必要作图痕迹）

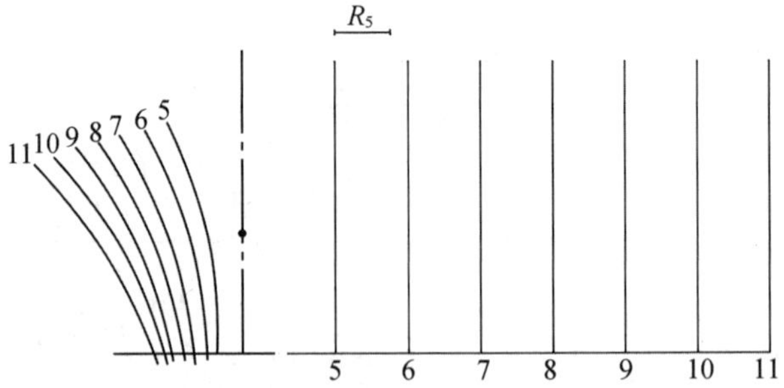

习图 2－2

项目 3　船体构件展开

【项目任务】

本项目的任务是 150 t 冷藏船构件展开。

【学习内容】

1. 船体构件展开基本概念。
2. 展开三要素求取。
3. 外板展开方法。
4. 船体构件展开方法。

【能力目标】

1. 掌握船体构件展开三要素求法。
2. 能正确运用测地线法展开船体外板。
3. 能正确运用十字线法展开船体外板。
4. 掌握撑线法展开原理和步骤。

任务 3.1　船体构件展开认知

船体构件展开认知

3.1.1　船体构件展开概念

船体构件展开是指将那些在投影图上不能表示出真实形状的空间曲面实形求出，并摊开在平面上，以及将在肋骨型线图上只有投影的平面构件求实形的过程。船体构件展开的目的是绘制号料草图或样板，计算全船所需的钢板数量和规格，便于在平直的钢材上号料。

3.1.2　船体构件分类

空间曲面分为可展曲面和不可展曲面两种。可展曲面能通过几何作图法精确地求出其展开的真实形状，大部分船体内部构件和舾装件属于可展曲面构件。

常见的可展曲面包括柱面、锥面和任意可展曲面，其中任意可展曲面是由平面、柱面、锥面等可展曲面组合而成的任意几何体表面。它们分别可以采用平行线法、放射线法和三角形法展开。

平行线法是利用柱面上所有素线都相互平行，且在柱面的展开图上正断线与素线相互垂直的特点来展开柱面的方法。柱面展开三要素包括正断线实长、素线实长和正断线与素线相对位置。无论柱面的空间位置如何，只要确定这三个要素就能进行柱面的展开，如图

3－1所示。

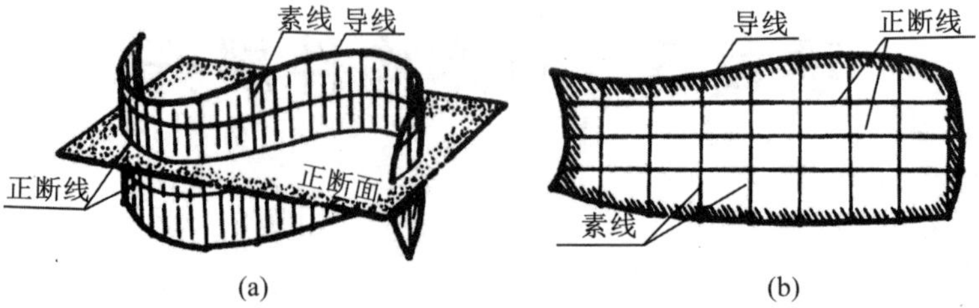

图3－1　平行线法展开柱面

因锥面展开图上各条素线均汇交于焦点而呈放射状，故这种展开方法称为放射线法，如图3－2所示。

棱锥表面各个侧面均为三角形，圆锥表面可看作是由许多相邻的素线所包含的狭长三角形组成的。求出各个三角形的三条边的实长，就可展开锥面。

三角形法是把任意几何体表面分割成很多小三角形，分别求出每个小三角形三条边的实长，然后按照这些小三角形的相对位置和顺序，依次撑线展开而成，如图3－3所示。

不可展曲面则不能运用几何作图法求得其精确的展开图形，船体外板曲面多属于这种。在手工放样中，通常仍然采用几何作图法近似地将这类外板展开，然后在号料时用加放余量的方法对展开误差予以补偿。某些曲度特别复杂的外板（如轴壳板、艉部球形板等），用几何作图法近似展开误差较大，故一般不用此法，而是先制作样箱，然后用油毡和软纸板覆蒙出其展开形状。

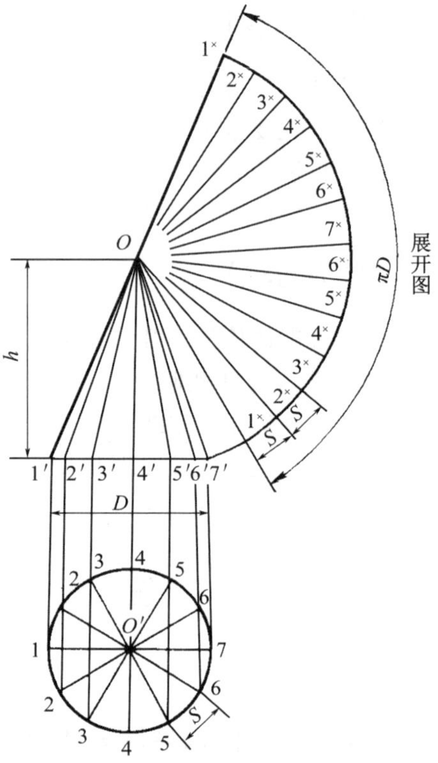

图3－2　放射线法展开圆锥面

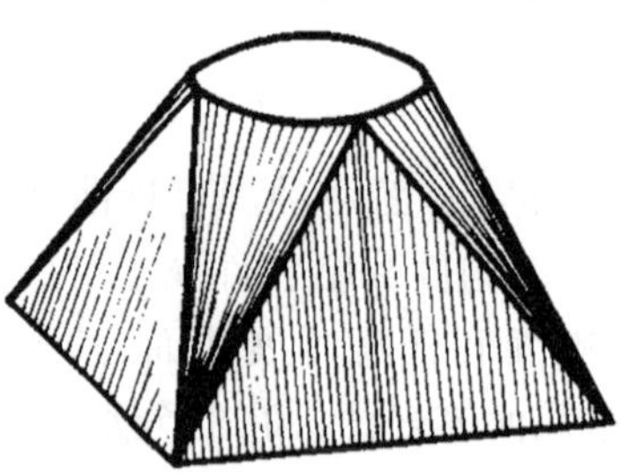

图3－3　三角形法展开任意曲面

3.1.3　船体构件展开方法

本项目主要讲述展开船体构件的几何作图法，包括准线法和撑线法两大类；另外，展开折角龙骨底板和折角内底板等构件时，通常使用旋转法。

其中准线法是在所要展开的外板中作出一条准线，作为四边形的几何约束，以求取外板的近似展开尺寸和形状，展开船体纵向构件常用的是垂直准线法。用准线法展开船体外板时，根据所作准线的不同，又分为十字线法、测地线法和旋转线法等。

撑线法主要用于展开船体外板，是将外板分成许多小三角形，求取三边实长，然后用已知三角形三边作三角形的几何作图方法展开，由于这种方法求实长太烦琐，因此在手工放样中较少采用，但在数学放样中较多采用。

在折角龙骨底板和折角内底板等构件的展开时，构件各肋位剖线、横缝线与纵缝线的交点总是绕折角线旋转的。在旋转过程中，这些点始终在折角线的垂线上移动，直到构件转平为止。应用这种旋转的方式来展开船体构件的方法称为旋转法。

应该指出，一种展开方法可以用来展开多种船体构件，同一船体构件也可以用多种方法来展开，具体构件展开时应根据构件的几何特征等选择合适的展开方法。

3.1.4　船体外板展开

船体外板的展开是构件展开的一项重要内容，展开外板前应分析外板的几何形状特征，并选择合适的展开方法，以达到展开精度等要求。

船体外板按形状一般划分为简单曲度板和双曲度板两大类。

简单曲度板又分为平直板（即平板）和单曲度板。单曲度板指仅有纵向曲度或横向曲度的外板。简单曲度板可用垂直准线法进行展开。

双曲度板指同时有纵向和横向曲度的外板，其展开方法以后学习。

任务3.2　展开三要素求取

展开三要素求取

利用肋骨型线图展开船体构件时，应先掌握展开的三要素，即求投影线实长、求肋骨弯度（俗称“冲势”）和确定准线。

3.2.1　求投影线实长

若已知空间曲线的投影，则应用柱面展开的方法可以很方便地求得它的实长。这是船体构件展开常用的基本技巧之一。

1. 柱面的概念

柱面是指由一根直线段（长度可以恒定或变化不定），在空间沿着某一固定的折线或曲线而且平行于某一方向移动时所形成的折面或曲面，如图3－4所示。柱面包括棱柱面（导线为折线时的柱面）和圆柱面（导线为圆时的柱面）等。

母线：运动着的直线段。

素线：母线在柱面上的各个位置的迹线。

导线:母线沿着移动的那根固定的折线或曲线。

正断面:垂直于母线的截平面(正截面)。

正断线:正断面与柱面的交线。

2. 求空间曲线段实长的方法

如图3-4所示,已知空间曲线 $ABCDE$ 的三面投影,若以该曲线到某一投影面上的投射线作为柱面的素线,将曲线在同一投影面上的投影作为柱面的正断线,即可进行柱面展开。

【方法1】以正断线为基准线,将正断线 $a'\sim e'$ 伸长作为柱面展开的基准线。

【方法2】以素线为基准线,将素线 Aa'' 作为柱面展开的基准线。

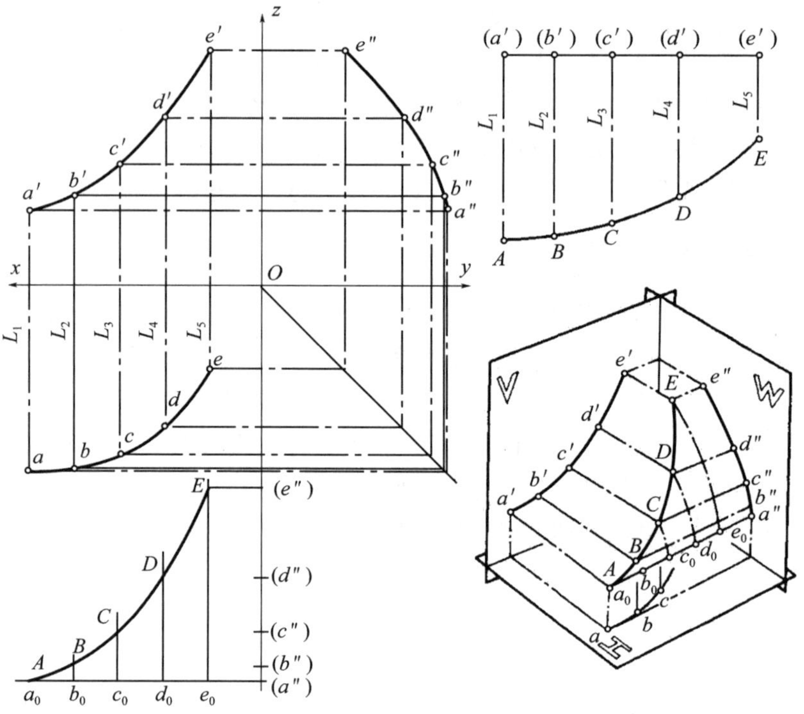

图3-4　求空间曲线段实长的方法

说明　①只要已知空间曲线段的两个投影面的上投影(x、y、z 均是已知的),即可通过柱面展开的方法求其实长线。

②利用上述两种方法,所得实长线的弯曲度不一样,但是实长线的长度相等。

3. 船体纵向投影线求实长

外板纵缝线和纵向结构线一般是具有双向曲度的空间曲线,在三个剖线图上均未反映其真实长度。因此,展开船体构件时,必须求出这些投影线的实际长度(简称"求实长")。一般船体表面沿船长方向上的曲度变化是和缓的,所以船体表面上的纵向曲线在很短的间距(一个肋距)内可视为一段直线,这在造船生产中是足够精确的。

船体空间任意曲线求实长的原理与几何体展开中任意线段求实长的原理相同。这一方法归纳起来就是:已知空间曲线的两个投影求其实长,以曲线的一个投影长为直角三角形的一条直角边，以曲线的另一投影对两投影公共轴的距离之差为另一直角边，则直角三角形的斜边为该空间曲线的实长。图 3－5 所示为船体表面上一根纵向曲线在一个肋距内的空间几何关系。弧$\overset{\frown}{AB}$是船体表面上的一纵向曲线段；弧$\overset{\frown}{A'B}$是它在肋骨型线图上的投影，其长度为 k（沿弧长曲线量取）；AA'长度为肋骨间距 L。若视弧$\overset{\frown}{AB}$为直线段，并取相等，线段 AB、$A'B$ 和 AA'存在直角三角形关系，斜边长近似为实长 L'，即有

$$L' = \sqrt{L^2 + k^2}$$

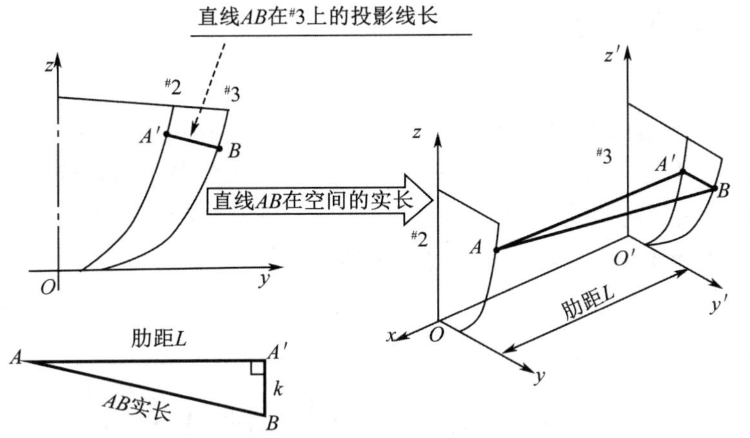

图 3－5　单肋距的纵向曲线实长求法

同样，可以将跨越数个肋距的纵向曲线的实长求出。如图 3－6 所示，用样杆沿着该曲线在肋骨型线图上录下其与各肋骨线的交点 A'、$2'$、$3'$、B；利用纵剖线或半宽水线图上的肋骨站线，将伸直后样杆上的各交点转录到对应肋骨站线上，即点 A、2、3、B；然后将各点连成光顺曲线，就是所求空间曲线的实长线。

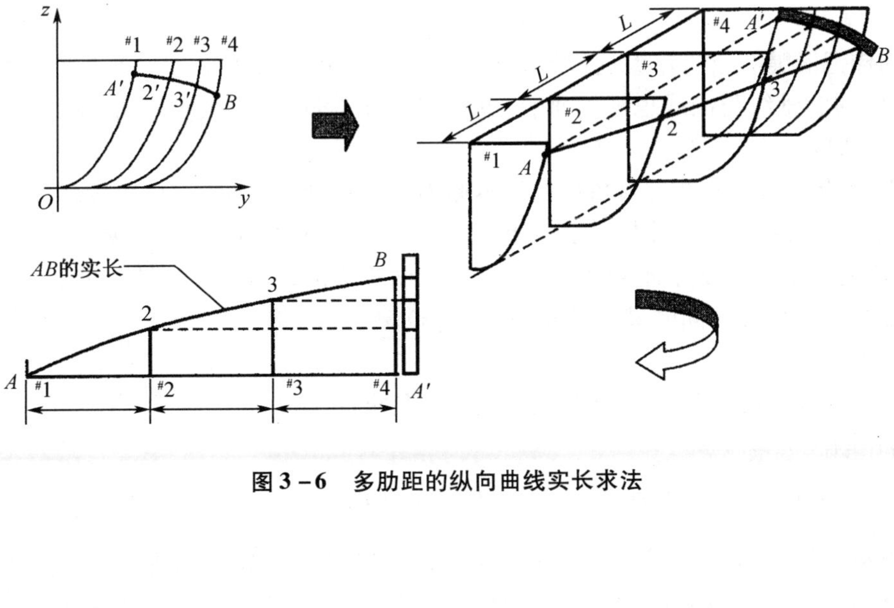

图 3－6　多肋距的纵向曲线实长求法

3.2.2 确定展开用的准线

船体纵向构件或外板的展开图形，一般是由多个被肋骨剖面剖切的四边形小块的展开图依次拼接而成的。而只求出四个边的实长，四边形形状还不能唯一确定。因此，还必须加一根能够确定四边形各边相对位置的准线，才能按四边形作图法逐步求出展开的图形。

船体构件展开中使用的准线种类很多。准线不同，其作法不同，相应的展开方法也不相同。不同准线的作法，将在阐述构件展开方法时予以介绍。

3.2.3 求取肋骨弯度（冲势）

1. 肋骨弯度几何概念

船体外表面虽然是个复杂的曲面，但在某一较小范围内，曲面曲度的变化是渐变而非突变的。如船体平行中体部分的肋骨线，在肋骨型线图中，多条肋骨线重合为同一条较为丰满的曲线，然后逐渐向艏艉方向变得复杂而尖狭。这样，舯部的平行中体部分的外板曲面可以近似地看成圆柱面，其表面素线之一为准线，展开后的肋骨线与准线垂直，此时肋骨弯度为零，如图 3 – 7 所示。

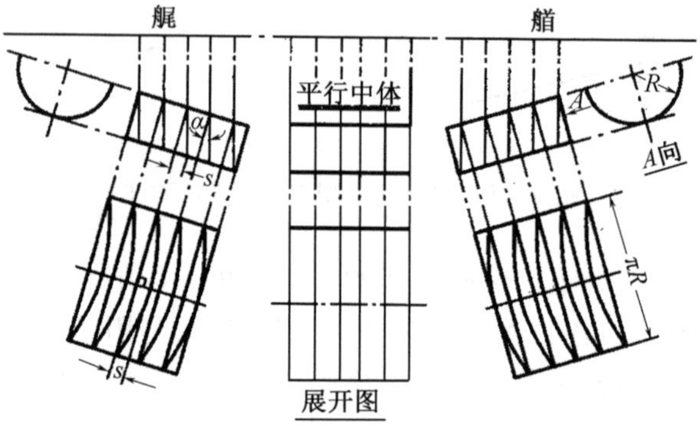

图 3 – 7　肋骨弯度的几何概念

但同样把艏艉部分的外板近似地看成圆柱面，展开时由于肋骨平面与圆柱母线不垂直，展开后的肋骨线与准线也就不垂直，并且是一条曲线，于是便产生如图 3 – 7 所示的 s 值，即肋骨弯度。

所以，外板展开时形成肋骨弯度的根本原因，在于它的法向剖面与肋骨剖面的不重合。换句话说，当外板同时具有纵横向的双重弯曲或横向弯曲、纵向倾斜时，展开后才出现肋骨弯度，其值的大小与外板弯曲或倾斜程度有关。肋骨弯度即展开图上肋骨曲线与过其弦线的法面展开线（呈直线）间的最大拱度（常记作 s）。

2. 肋骨弯度求法

肋骨弯度可用几何作图法、计算法或专用量具求取。

（1）作图法

如图 3 – 8 所示，一个肋距内的一小块外板 $PAOQBR$，弧$\overset{\frown}{PQ}$和弧$\overset{\frown}{OR}$是外板的纵缝线，弧$\overset{\frown}{AB}$是展开外板用的准线（相当于圆柱面的母线），弧 $\overset{\frown}{A'B}$ 是弧$\overset{\frown}{AB}$在肋骨型线图上的投影线，线段 QCR 是 3 号肋骨线对应的弦线，过弦线 QCR 作外板面的法面，其与外板的交线是弧

$\overset{\frown}{QDR}$,法面与准线所在水平面 $A'AB$ 的交线 CD 在空间垂直于弧$\overset{\frown}{AB}$,线段 DB 的长度即为3号肋骨的肋骨弯度。

(2)计算法

根据三角形相似定律,用计算法求取肋骨弯度为

$$s = \frac{km}{L'} = \frac{km}{\sqrt{L^2 + k^2}}$$

式中 s——肋骨弯度;

k——肋骨型线图上相邻两肋骨线所夹准线投影长(肋骨级数);

m——肋骨型线图上肋骨线与其弦线间的准线长度;

L——肋距。

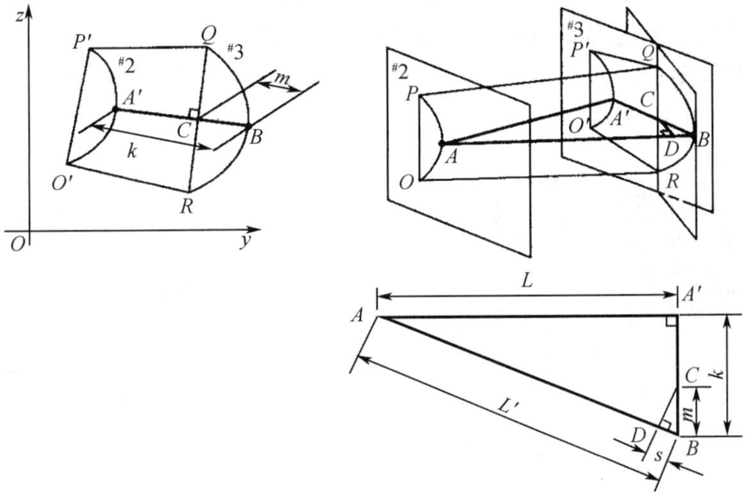

图3-8 肋骨弯度的求法

推论 ①$K=0$,$m\neq0$:肋骨线在肋骨型图上的投影为一曲线的构件。

②$K\neq0$,$m=0$:肋骨线在肋骨型图上的投影为若干平行直线的构件。

③$K=0$,$m=0$:肋骨线在肋骨型图上的投影为一直线的构件。

具备上述特征的构件在展开图上法面展开线与肋骨线重合或平行,所以肋骨弯度为零。因而简单曲度板的肋骨线无肋骨弯度。

(3)用专用量具求取

肋骨弯度的专用量具如图3-9所示。

3. 肋骨弯度方向

肋骨弯度值确定后,在进行展开时必须判定肋骨弯度的度量方向,即上、下纵接缝与基准肋骨线的交点同准线与基准肋骨线的交点,两者进行比较,从而确定其度量方向是向艏还是向艉。

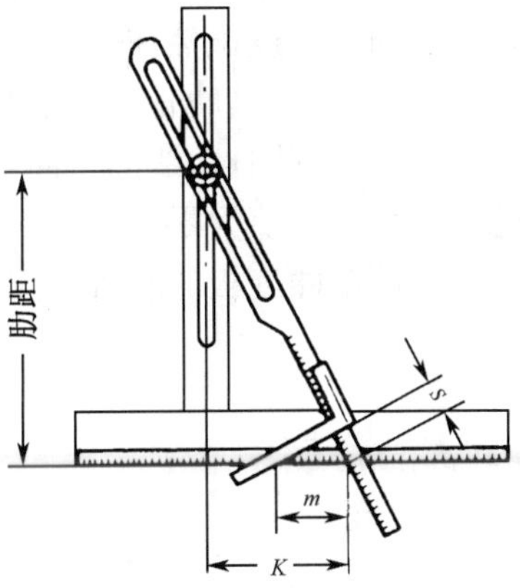

图3-9 肋骨弯度的专用量具

肋骨弯度方向的分布规律:

①正弯外板(外板呈外凸弯曲形状),展开后肋骨弯度的方向一律朝向船体中部(即在展开图上向船中方向拱出,或在法线向船中的一侧加放)。

②反弯外板(外板呈内凹弯曲形状),展开后肋骨弯度的方向,在艏部朝向艏,在艉部朝向艉。

外板展开图上的肋骨弯度方向与肋骨型线图上对应肋骨曲线的弯曲方向是一致的。

4. 关于肋骨弯度的几点说明

①肋骨弯度是指展开图上肋骨曲线与过其弦线的法面展开线间的最大拱度。

②肋骨弯度在垂直于肋骨弦线的直线上。

③船体表面毕竟不是圆柱面,所以外板展开后各肋骨线的肋骨弯度是不同的。

展开外板,一般只求出外板中间肋骨的肋骨弯度,当由中间肋骨向该外板两端依次拼接每一肋距间的展开四边形时,自行产生其他肋骨弯度。

若在肋骨型线图上准线与中间肋骨线的弦线垂直,则中间肋骨线的肋骨弯度可在准线实长线上求取,如图 3-10 所示。

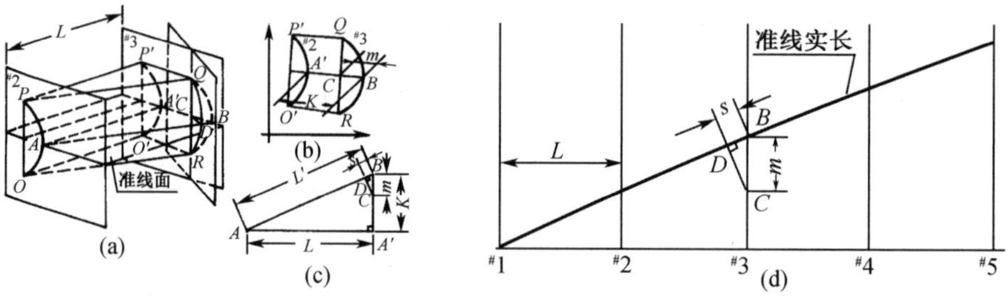

图 3-10　准线实长上求肋骨弯度

这样作图求解方法与上述方法本质一致,只不过是省略了 Rt$\triangle AA'B$ 的作图过程。不过 s 值应落在省略了的 Rt$\triangle AA'B$ 的斜边上,这就必须注意 m 值是在准线实长线的上方还是下方,否则会产生肋骨弯度概念上的错误。

假设肋骨弯度位于#2 ~ #3 肋位间,为求取#3 肋位的肋骨弯度,可从准线与#3 肋位的交点 B 往下量取 $BC = m$,过 C 点作准线的垂线 CD,垂足为 D 点,则在准线上 B、D 间的距离即为所求的肋骨弯度。如果肋骨弯度位于#3 ~ #4 肋位间,则从 B 点往上量取 m 得到 C 点。

④肋骨弯度虽然在一定程度上反映了肋骨曲线的弯曲程度,但肋骨曲线的弯曲程度越大,并不意味着其肋骨弯度值越大。

例如:当肋骨曲线的弯曲程度越大时,m 值越大,但若相邻两肋骨线重合,则 K 值为零,此时肋骨弯度值为零。

⑤简单曲度板的肋骨线无肋骨弯度,展开纵向构件时也是没有肋骨弯度的。

构件垂直准线法展开

任务3.3　构件垂直准线法展开

根据结构线放样我们知道,船体纵向构件有两种类型,一种是肋骨剖线垂直于肋骨型线,另一种是肋骨剖线垂直于基线,这两种类型的纵向构件都可用垂直准线法展开,都是先在肋骨型线图上作出所要展开构件的准线投影线,并求出准线的实长,再以展开的准线为基准作出船体构件展开图,但是二者在作准线时不一样。下面分别介绍两种类型船体纵向构件的展开方法。

3.3.1　非扭曲型纵向构件的展开

这类构件的特点是其肋骨剖线为相互平行的直线,实际上是柱型面或平面。若作一垂直于各肋骨剖线的正截面与之相交,则交线在肋骨型线图上和展开图上均为垂直于肋骨剖线的直线(即垂直准线)。这一性质可以为展开这类构件提供方便。

下面以上、下口线有斜升的旁底桁为例,阐述其展开方法,如图3-11所示。

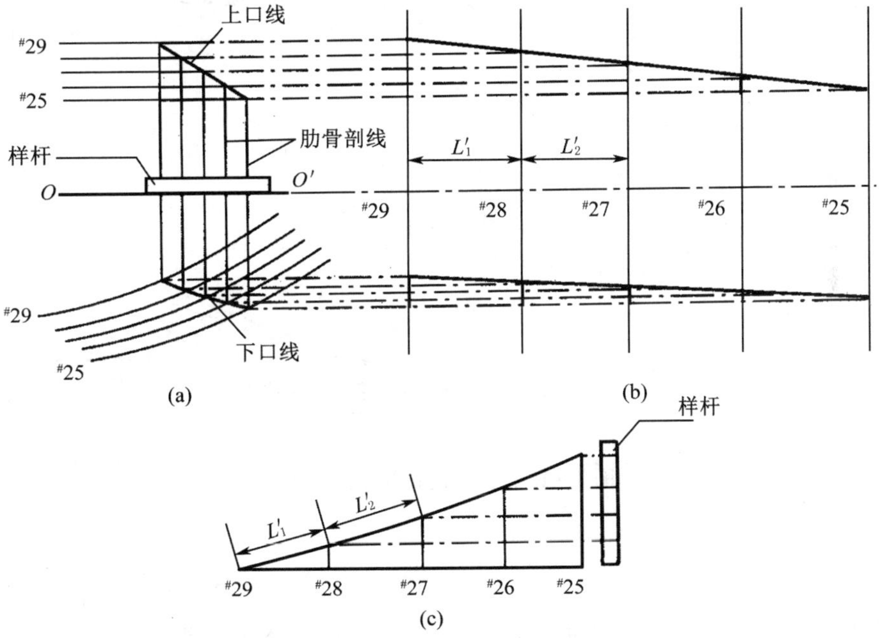

图3-11　非扭曲旁底桁的展开

1. 作准线

在构件的中间肋骨剖线的中点处作肋骨剖线的垂线,以便于它能贯穿所有的肋骨剖线。如图3-11(a)上的直线 OO' 所示。

2. 求准线实长

作法如图3-11(b)所示。

3. 作展开图

如图 3－11(c)所示，作一直线，并在其上按准线实长线的各伸长肋距标出各相应肋骨位置点，得展开的准线，过各肋骨位置点作其垂线，用样杆将准线至上、下口线的各肋骨剖线长转录到展开图相应的垂线上，得到与上、下口的各交点；分别光顺地连接上、下口线各交点，得到展开的旁底桁图形。

3.3.2 扭曲状舷侧纵桁的展开

这类构件的特点是其肋骨剖线是相互不平行的直线，实际上是一种不可展的螺旋曲面。

因此，不可能有在肋骨型线图和展开图上均为直线的准线存在。故通常采用分段作垂直准线并分段展开的方法近似地展开。

如图 3－12 所示，以 35 号和 36 号肋骨剖线间一段纵桁(四边形 11′2′2)的展开为例，阐述其展开原理。

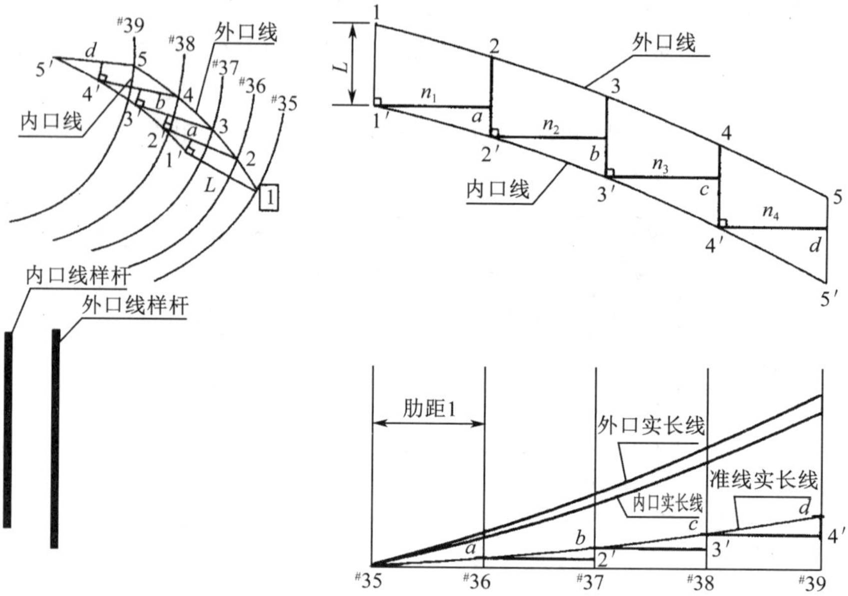

图 3－12　扭曲状舷侧纵桁的展开

1. 作垂直准线 1′*a*

若只求出该四边形四边的实长，尚不能唯一地确定其展开形状，故在肋骨型线图上作该四边形的一条垂直准线 1′*a*，它垂直于肋骨剖线，在展开图上可近似视之为直线 11′的垂线。由于垂直准线 1′*a* 将四边形 11′2′2 分成了四边形 1′*a*21(有一直角，故形状确定)和三角形 1′*a*2′两部分，求出这两部分的展开图形，就得到了该四边形 11′2′2 的展开图形。

2. 作其他四边形的垂直准线

若对肋骨型线图上的肋骨剖线 22′,33′,44′也分别作垂线准线 2′*b*,3′*c*,4′*d*，用同样方法可依次作出其余各段纵桁的展开图。

3. 连接各点，生成展开图形

最后，分别将内口线上的 1′,2′,3′,4′,5′各点和外口线上的 1,2,3,4,5 各点用样条连接，即可得舷侧纵桁的展开图形。

上述分段垂直准线法，同样也可以用于呈扭曲状折线型船体外板的展开。

任务3.4 外板十字线法展开

外板十字线法展开

十字线法实际上也是一种垂直准线法。在肋骨型线图上，若外板各肋骨弦线相互平行或近似平行，则可以过中间肋骨型线的中点作其弦线的垂线，并与各肋骨型线相交，这条垂直线则称为十字线，或称为十字准线。

十字线法的最大优点是它的准线作法十分简单，常用它近似地展开肋骨线近乎平行的单向、双向曲度外板。如图3－13所示，以一舭部外板为例，介绍十字准线的作法。

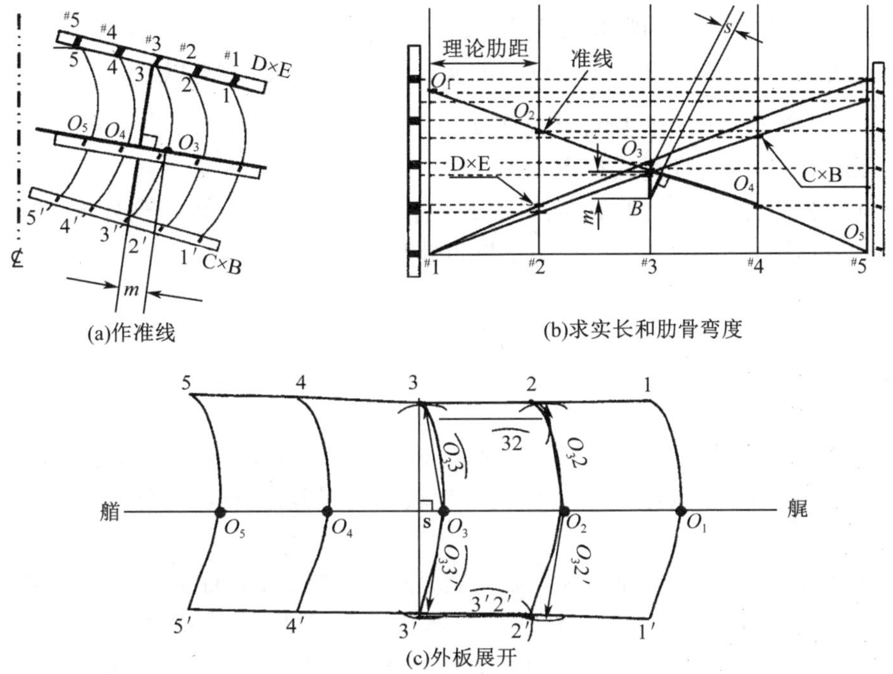

(a)作准线　(b)求实长和肋骨弯度　(c)外板展开

图3－13　十字线法展开舭部外板

1. 作准线

如图3－13(a)所示，该外板从#1～#5肋位，D×E和C×B分别为上缝线和下缝线，因此，过板中间的#3肋骨型线的中点O_3，以其弦线的垂线作为准线，并与各肋骨型线相交。

2. 求投影线实长

用样条在肋骨型线图上分别量取上缝线、下缝线和准线的投影线长，并在图3－13(b)中求出各投影线的实长。

3. 求中间肋骨的肋骨弯度

因为肋骨弯度位于#3～#4肋位间，所以在图3－13(b)中，过准线上#3肋位处的O_3点，往下量取$BO_3=m$，再过B点作准线的垂线，得到肋骨弯度s。

4. 外板展开

(1)展开图上作准线

在平面上作一条直线作为展开后的准线,其上定义一点 O_3,该曲面外板即是围绕准线和 O_3 点逐步展开的。以 O_3 点为基准,根据求得的准线实长,在直线上分别作 O_1、O_2、O_4 和 O_5 点。

(2)作肋骨弯度

从 O_3 点开始在直线上量取一点,距 O_3 点长度为肋骨弯度 s,量取方向就是肋骨弯度的朝向。过该点作准线的垂线。

(3)求纵缝线与 3 号中间肋骨线的交点

以 O_3 点为圆心,分别以肋骨型线图上$\overset{\frown}{O_33}$和$\overset{\frown}{O_33'}$的弧长为半径,交垂直线于 3 和 3′点。

(4)求纵缝线与#3 肋骨线的交点

以 3 点为圆心、上缝线#2 ~ #3 肋位间的实长为半径作圆弧,与以 O_2 点为圆心、肋骨型线图上$\overset{\frown}{O_22}$弧长为半径所作的圆弧相交于 2 点。

以 3′点为圆心、下缝线#2 ~ #3 肋位间的实长为半径作圆弧,与以 O_2 点为圆心、肋骨型线图上$\overset{\frown}{O_22'}$弧长为半径所作的圆弧相交于 2′点。

(5)求纵缝线与其他肋骨线交点

用同样的方法,依次作出 1,1′,4,4′,5,5′点。光顺连接各点,即得到外板展开后的平面图形。最后再标注外板的艏艉方向,注意与肋骨弯度方向要一致。

任务 3.5 外板测地线法展开

用十字线法展开肋骨线近乎平行的船体外板时简单方便,并且具有足够的工程精度,但是用于肋骨线不平行的船体外板时则会产生较大的误差,这样的船体外板一般采用测地线法展开。

所谓测地线,就是连接曲面上两定点的最短曲线,如果这个曲面是可展的,则展开图上的测地线就成为一直线。而一般船体曲面虽然是不可展的,但其曲度较和缓,因此其测地线在展开图上可近似地视为一直线。用它作为准线,可以很方便地展开船体外板。这种用测地线作为准线的方法称为测地线法。

一般船体曲面展开图上的直线(测地线),在对应肋骨型线图上的投影不是直线。所以,如何在肋骨型线图上作出测地线的投影线,使它展开后为一直线,成为运用测地线法的关键。而用手工作图,往往是近似的,故常称测地线法为近似测地线法。

测地线的作法根据船体外板的形状不同,可分为两种,现分别介绍如下。

3.5.1 扇形板测地线展开法

扇形板测地线展开法

这种方法所作的测地线与中间肋骨的弦线垂直,如图 3 - 14 所示。

1. 作测地线

如图 3 - 14(a)所示,把各肋骨线与上、下纵缝线的交点连成弦线;过中间肋骨(#4 肋骨)线的中点(或弧形最大点)O^4 作本身弦线的垂线,与#3、#5 肋骨线交于 O_3 和 O_5 点,这三点都是肋骨线上的测地线交点；过 O_3 点作#3 肋骨线弦线的垂线，与#4 和#2 肋骨线交于 a_4 和 b_2 点，沿#2 肋骨线量取 $b_2O_2 = a_4O_4$（此两弧量取方向应相反，O_4 点在口 a_4 点的下方，O_2 点在 b_2 的上方，反之一样，以下相同），得#2 肋骨线测地线上的交点 O_2，过 O_2 点作#2 肋骨线弦线的垂线，与#3、#1 肋骨线交于 a_3 和 b_1 点，沿#1 肋骨线量取 $b_1O_1 = a_3O_3$，得#1 肋骨线上的测地线的交点 O_1，同样可以得到 O_7、O_6 点。用样条光滑地连接 $O_1, O_2, \cdots, O_7$ 各点，得到测地线在肋骨型线图上的投影。

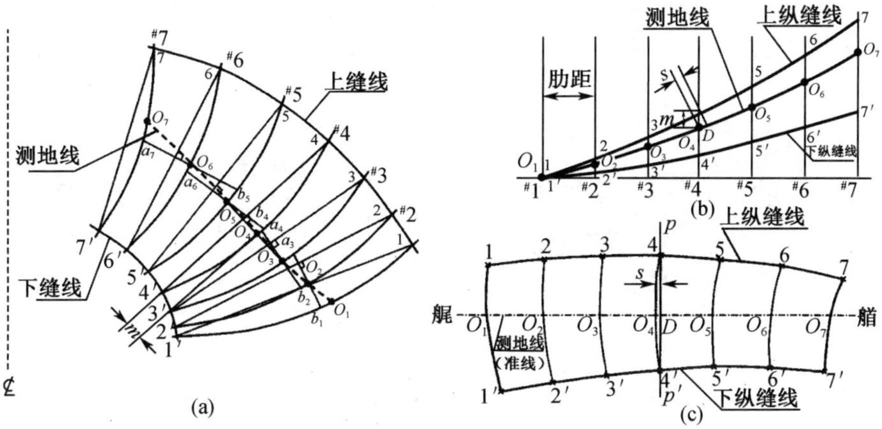

图 3-14　测地线法展开扇形外板

2. 用求投影线实长的方法求上、下纵缝线和测地线的实长

其求法如图 3-14(b)所示。

3. 求中间肋骨的肋骨弯度

其求法同上。图 3-14(b)上弧 $\overset{\frown}{O_4D}$ 的长度即为所求中间肋骨的肋骨弯度 s。

4. 外板展开

①如图 3-14(c)所示，作一直线，即为展开图上的测地线，并定出其艏艉方向，过其中间 D 点作垂线 PP'（即为过#4 肋骨弦线的外板法面与外板的交线）。

②在展开的测地线上，从 D 点向#3 肋骨方向量取#4 肋骨的肋骨弯度值 s，得 O_4 点，并根据它的位置，用样杆将测地线各段实长转录到展开的测地线上，得到 $O_1, O_2, \cdots, O_7$ 各点。

③用样杆沿肋骨型线图上的#4 肋骨线录下 O_4 点到上、下纵缝交点间的肋骨长度，然后以 O_4 为圆心，分别以肋骨型线图上 $\overset{\frown}{O_44}$ 和 $\overset{\frown}{O_44'}$ 的弧长为半径，交垂直线 PP' 为 4 和 4′点。将 4、O_4、4′三点连成光顺曲线，就是展开图上#4 肋骨线。

④以 4 点为圆心、#4～#5 号肋骨间上纵缝的实长为半径作弧，以 O_5 点为圆心、肋骨型线图上测地线到上纵缝之间的#5 肋骨长为半径作弧，两弧的交点 5 就是#5 肋骨与上纵缝的交点，同样可以求出肋骨与下纵缝的交点 5′。

⑤如此从中间肋骨向艏艉两端逐步展开，可得到上、下纵缝与各肋骨的全部交点 1，2，…，7 和 1′，2′，…，7′。

⑥用样条分别将所得的上、下纵缝各交点光顺连接，并光顺地连出各肋骨线，即得外板展开图。

3.5.2 菱形板测地线展开法

菱形板测地线法展开

用准线法不论是展开船体纵向构件还是船体外板，其中一个重要的原则是所作的准线必须贯穿全部肋骨线。所谓菱形板，即其在肋骨型线图上的投影形状像菱形，若仍用扇形板测地线的作法，则测地线很可能不贯穿全部肋骨线，而越出纵缝线。因此，对菱形板作测地线时必须先约束测地线的走向，为此所作的测地线不与中间肋骨弦线垂直，而是偏转一定角度，贯穿全部肋骨，这是菱形板测地线的特点。菱形板的展开方法如图 3－15 所示。

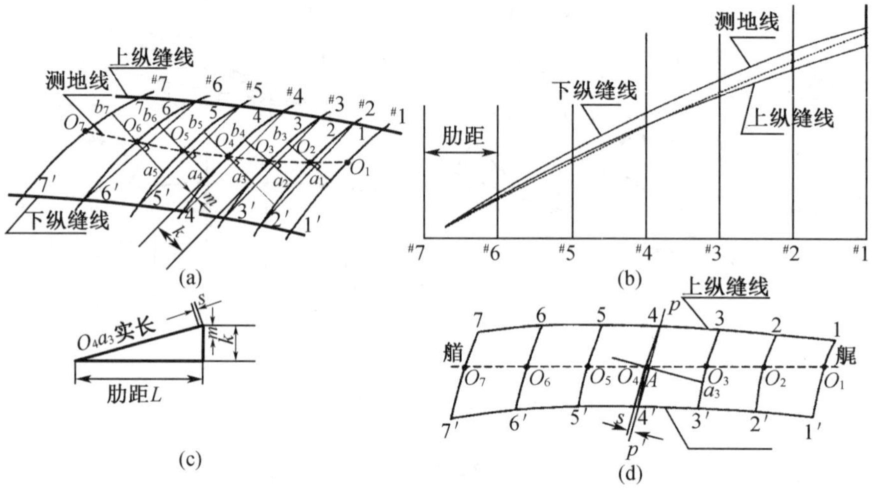

图 3－15　测地线法展开菱形外板

1. 作测地线

①如图 3－15(a)所示，作各肋骨的弦线，过中间#4 肋骨线的中点(或弧形最大点)O_4，分别作本身肋骨弦线的垂线与#3 和#5 肋骨线相交于 a_3 和 b_5 点。

②过中间#4 肋骨线相邻的#3(或#5)肋骨线的中点(或弧形最大点)O_3，作本身肋骨弦线的垂线与#2 和#4 肋骨线相交于 a_2 和 b_4 点。

③沿#5 肋骨线量取 $O_5b_5 = O_3a_3$，得肋骨线上的测地线交点 O_5；同样，沿#2 肋骨量取 $O_2a_2 = O_4b_4$(量取方向应相反)，得肋骨线上的测地线交点 O_2。

④再过点 O_2 点作#2 肋骨弦线的垂线，与#1 和#3 肋骨线相交于 a_1 和 b_3 点，沿肋骨线量取得 O_1 点，并用同样方法求得 O_7、O_6 点。

⑤用样条光顺地连接 $O_1, O_2, \cdots, O_7$ 各点，就得到测地线在肋骨型线图上的投影。

2. 纵缝线和测地线的实长

其求法如图 3－15(b)所示。

3. 求中间肋骨的肋骨弯度 s

这里需要特别注意的是，由于肋骨弯度应在#4 弦线的垂线 O_4a_3 线上，故不能在测地线的实长线上求取，而只能另作肋骨弯度三角形，如图 3－15(c)所示。同理，k 值和 m 值均应在肋骨型线图上的垂线 O_4a_3 上量取，K 值即为 O_4a_3 的长度。

4. 外板展开

①如图 3－15(d)所示，作一直线为展开的测地线，定出艏艉方向，并标出各肋骨线与它

的交点 $O_1, O_2, \cdots, O_7$。

②以 O_4a_3 的实长和 O_3a_3 的实长在 O_4a_3 线段上作 $\triangle O_4a_3O_3$，按肋骨弯度方向，在 O_4a_3 上量取 $O_4A = s$(肋骨弯度)，过 A 点作 O_4a_3 的垂线 PP'(即为过肋骨弦线的外板法面与外板的交线)。余下的展开方法与扇形板一样，从略。

3.5.3　统一测地线法

用模拟手工作测地线的方法进行船体外板数学展开时，为了避免对扇形板和菱形板进行判别，又提出了一种通用的测地线作法，称为统一测地线法。其作法与普通测地线的区别仅仅在于，中间两肋骨线上测地线交点的选取不同，其他作法与菱形板测地线相同，如图 3－16所示。

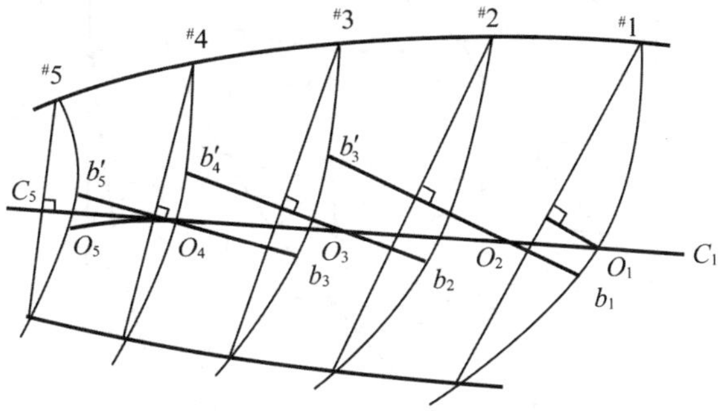

图 3－16　统一测地线的作法

选取中间两根肋骨线上的测地线交点时，首先过外板两端肋骨弦线的中点作本身的垂线，分别与本身肋骨线相交于 C_5 和 C_1 点，过 C_5 和 C_1 作一直线，与中间肋骨线(#3 肋骨)及其相邻的#4 肋骨交于 O_3 和 O_4 点，这两点即为中间两肋骨线上的测地线交点。然后从这两点向两端，用前述的作测地线法作出完整的测地线。由于 O_3 和 O_4 两点定出了所作测地线的基本方向，测地线不会越出上、下纵缝线。

3.5.4　对测地线的讨论说明

我们可以把局部船体外板近似地看成圆柱面来讨论测地线情况。图 3－17 所示为圆柱面按菱形板测地线的作法。

过#4 肋骨线中点(或弧形最大点)a_4 作肋骨弦线的垂线，在空间即为垂直于#4 肋骨弦线的平面 P，它与圆柱面的交线为平行于圆柱中心线的直线 b_3b_5。

同样，过#3 肋骨线中点(或弧形最大点)a_3 作肋骨弦线的垂线，在空间即为垂直于#3 肋骨弦线的平面 R，它与圆柱面的交线为平行于圆柱中心线的直线 b_2b_4。

取 $a_2b_2 = a_4b_4, a_5b_5 = a_3b_3$，得 a_2、a_5，连接 a_2、a_3、a_4、a_5 即为测地线。同时，由圆柱面的螺旋线的定义可知，此测地线即为圆柱面的螺旋线，它在展开后必为直线。

对于圆柱面外板，用测地线法展开的形状是精确的。实际上，船体的外板不完全是圆柱面，所以所求出的测地线只是一条近似直线。

扇形外板与菱形外板展开法的不同之处在于，作#3 肋骨弦线的垂直面时不是另找一点 a_3，而是直接过 b_3 作垂直面 R。这主要是因为在扇形板中 a_3 和 b_3 非常接近，因此在作测地线时两点算作一点,从而简化了外板的展开过程。

总之,外板的近似测地线展开法是一种简单而误差较小的方法。起初是希望在曲面上找到一条类似于圆柱面上螺旋线那样理想的展开后为直线的曲线,但因船体曲面是不可展曲面,所以只能在误差允许范围内找一条展开后近似于直线的测地线。

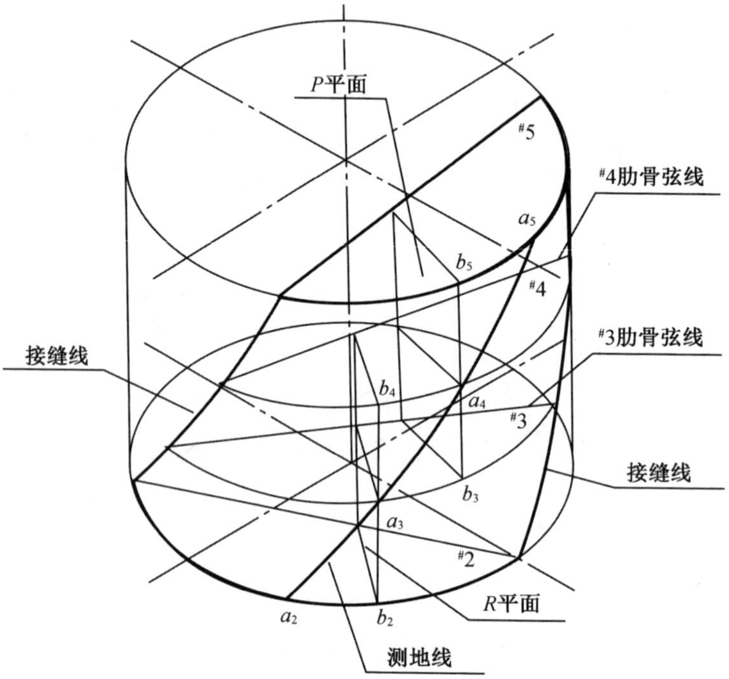

图3-17　圆柱面说明测地线特点

3.5.5　船体外板展开的检验

船体外板展开的检验一般采用对角线法,如图3-18所示,其步骤如下:

①在展开图上作对角线,以测地线为基准,分别量取 $x_1 \sim x_7$ 和 $y_1 \sim y_7$ 值。

②将 $x_1 \sim x_7$ 和 $y_1 \sim y_7$ 值分别转到肋骨型线图对应的肋骨线上,若过各点易于光顺连接,则说明展开图正确,反之应进行复查。

③求肋骨型线图对角线的实长线,比较实长与展开图的实长是否一致。

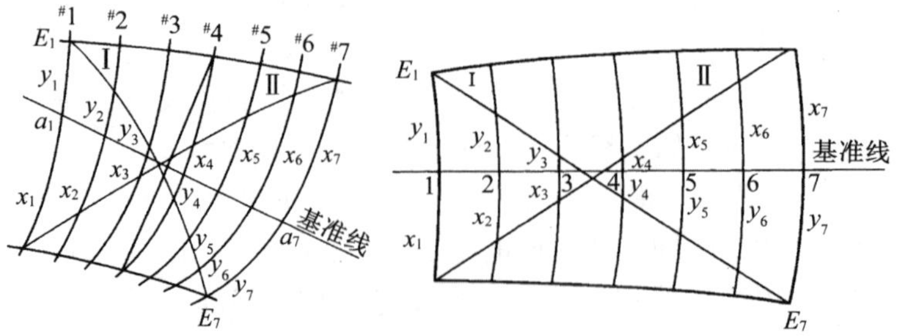

图3-18　对角线法检验外板展开

任务3.6 外板撑线法展开

外板撑线法展开

3.6.1 撑线法

将曲面构件分割成许多小三角形(或有约束条件限制的小四边形),利用三角形(或有约束条件限制的小四边形)的稳定性进行构件展开的方法称为撑线法。对应于小三角形的撑线法也称为三角线法或三角形法。

三角线法的基本原理:将不可展曲面等分成一定数量的小曲面三角形,将小曲面三角形的三条曲线边近似看作直线边,并求出其实长,然后按照这些小三角形的相对位置和顺序可依次撑线展开所有的小三角形,从而得到整个展开图。

由于三角形展开存在一定误差,曲面曲度越大或三角形顶点间距越大,则误差也越大;三角形分割得越多,则操作越烦琐。所以该法一般用于舷墙板或横向曲度较小的外板展开。

3.6.2 撑线法展开舷墙板

如图3-19所示,三角形法展开步骤如下。

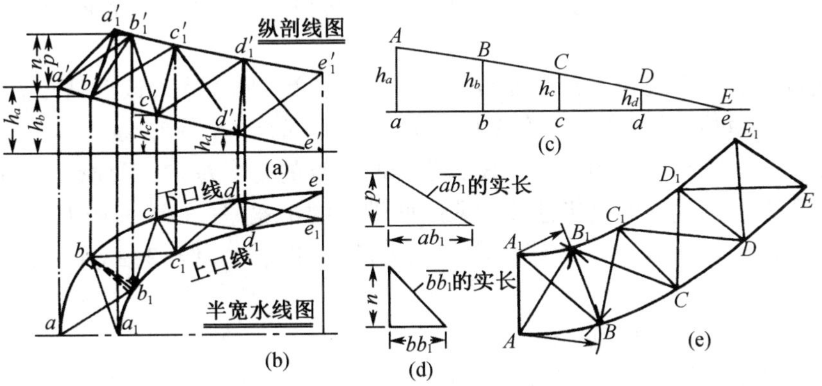

图3-19 撑线法展开舷墙板

1. 作撑线

①在半宽水线图上近似等分下口线得 a、b、c、d、e 各点。过 b 点分别作上口线和下口线的垂线,在上口线上取两垂线的中点得 b_1 点;用同样方法可得 c_1 和 d_1 两点。连接点 b 和 b_1、c 和 c_1、d 和 d_1,得上、下口线间的连线。

②将上述各点投影到纵剖线图的对应线上,得 a'、b'、c'、d'、e'及 a_1'、b_1'、c_1'、d_1'、e_1'各点。

③在纵剖线图和半宽水线图上,过上、下口线的各点作对角线(撑线)。

2. 求实长

①求上、下口线的实长。以下口线为例,在半宽水线图上用样条围取下口线投影长,再将样条伸直驳到直线上,过直线上的 a、b、c、d 点作该直线的垂线,以纵剖线图上 a'、b'、c'、d'

点与 e' 点的高度投影差值 h_a、h_b、h_c、h_d 分别驳到对应的垂线上，得 A、B、C、D、E 各点，连顺各点得下口的实长线。

②求对角线实长。以 AB_1 为例，用 ab_1 长（半宽水线图上的投影长）和纵剖线图上 a' 与 b_1' 的高度投影差 P 作为直角三角形的两直角边作直角三角形，其斜边即为 AB_1 的实长。

3. 作舷墙板展开图

①在适当位置作一直线 AA_1，使其等于纵剖线图的 $a'a_1'$（线 $a'a_1'$ 在纵剖线图上反映为实长）。

②以 A 点为圆心、实长 AB_1 为半径作弧；再以 A_1 点为圆心、实长 A_1B_1 为半径作弧，两弧相交于 B_1 点。

③同理，再分别以 B_1 和 A 为圆心、实长 B_1B 和 AB 为半径作弧，两弧交于 B 点，即得四边形 abb_1a_1 的展开图 ABB_1A_1。

为精确起见，可用实长 A_1B 对展开图进行检验和修改，即以 A_1 点为圆心、实长 A_1B 为半径画弧，它与以实长 AB 为半径所作的弧交于 b' 点。如果 b' 和 B 点不重合，则取 Bb' 的中点 b' 作为 B 的正确位置。同时应根据实长 BB_1 和 A_1B_1，使 B_1 点也做相应改动。

④用同样的方法，可求得 C、D、E 和 C_1、D_1、E_1 点。分别将 A、B、C、D、E 和 A_1、B_1、C_1、D_1、E_1 点连成光顺曲线，再连接 EE_1，即得舷墙板的展开图。

3.6.3 撑线法补充说明

1. 求实长的方法讨论

分析本例求上、下口连线及对角线实长的方法可得出，若已知如下条件之一，即可求取空间曲线段的实长：

①曲线段在肋骨型线图的投影曲线（隐含了长度差，即肋距），或曲线段在横剖线图的投影曲线和曲线两端点的长度差（在 V 面或 H 面上体现）。

②曲线段在半宽水线图的投影曲线和曲线两端点的高度差（在 V 面或 W 面上体现）。

③曲线段在纵剖线图的投影曲线和曲线两端点的半宽差（在 W 面或 H 面上体现）。

注意：上述条件中，说明求曲线段实长只需已知其投影曲线和相应的尺度差两个条件即可。

2. 撑线法的特点及适用范围

舷墙板通常被视为截锥面。以上所作的上、下口垂线可视为锥面上的素线，展开时作为直线对待，其误差是很小的。但展开时，将上、下口线和对角线也做直线处理了，尤其是对角线在空间应为曲线，在投影图上也做直线处理，带来了较大误差（其展开线比实际曲线短）。纵向曲度越大，展开的误差就越大。因此，适当增加舷墙板的等分数，尤其在曲度大的部位，应做较多的划分，可以明显地减少近似带来的误差。但过多的划分在带来过多的展开工作量的同时，也容易产生操作误差。因此，除了舷墙板之类的锥形（或柱形）面之外，一般较少采用撑线法，但此法在数学展开中常用。

【思考与练习】

1. 什么是三角形展开法？
2. 什么是肋骨弯度？怎样判断肋骨弯度的方向？
3. 叙述船体构件展开的三要素。

4. 叙述船体构件展开概念及目的。

5. 叙述作准线的目的及常用目的。

6. 用测地线法展开习图 3 – 1 所示的扇形外板。（作图要求：所画图线细而清晰，并注明必要的文字符号）

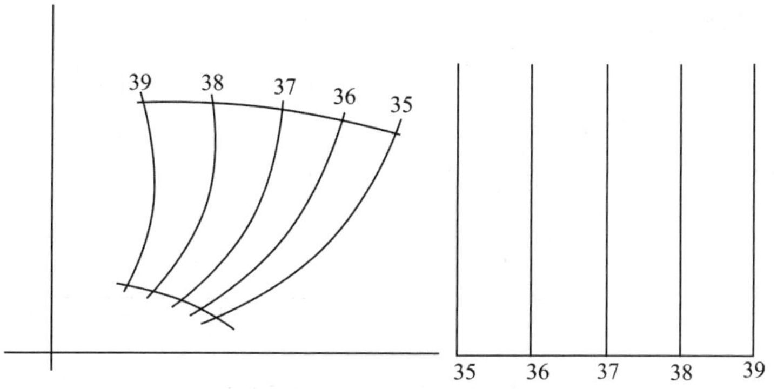

习图 3 – 1　扇形外板

7. 用测地线法展开习图 3 – 2 所示的菱形外板。（作图要求：所画图线细而清晰，并注明必要的文字符号）

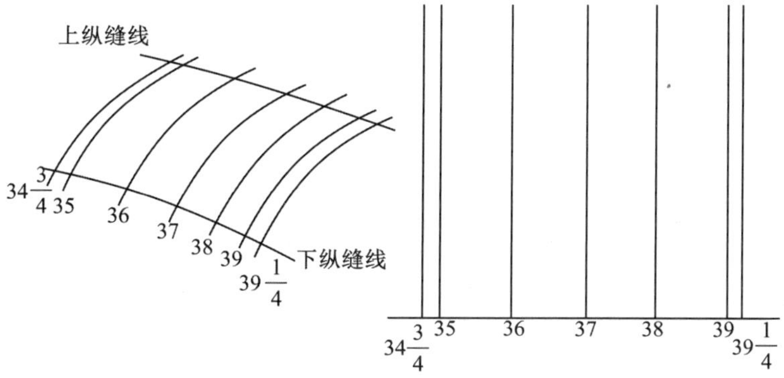

习图 3 – 2　菱形外板

8. 用十字线法展开习图 3 – 3 所示的外板。（作图要求：所画图线细而清晰，并注明必要的文字符号）

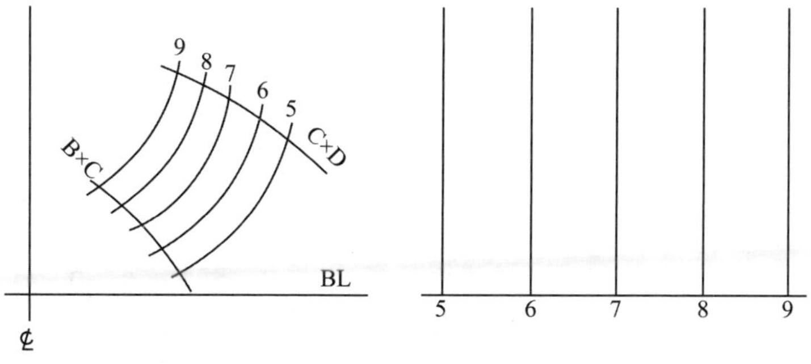

习图 3 – 3　肋骨线近似平行的双曲度外板

9. 用合适的方法展开习图3－4所示的腹板扭曲的舷侧纵桁，肋骨剖线与内口线和外口线的交点用“＋”号标出。（作图要求：所画图线细而清晰，并注明必要的文字符号）

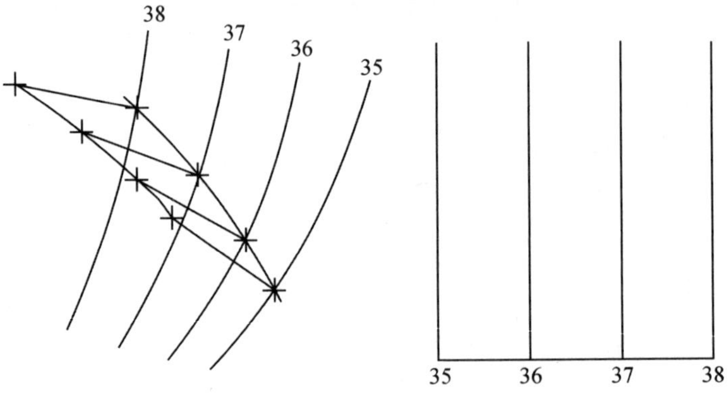

习图3－4　腹板扭曲的舷侧纵桁

项目4　放样资料制作

【项目任务】

本项目的任务是150 t冷藏船构件展开。

【学习内容】

1. 样板制作。
2. 草图绘制。

【能力目标】

1. 掌握样板的作用和分类。
2. 掌握草图的作用和分类。
3. 掌握号料草图的绘制步骤。
4. 掌握样板样箱的制作方法。

船体型线放样和船体构件展开工作结束后，还必须将放样获得的信息制成有一定精度的放样资料，作为号料、加工、装配及检验等各道工序的施工依据。这些资料包括样板、草图、投影底图、仿形图及数控加工信息等。

在现代造船中，样板和草图同为放样资料而共存，互为补充，凡是草图无法解决的，均借助样板解决。一般双曲度或者展开后零件呈曲线的船体零件，均不宜绘制草图，需要使用样板号料。很多船体零件在加工过程中，需要依靠样板来保证加工质量，在胎架制造、分段装配和船台安装、检验等过程中，也需要使用各种类型的样板。

任务4.1　样板制作

样板是零部件加工、胎架制造、分段装配检验等的工具，在整个船体建造的过程中，各道工序都与样板相关联，说明样板的钉制是保证船体建造质量的重要依据。

样板按形状可分为平面样板和立体样板两大类。立体样板又称为样箱或模型箱；样棒、格子样板等其他形式均划为平面样板类。

样板分类

样板按用途可分为号料样板、加工样板、装配样板和检验样板等。

样板按制作材料可分为木质样板、塑料样板、油毛毡样板、硬纸样板和金属样板等。

样板按其通用性可分为固定样板和活络样板等。

选用钉制样板的材料和形式时，要根据用途来决定，还要考虑精度要求、使用时间、生产数量和经济效益等方面，大多数情况下使用木材来钉制样板。

4.1.1 号料样板

号料样板是指在原材料上画线。对于焊接结构的钢质船舶来说,号料工作一般有两个阶段,第一阶段是号“毛料”,即在构件进行加工前,在钢板上画出需要切割的外形轮廓线及其他加工或装配用的线条。当构件经过加工并拼焊成部件或分段以后,再一次画出构件的外形轮廓及安装线等,以确定其正确形状时,则属于第二阶段的画线,称为二次号料,实际上是装配画线。

号料样板多为平面样板,还有样棒、格子样板及样箱等。

1. 平面样板

平面样板主要用于梁拱、肋板、外板、舱壁、龙骨、纵桁、机座纵桁板等构件的号料工作,它是按照肋骨型线图或构件展开图所表示的真实现状,用木板条钉制而成,需在其上画出线条符号和注明文字尺寸。

在木板上画出曲线,即可沿曲线进行锯刨加工,且使加工面与木材表面相垂直。然后将加工好的木板沿肋骨型线、外板轮廓线等曲线对准,使其误差不大于 ±0.5 mm,再用铁钉钉制起来,中间要适当加木撑,木板与木板相重叠的地方应不超过两层,并使其与钢板接触的一面保持平整,最后沿长度方向弹画出一条直线检验线。钉制好的样板要写明构件名称、所属分段、船舶名称、材料牌号、板厚规格、数量、余量加放位置等信息。图 4－1 所示为肋板样板。

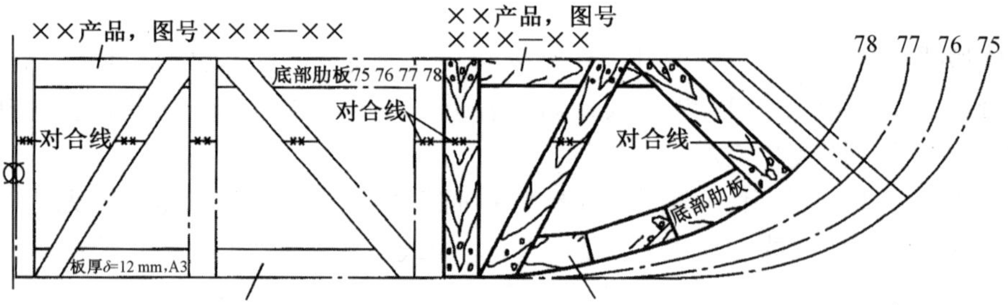

图 4－1 肋板样板

2. 其他号料样板

为了节约木材和方便号料工作,可以根据不同的构件采用不同的方法来号料。例如,当平直钢板边缘呈平缓曲线时,可以用样棒来代替平面样板;又如,对于肋板、舭肘板、胎板等相似构件,将其外形轮廓线重叠在同一块样板上,仅用很窄的曲线钉在格框上来表示不同曲度的曲线,这就是格子样板。

后文所介绍的样箱,主要是用作加工的依据,如轴包板、锚穴、双曲度严重的外板等。这些部位号料时可用油毛毡紧贴于样箱,从样箱里面向贴拢了的油毛毡上画出各种线条,再摊平油毛毡并沿其轮廓线剪开,将此油毛毡铺在钢板上进行号料。

4.1.2 加工样板

经过号料和边缘切割加工后得到的船体零件都是平直的,除了平直构件外,凡是具有弯曲度的构件(如外板等),还需根据构件的曲型要求进行弯曲成型加工。为了保证构件加工的准确性,必须钉制加工样板,作为构件成型加工时测量弯曲度的依据。对于一般能用近似方法展开的外板,可以钉制木质三角样板或扁钢样条,也可采用活络三角样板,而对于具有严重双曲度的外板则需要采用样箱。

1. 样板的制作

下面以船体曲面外板加工中使用的三角样板为例介绍样板的制作方法,如图4－2(a)所示。它的曲线板边形状是外板上某一肋骨的型线。按照需要加工的外板的各肋骨型线制作一组这样的三角样板,使用时,将它们按肋骨型线图表示的相互位置放置。这组三角样板的位置关系在空间准确定位,如图4－2(b)所示,它们的曲线边能够检测加工曲面板肋位位置处的横向形状,曲面板纵向形状根据通过各样板的高度基准点的连线是否呈一条直线来进行检测。因此,外板成型加工中,常用这样一种可以随时组合而成的曲面样板,作为外板成型加工和检验的依据。

三角样板制作

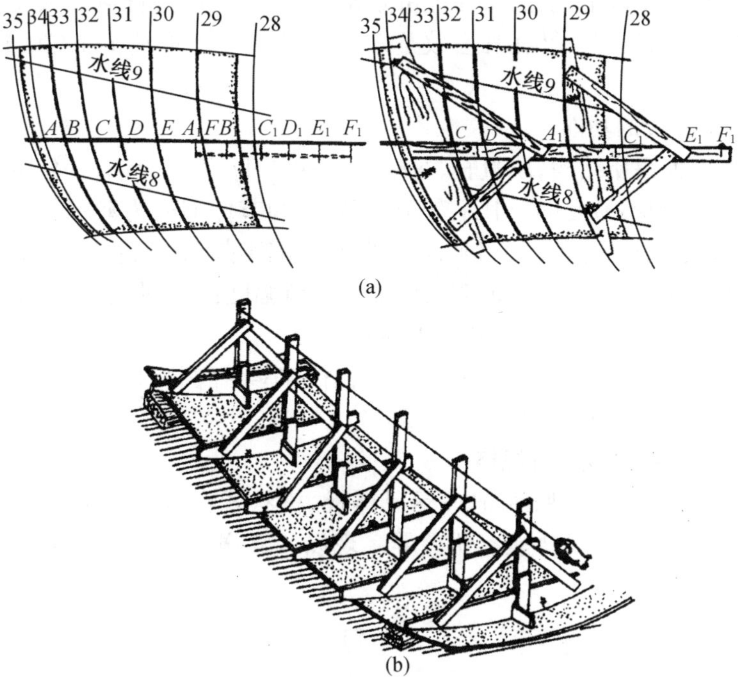

图4－2　三角样板的制作

制作三角样板,每块三角样板除应与相应的肋骨型线准确吻合外,还要有相互组合的定位准线,以保证使用时能准确地表现出外板的曲面形状。

图4－2(a)所示为#28～#35肋骨的一块外板的三角样板制作情况,其方法如下:

①在肋骨型线图上外板的适中位置作一直线,与各肋骨型线相交于A、B、C等点。

②在该直线作两点A_1和F_1,使$AA_1=FF_1$。

③将A_1F_1按外板的肋骨间距个数等分,所得各等分点就是各三角样板的高度基准点。

④按每根肋骨型线制作木样板,并钉上板条,使它们的同一边与直线AF_1对齐,再钉上两根斜撑板条,即制作成各三角样板。

⑤在钉制好的样板上标注船名、构件名、肋骨号、准线、高度基准点、上下纵缝线等标记。

必须指出，按上述方法制作的三角样板，在使用时，各样板的高度基准点的连线（高度基准线）是不垂直于肋骨剖面的。它一般用于纵向倾斜度较大的外板，目的是减小两端样板的高度差，一是节约木材，二是便于对样操作。当船体外板的纵向倾斜度较小时，可采用样板高度基准线与肋骨剖面相垂直的方式，其特征是各三角样板上的高度基准点在肋骨型线图上重合于一点。

2. 活络三角样板

活络三角样板是铝质活络加工三角样板的简称，它采取了沿用已久的木质三角加工样板作为船体外板加工的依据之一。其特点是在加工外板摆样时，改变了以往由于肋骨弯度形成样板与外板呈夹角而倾斜放置的缺点。活络三角样板都可以垂直外板放置，因为它是通过计算机处理，计算出肋骨的法向面，所以使用简便，在实践操作中更体现了良好的使用价值。

活络三角样板具有以下优点：①在经济效益方面，一次性投资可长久反复调节使用，因而节省了大量的木材和工时；②在社会效益方面，为造船生产取消1∶1实尺放样创造了重要条件。

（1）活络三角样板的功能

活络三角样板为铝质结构，质量轻，每幅2.1～4.2 kg不等，且有一定的刚度，在调节使用、搬运和堆放过程中不易变形。其主骨架为槽铝，调节伸缩杆为薄铝板，由立杆和横杆组成“土”字形。以主立杆为中心，通过伸缩杆带动弹簧钢带形成光顺的弯曲型线。该活络三角样板范围有正弯曲、反弯曲及S形双向弯曲。调节幅度：正弯曲最大幅度300 mm；反弯曲最大幅度300 mm；S形双弯曲最大幅度150 mm。

除船体K形折角、龙骨底板、折角外板、轴包板、小半径圆弧板和S形双向大曲度板外，全船90%以上的外板均可使用活络三角样板。

（2）活络三角样板的形式与规格

活络三角样板形式有多种，如耙式标尺样板、梳状式样板和二翼扇形梳状式样板等。它们的作用与原理均相同，仅功能有所差异。现以二翼扇形梳状式活络三角样板为例（图4－3）加以介绍。

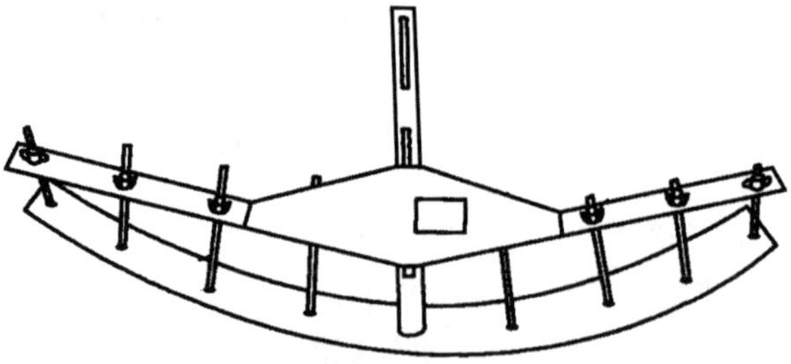

图4－3　二翼扇形梳状式活络三角样板

该类型三角样板是在梳状式活络三角样板的基础上演变而来的，它的特点是既有二翼上下扇动的粗调节结构，又有伸缩杆的微调节结构。其主要构件有立杆、横杆扇形连接杆、伸缩杆、吊紧螺母、弹簧钢带和各种规格的固定螺母。此外还有与样板配套使用的系列设施，如坐标钢平台、磁铁、样板型值表、样板调制室和样板周转存放库等。

活络三角样板的规格尺寸是根据不同种类的船型和船体不同规格外板排列而设计的，

通常有 1000 mm、1200 mm、1400 mm、1500 mm、1600 mm、2000 mm、3000 mm 几种规格。

(3)活络三角样板的调节步骤

①根据计算机提供的活络三角样板型值表进行调节(图 4 –4);

②在坐标钢平台上,从中心 0 号位起按照型值表中的肋骨数据向左右两边取值,并在各取值点下方放置相应块数的磁铁,起曲线定位作用;

③将活络三角样板靠近放置磁铁定位的坐标点上,以样板主杆的一侧(检验线)为 0 号,然后将已放松的弹簧钢条紧靠在各号磁铁上,检验钢条形成的曲线光顺后,再拧紧所有紧固螺丝;

④画出上下纵接缝和水平检验点,用白色胶带做出明显标记;

⑤将带有产品名称、分段号、零件号和肋骨号的标签贴在活络三角样板扇形板面上,其余各肋骨的调节步骤均相似。

活络三角样板主要用于滚压成型加工外板和水火弯曲板材构件。

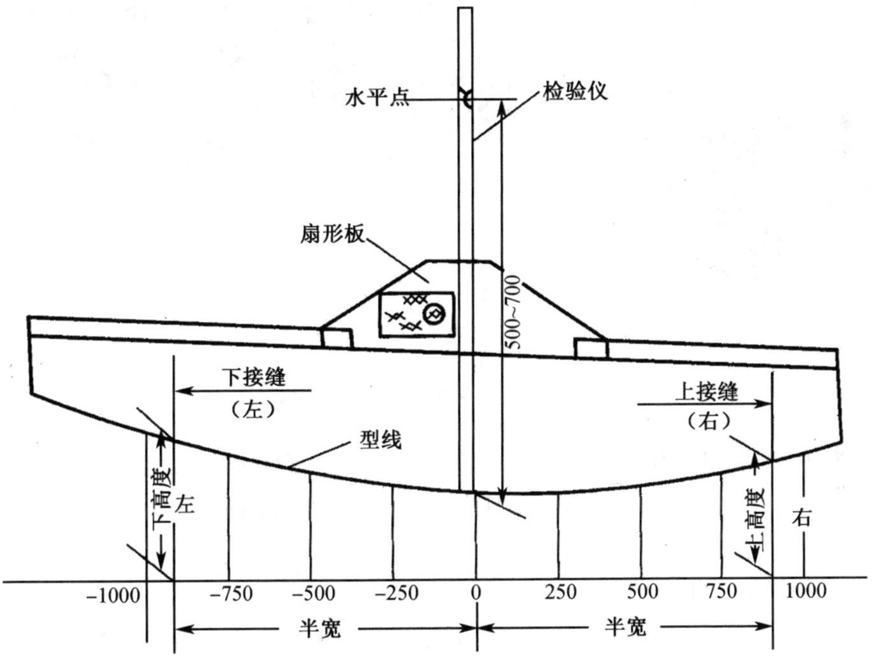

图 4 –4 活络三角样板

3. 样箱的制作

如果说三角样板是临时组合使用的曲面样板,而样箱则是制作成固定立体框架形式的曲面样板,它就相当于从船体上切下来的一块与外板相接的立体骨架。样箱曲表面表示了船体理论表面。对于那种用几何作图难以展开的复杂曲度外板,制作样箱不仅能为外板成型加工和检验提供更方便的依据,还能为用油毡(或纸板)覆蒙出近似的外板形状提供方便。样箱是由基面板框、肋骨剖面样板和侧面板框等组成的。样箱基面的切取方法有与肋骨剖面垂直(正切样箱)和不垂直(斜切样箱)两种。

样箱的制作

图 4 –5 所示为正切样箱,其制作方法如下:

①在肋骨型线图上画出样箱的基面线 $\overline{ab}$ 和检验线 $\overline{oc}$，并在靠近上下纵缝的外侧画出样箱的侧面 $\overline{be}$ 和 $\overline{ad}$，如图 4－5(a)所示；

②按样箱部分的肋骨型线和有关剖面曲线，制作各肋骨剖面样板、基面板框和侧面板框，如图 4－5(b)所示；

③将各肋骨剖面样板、侧面板框等垂直地在基面板框上按对应位置组合钉制起来，并在样箱曲表面嵌上适当的牵条，即得所需的样箱，如图 4－5(c)所示。

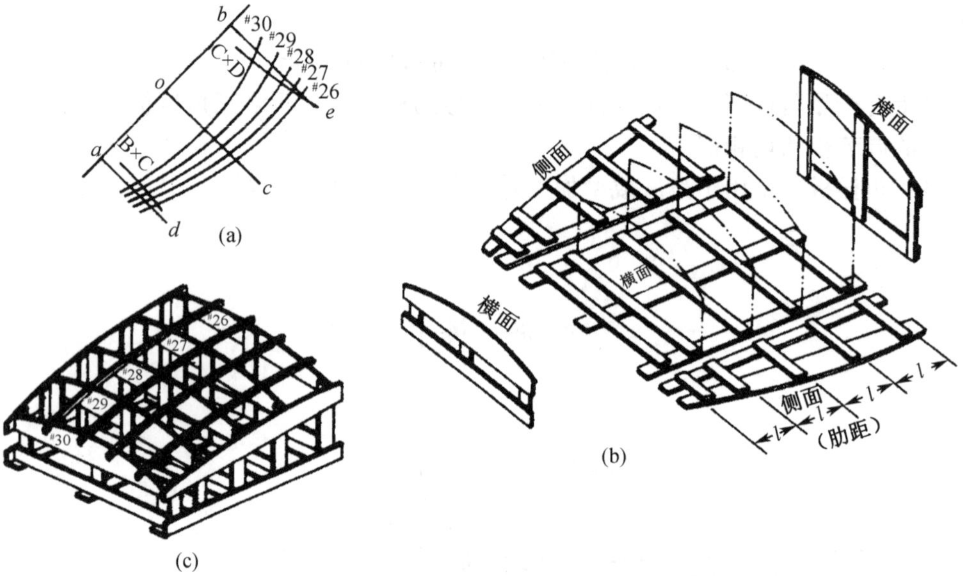

图 4－5　正切样箱制作示意图

上述正切样箱适用于纵向倾斜度不大的外板，若用于倾斜度较大的外板，则样箱两端高度差较大，不仅费木材，而且质量大，使用不方便。解决的办法是采用斜切样箱，如图 4－6所示。

斜切样箱制作的基本方法如下：

①作斜切基面。在肋骨型线图上，沿外板横向居中位置作样箱检验线 $\overline{XX'}$，在靠近上、下纵缝线外侧作 $\overline{XX'}$ 的平行线 $A''P''$ 和 $A'P'$，即为样箱上下侧面的投影线；定出斜切基面与 #11～#15 肋骨剖面的交线，分别为 $A'A''$，$B'B''$，…，$E'E''$，同时注意使各肋骨剖面样板高度不小于 250 mm 为宜，并使 $A'A''$，$B'B''$，…，$E'E''$ 均垂直于 $\overline{XX'}$，根据投影原理，它们为一组等间距的平行线。显然，矩形 $A'A''E''E'$ 即为所求的斜切基面，如图 4－6(a)所示。

②求各肋骨剖面样板的实形。上述肋骨型线图上 $A'a'a''A''$，$B'b'b''B''$，…，$E'e'e''E''$ 等图形，即为#11，#12，…，#15 各肋骨剖面样板的实形。

③求样箱侧平面实形。如图 4－6(b)中阴影部分所示。

④求斜切基面实形。如图 4－6(d)所示。

⑤求斜切基面与肋骨剖面的交角 α。如图 4－6(c)所示。

⑥钉制样箱。钉制样箱时，应保证肋骨剖面样板与基面板框成 α 交角，并注意交角的方向，如图 4－6(c)所示。

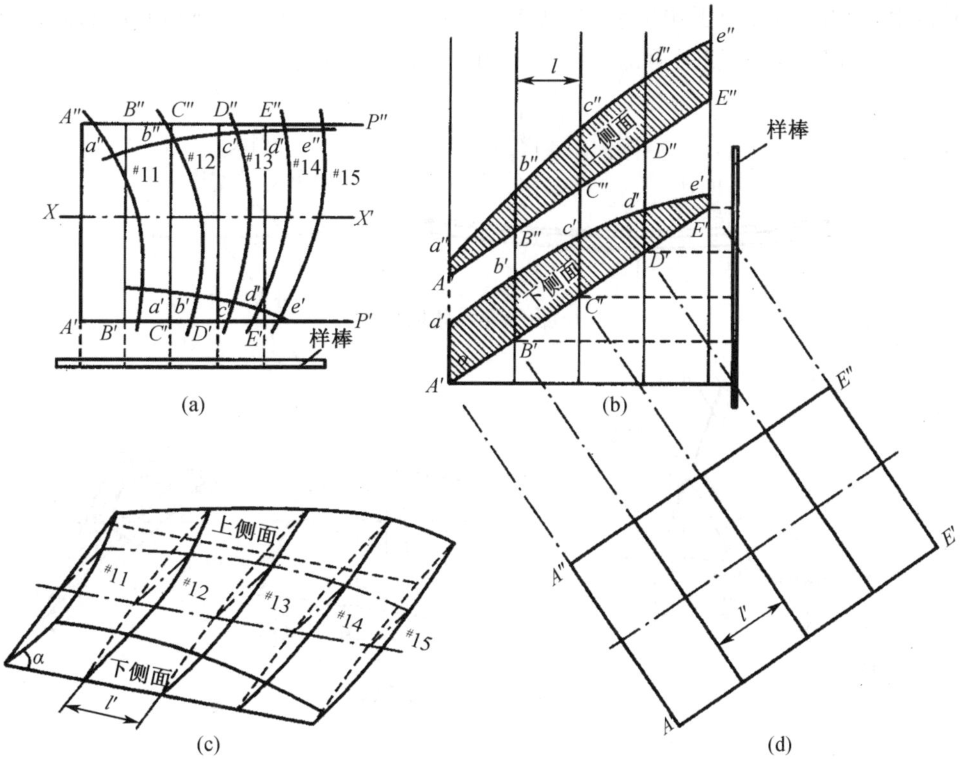

图4-6 斜切样箱制作示意图

4.1.3 装配样板

在船体建造过程中，为了保证装配质量，还需要用到装配样板，如装配画线样板、装配角度样板（开拢尺样板）等。

1. 装配画线样板

装配画线即二次号料，是对于船体部件或分段在其制造过程中，用来修正因焊接变形而引起的误差所采取的工艺措施。在一次号料时，对有些船体零件的轮廓线不予割除，待整个部件或分段装焊结束后，再复画一次，准确切割第二次画的轮廓线。这种用来复画的样板，就称为装配画线样板。图4-7所示为横舱壁的装配画线样板，它既可作为一次号料样板，也可作为二次号料样板。

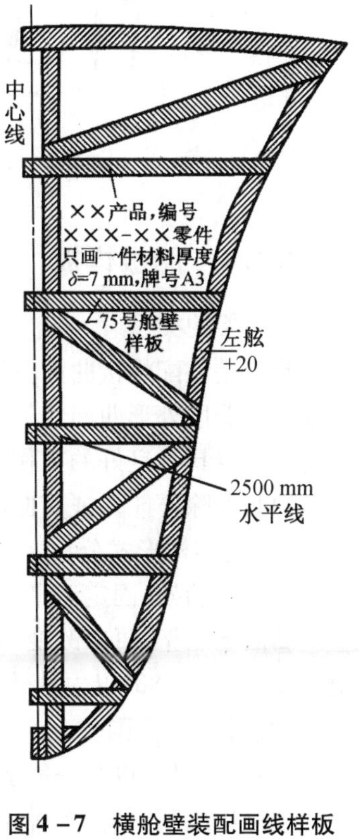

图4-7 横舱壁装配画线样板

2. 装配角度样板

图4-8所示为各种装配角度样板。在船体装配工序中，为了提高装配质量，使构件与构件之间的夹角符合要求，如T型梁的面板与腹板的夹角有一定要求时，分段中骨架与板材间的平角要保证肋骨理论面在肋骨剖面内时（图4-8(a)），分段与分段装配要保证角度准确时（图4-8(b)），竖向或纵向骨架与板材间的夹角有规定时，板与板间有夹角要求时，在

倾斜船台上装配船体要修正倾角影响时(图4-8(c)),以及有些型钢不但扭曲而且两个侧面还有一定夹角要求(如舷边角钢)时,都要用到装配角度样板。

(a)肋骨安装角度样板

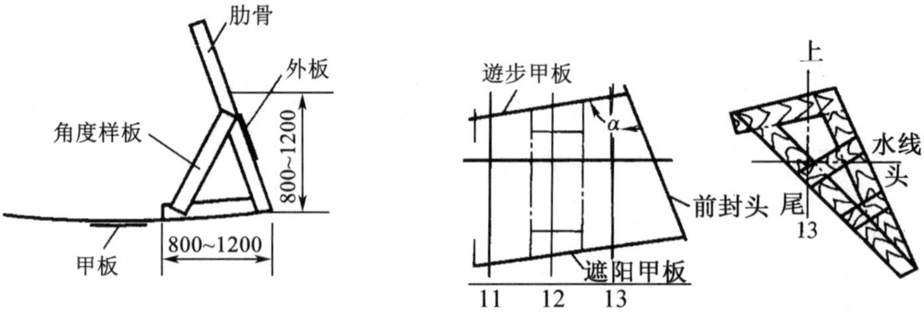

(b)分段装配角度样板

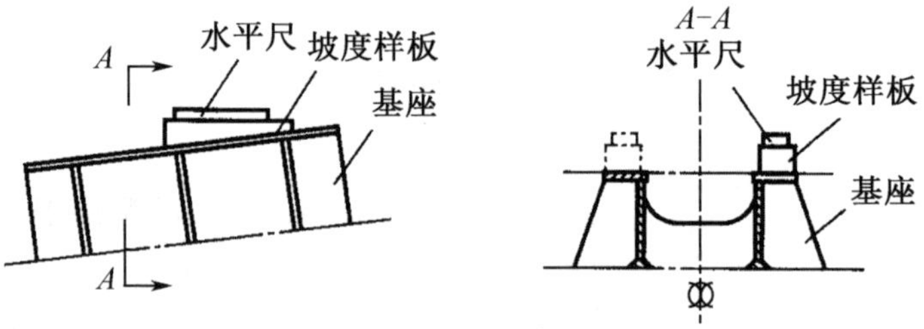

(c)倾斜船体坡度样板

图4-8　各种装配角度样板

4.1.4　胎板样板

1. 胎架的类型

胎架是装配焊接曲面分段和带曲面的立体分段及总段的工作台。它的曲线工作面应与分段和总段外形曲面相符合。其作用是保证分段或总段的型线和尺寸,并使分段或总装装配焊接时具有良好的工作条件。为了防止胎架在使用过程中产生变形而影响施工质量,胎架的制作除要能保证其曲面的型线正确外,还应保证有足够的刚性。

(1)按结构形式分

①固定胎架,固定于平台上。

②活动胎架,可以改变胎架工作面的空间位置,使分段的焊缝处于平焊状态,如摇摆胎架可使分段做180°以内的转动,回转胎架可使分段做360°的回转。

(2)按使用范围分

①专用胎架,供某一船舶的某一分段使用。

②通用胎架,可供各种船舶的不同分段使用。

(3)按胎架工作面分

①内胎架,工作表面为船体外板的内表面,如立体分段或总装倒装时的纵横舱壁、肋骨框架等。

②外胎架,工作表面为船体分段或总段外板的外表面,绝大多数胎架属于此类。

制造胎架需要花费许多材料和工时。在单件和小批量造船中,相对地提高了生产成本,延长了造船周期。因此,扩大胎架的通用性是船舶建造中的重要技术课题。图4-9是一种简易通用胎架——框架式活动胎板胎架,它由角度框架和活动小胎板组成。

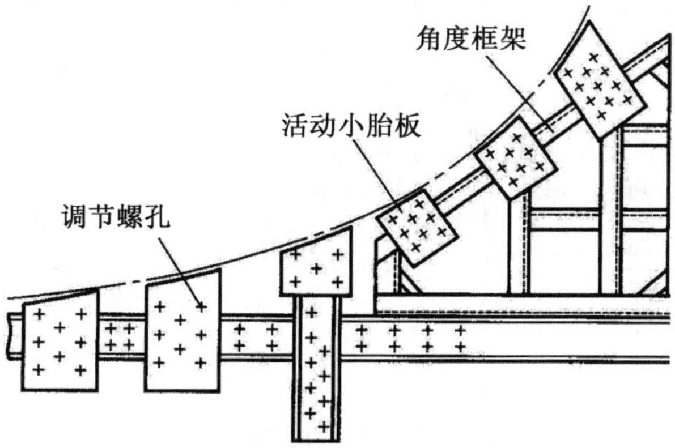

图4-9 框架式活动胎板胎架

一般有30°、40°、50°、60°四种不同的固定角度框架,角度框架的斜向角钢上开有螺孔,用于固定活动胎板。

支柱式通用胎架由许多根可调节高度的支柱组成。胎架型线不需用样板画线,直接按胎架型值定出,如图4-10所示。支柱式胎架由内外两根直径不同的钢管套接而成,在内外钢管上各按不同间距钻有数排销孔,以便按胎架型值来调节支柱高度后用销钉插入销控加以固定。许多个支柱顶点构成的曲面就是胎架的工作曲面。

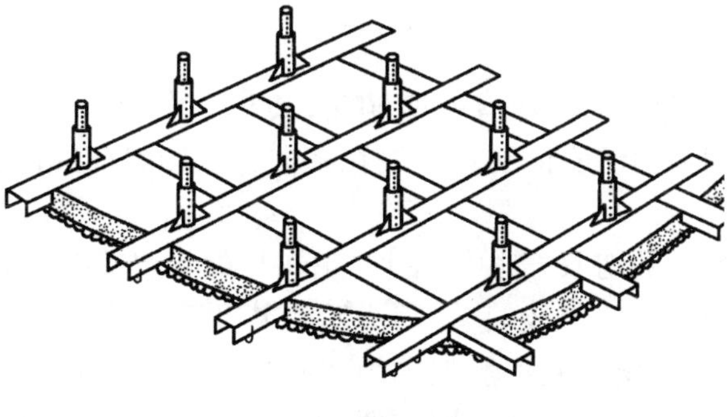

图4-10 支柱式胎架

胎架的受力情况非常复杂,它不仅要受船体分段或总段的重力,在施工过程中还受到各种变动因素(压载重物焊接变形产生的力)的影响,所以应采用经验方法进行设计。

2. 胎架基面的切取

(1)正切(平切)基准面

在肋骨型线图上,胎架基准面平行于中纵剖面 V,同时又垂直于中横剖面 W,称为正切基准面，如图 4－11(c)所示。这种正切基准面胎架主要用于一些纵、横向型线较为平直的或曲率变化缓和的舷侧分段的制造。

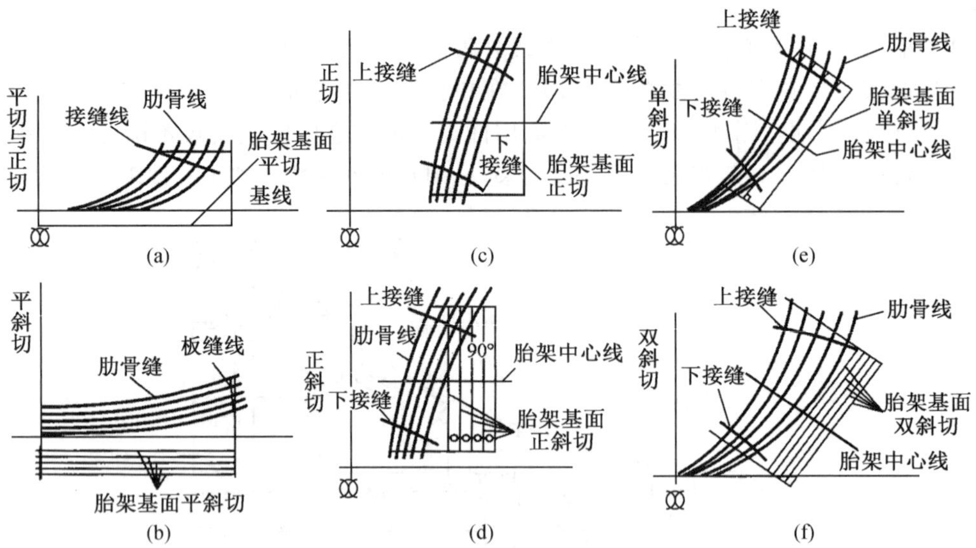

图 4－11　胎架基准面切取

(2)正斜切(平斜切)基准面

这种胎架基准面垂直于基准面 H，而与中纵剖面 V 成小夹角倾斜，与各肋骨剖面的交线也为一组间距相等的平行直线，如图 4－11(b)所示。这种正斜切基准面胎架主要用于船体首尾部分舷侧分段的制造。

(3)单斜切基准面

这种胎架基准面与基线平面 H 倾斜一定的角度，但同时垂直于中横剖面 W，如图 4－11(e)所示。该胎架基准面的切取适用于船体横向肋骨型线弯势变化较大而纵向型线弯势变化不大的舷侧分段。

(4)双斜切基准面

这种胎架基准面与基线平面 H 有一横倾角，又与中横剖面 W 构成一个纵倾角，如图 4－11(f)所示。该胎架适用于船体肋骨型线在横向比较倾斜而纵向型线弯势变化又较大的艏艉舷侧分段。

以上四种胎架基准面的切取方法中，平切、正切与单斜切基准面胎架的制造及其分段、总段或船体的装配、画线、检验都较简单，因为胎架基准面与肋骨剖面相垂直，所以被广泛采用。平斜切、正斜切和双斜切基准胎架则因其基准面与肋骨剖面不垂直，所以它的制造和使用均不及平切、正切和单斜切基准面方便，但能使所制造的整个分段处于接近水平的状态，避免工人攀高作业，有利于安全生产和扩大自动、半自动焊接。因此，在选择胎架基准面时，要求胎架工作曲面的纵、横向倾斜度不超过 10°。当胎架基准面选定后，根据分段、总段或整个船体建造的需要，确定胎架的种类。主要构件就是胎板或支柱。它们和船体分段、总段或整个船体外板的外表面接触的形式有横向线接触、纵向线接触和点接触三种。

横向胎架的胎板样板是一种平面样板，其画线与钉制方法类似于平面样板。图 4－12(a)所示为底部分段横向胎板样板，由于底部分段的肋骨型线左右对称，其样板的工作边缘只需按照船底分段半宽的对应肋骨型线录取。图4－12(b)为舷侧分段横向胎板样板,由于沿整个舷侧分段的肋骨型线曲率均有变化,故其样板的工作边缘依照整个舷侧分段宽度的肋骨型线录制。至于甲板分段胎架的横向胎板可借用梁拱样板来代替。

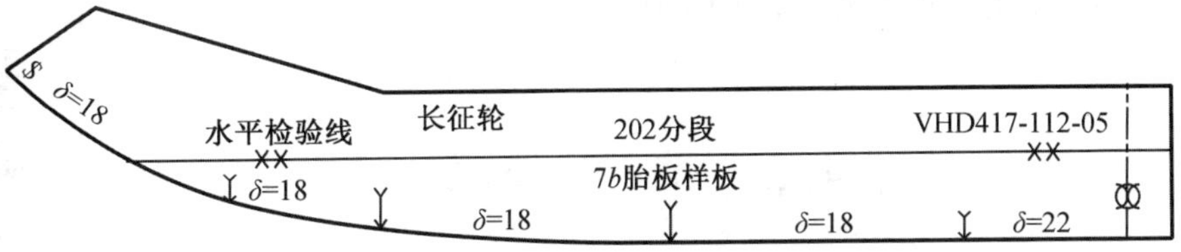

(a)底部分段横向胎板样板

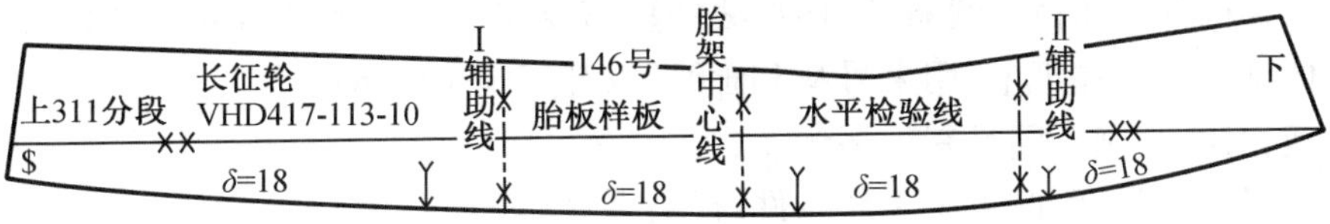

(b)舷侧分段横向胎板样板

图4－12 横向胎架的胎板样板

在胎架的制造过程中,胎架样板和胎架画线草图常常对照艏同时使用。因此,采用平切正切和单斜切基准面,若必须采用平斜切、正斜切或双斜切基准面时,应将肋骨型线图上的胎架基准面与肋骨剖面交线之间的实际肋骨间距在样台格子线上画出,那么胎板的理论面与胎架基准面的夹角就是格子线上肋骨站线与胎架基面线之间的夹角。

胎架型值的确定一般在肋骨型线图上进行。首先在图上作出胎架基准面的投影线,再根据胎架支柱间距在胎架基准面投影线上求出支柱点,然后过基准面投影线上的胎架支柱点,量取到对应肋骨线的垂直距离,并减去板厚,即得胎架的高度型值。

因平斜切、正斜切基准面与肋骨面不垂直,在采用支柱式通用胎架时,应该首先过基准面投影线上的支柱点作出纵向剖面(图4－13),然后过基准面纵向投影线上的支柱点量取至船体型线的垂直距离,并减去板厚,才是所求的胎架支柱的高度型值。

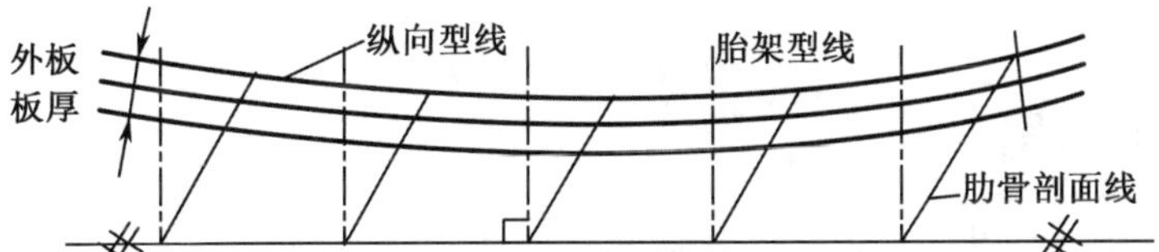

图4－13 胎架型值的确定

一般胎架模板取横向的肋骨型线来制作,如各种分段胎架的胎板;也有取纵向型线来制作的,如中小型船舶采用整体建造法进行船台装配时,纵向胎板的工作纵剖线须减去外板厚度而得出。

在船体装配工序中,为了保证分段、总段和整个船体型线的准确性,有效地控制焊接变形,以提高建造质量,常常采用胎架作为工艺装备。技术人员应能合理地选用胎架,并熟悉其制造过程，特别是要会选取胎架基准面，为胎架制造提供胎板和胎架草图，使船体分段或总段在建造过程中的装配过程具有方便性和安全性；使焊接位置能最大限度地采用自动/半自动焊接；使船体型线光顺，且在船台装配时分线段大接缝处的型线也能光顺连接，而胎架本身又要坚固，结构尽可能简单，便于制作。

任务4.2 草图绘制

草图绘制

船体许多构件与船体型线有关，而型线的型值要在放样后才能确定。草图可将放样所取得的船体型值记录在纸上，用来号料和画线，以补充施工图纸的不足。

与样板相比，绘制草图具有很多优点：

①减轻了劳动强度，改善了工作条件，提高了劳动效率；

②节省钉制样板所用的大量木材和铁钉，降低了生产成本；

③草图不像样板那样容易受气温和湿度影响而变形，始终能保证号料时零件尺寸的正确性；

④样板堆放和保存占地面积较大，领用、搬运、周转过程中容易损坏，且保管不便，而草图可避免这些缺点；

⑤作为资料总结、交流、修改和保存，草图更为优越。

船舶由于种类、用途和大小不同，其型线变化和结构复杂程度也相差很大，但就各个船舶的船体外板和结构零件来说，在放样展开或计算后，通常约有一半以上的零件能以草图形式来代替样板进行号料。因此在放样资料中，草图的绘制占有显著的地位。

草图绘制的基本原理是根据直角坐标系来确定构件的形状，简单来说，就是把放样和展开在地板上的构件加上直角坐标系，然后把每条线的一般点和一些特殊点的坐标值标明，连接各点形成零件边界图。

草图是重要的施工依据，若所标尺寸有误差，小则会给施工带来困难，大则会造成报废返工。因此，绘制草图应该认真和细致，确保绘制正确、清楚。

从施工作业的角度来看，草图可分为号料草图、胎架画线草图、装配草图和加工草图几大类。

4.2.1 号料草图

1. 零件草图(图4-14)

零件草图是号料草图的一种，其绘制简要步骤如下：

①按展开零件的图形特征，在图纸上的适当部位画两根相互垂直的细直线(相交处标明90°)，作为直角坐标系。若零件图形本身具有直角边，可把坐标系建在直角边上，这样的草图更简单。

②画出展开零件的图形。图形尺寸并不要求严格地按比例绘制，但绘出的图形要能确切地反映零件的形状特征。

③标注尺寸时，要考虑到下道工序的实际情况，应便于号料时画线，在图中不应出现需换算的尺寸。草图上的尺寸必须标注正确、完整、简洁明了。

④标注零件所处的位置，如肋位号、向艏、向艉、向中、向左等。

⑤注明零件所需加放工艺余量的大小及方向。

⑥标注零件的施工工艺说明和加工符号。

⑦一般在图纸上画出表格，填写明细表给出产品名称、分段名称、图号、零件名称等信息。

产品名称	图号	名称	件号	数量	牌号	规格
7500 t客货船	VHD413-113-17	外板	2	工作“对称”	3C	δ-18 mm

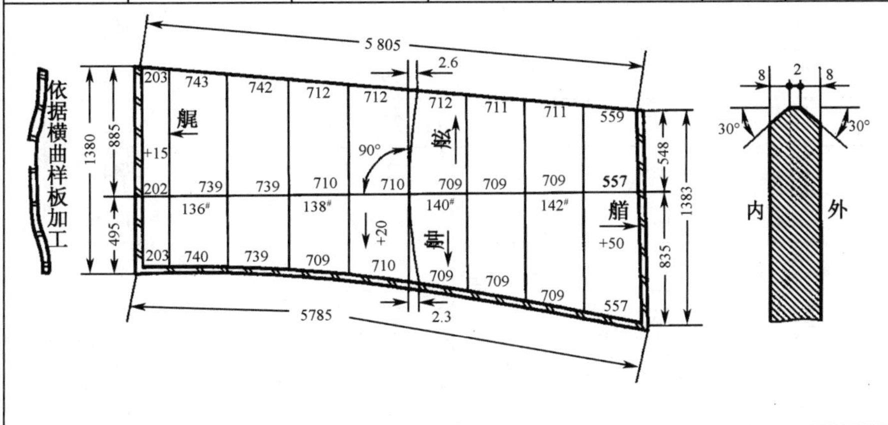

图4－14　零件草图

在实际生产中，一般企业会根据经验总结出一些规定或要求，以便更好地掌握绘制草图的方法。例如：

①零件草图上的图形，习惯上规定以装有骨架的一面向上，草图的左端定为艉方向，右端定为艏方向，上端定为零件的上部。因此绘制船体外板零件的草图时，均以左舷外板零件为准。

②草图中所标注的尺寸均为展开净值，工艺余量应另外加放。

③带有肋骨弯度的零件，其数值和方向均应标注清楚；零件上的开孔或切口，无论对称与否，都应详细说明。

④通常情况下，一个零件画一张草图。如果有些零件的形状相似，仅尺寸不同时，可绘制简要图形再增加表格，列出相似零件的件号、尺寸、大小和数量。如此，在一张草图上，可绘制多个零件。

⑤草图绘制好后，应认真、仔细地校对。草图的份数视生产需要而定，主要供各工序施工和放样间留底保存用。

2. 通用零件草图

船舶结构上，有很多零件的形状是相似的，仅尺寸大小不同。为了减少绘制零件草图的工作量，可将常见的各种零件归类，确定数量、种类和形式，将其图像和尺寸线印好，使用时填入具体尺寸，这种草图称为通用零件草图。由于各船舶制造企业生产情况不同，所采用的通用零件草图的形式也不同。随着今后船舶结构设计的不断改进，以及新材料品种和规格的出现，通用零件草图的形式也会有所变化。

4.2.2 胎架画线草图

在胎架基准面、结构形式和各种结构的主要尺寸确定后，应绘制胎架施工草图。在施工草图中除了应标明必要的尺寸和材料规格外，还必须说明施工的技术要求。如专用胎架应注明在胎板上必须画出的各种位置线和检验线（中心线、水线、外板接缝线等，如图4－15所示）。

胎板肋位	H_1	H_2	H_3	H_4	H_5	B_1	B_2
136	299	122	139	291	556	3514	2611
138	297	143	158	289	532	3482	2666
140	291	163	168	283	503	3449	2718
142	294	183	184	275	472	3415	2770
144	310	208	203	270	436	3377	2822
146	330	232	223	269	400	3338	2872
148	355	260	243	265	360	3296	2911
150	390	294	266	262	321	3252	2964
152	438	303	292	261	278	3203	3010
154	493	384	325	266	234	3154	3055
156	564	445	361	272	164	3101	3099
158	647	517	404	279	136	3043	3142
160	735	600	461	292	76	2984	3183

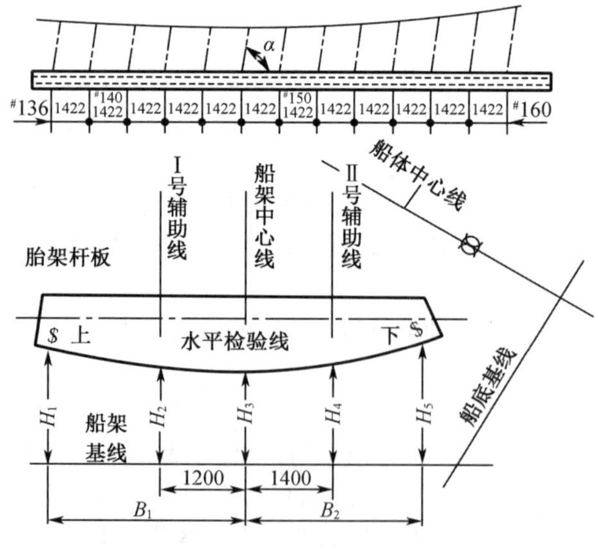

图4－15 舷侧分段双斜切基准面横向胎架画线草图

横向胎架的胎板与船体外表面为横向线接角形式，这样除了为胎架提供胎板样板外，还要画出这种胎架的画线草图，不过这里均以理论面和理论线的尺小为准，在具体制造胎架时，因胎板是与外板的外表面接触的，尤其是各列外板板厚不同时，需扣除外板的厚度，用胎板样板号料和使用蓝图组装时，均须注意这一点。

4.2.3　加工草图

加工草图是用于构件加工的一种草图，如逆直线草图就是用于型钢弯曲加工的一种草图。一般弯曲的型钢在加工时要根据弯曲的型值（对数控肋骨冷弯机来说）或弯曲加工样板（自由成型弯曲工艺）进行弯曲。若采用自由成型弯曲型钢，还可采用逆直线的工艺方法。其原理是，如果在弯曲的型钢上作一根或几根直线（图4－16），在弯曲后变成曲线，在未弯曲的直型钢上作出该弯曲的线，经过加工后，这些弯曲的线分别变成了直线，同样可以据此获得准确的弯曲形状，这就是逆直线加工的原理，这些弯曲的线称为准线。

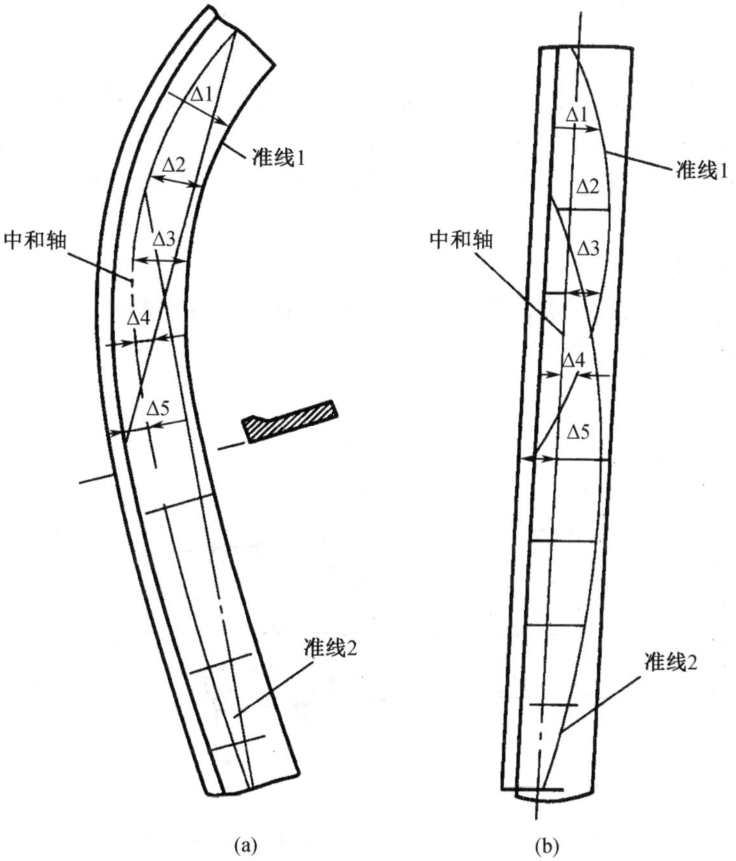

图4－16　逆直线加工

在绘制逆直线加工蓝图或按草图在型钢上画准线时，必须以型钢的中和轴为依据。当然，在型钢弯曲度不大时（甲板纵骨等），其中和轴长度和型钢边线的长度相关不大，则可以近似地以边线为画线依据。如果型钢弯曲度比较大，可以用两根或多根准线交叉，但这样做精度较差。如果型钢弯曲度很大，可能要用到热加工，就不能用逆直线法了。

现以肋骨为例说明逆直线草图的作法：

①在肋骨型线图上以对应的肋骨型线为型钢的边线，根据所用型钢的规格得出其中和轴距边线的距离，从而画出中和轴的位置线；

②画出一根或几根直准线；

③等分中和轴实长线并过等分点作中和轴实长线的法线；

④沿着这些法线量出中和轴到准线的距离 Δ1，Δ2，Δ3；

⑤在草图上画好直型钢，作出中和轴线并等分之，过各等分点作中和轴线的垂线，在垂线上对应截取 Δ1，Δ2，Δ3 等各线段得各准线点，将这些点连接起来即为逆直线的准线。

用以上画逆直线草图的方法在加工前的型材上画出逆直线，可以取代肋骨加工样板，提高冷弯加工效率。

4.2.4　装配草图

1. 装配拼板草图

对于平直的或曲度不大的列板及平面分段上的板材，如平行中体处的外底板、舷侧外板、内底板、平台甲板、艄内龙骨板、纵横舱壁板、上层建筑围壁板等都是由大块平直的钢板拼接而成的，故使用草图进行拼板后再进行整板列的号料比较方便，这类草图称为拼板草图。

2. 装配画线草图

船体分段在建造时，为了满足装配画线的需要，按照各个分段的结构特点，绘制成简明草图，列出表格，注明尺寸，专供分段装配时画线使用，称为装配画线草图。图 4 – 17 所示为横舱壁装配画线草图。

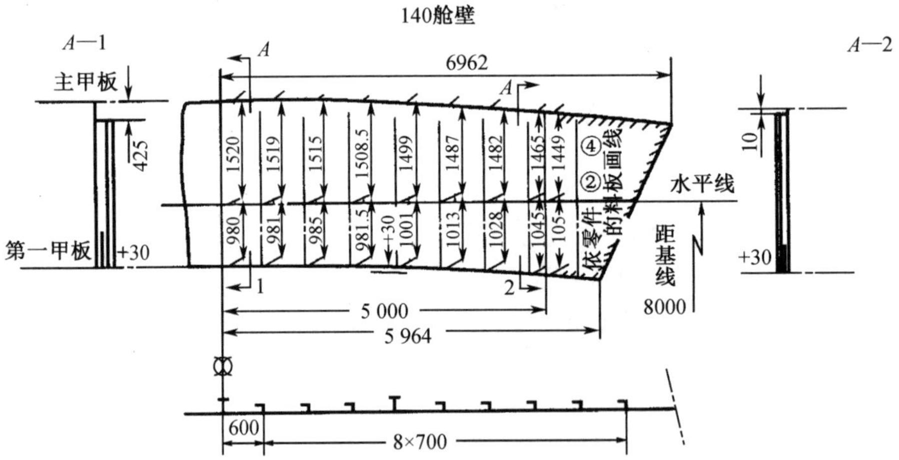

图 4 – 17　横舱壁装配画线草图

3. 装配立体草图

在船体装配中，由于施工图纸不能很详细地表示出装配步骤和焊接符号，因而需要绘制一些指导装配工作的草图，这种装配草图除了画成平面图形外，有些还画成立体图形，这种装配立体草图绘制起来十分麻烦，但却给装配工作带来很大便利。当前，可由船舶设计软件来生成立体草图。

【思考与练习】

1. 简述放样资料的作用及种类。

2. 简述样板的种类。

3. 简述草图的种类。

4. 简述一组三角样板按适当的相互位置关系可以组合成表示某块外板曲面形状的曲面样板。请按习图4－1所示的肋骨型线进行#15～#19肋位一块外板的三角样板放样，用示意图绘出其中18号三角样板，并简要写出放样的步骤。

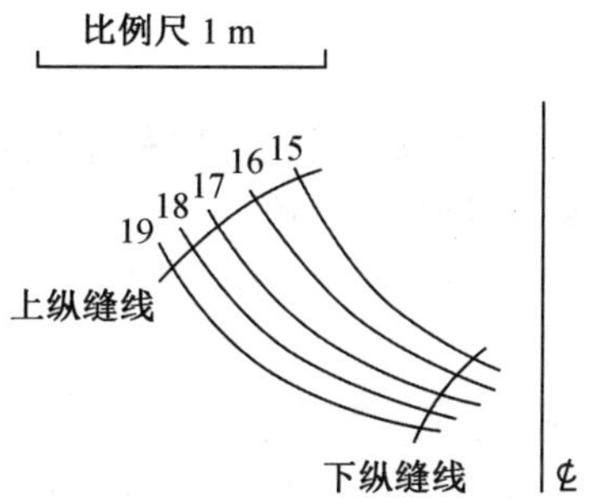

习图4－1

5. 看懂习图4－2，简要叙述在成型加工过程中怎样用一组三角样板检验船体复杂曲度外板零件的空间曲面形状。

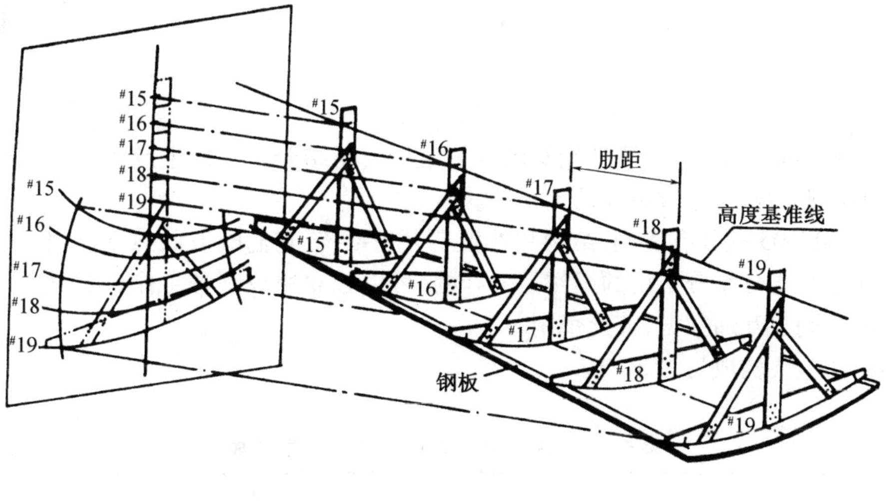

习图4－2

项目 5　HD－SHM2005 线型系统

【项目任务】

本项目的任务是 150 t 冷藏船艏部型线交互三向光顺。

【学习内容】

1. 格子线生成、型线生成、空间线生成、端点处理和光顺前处理。
2. 单根型线三向光顺、肋骨型线生成及光顺。

【能力目标】

1. 掌握整个船体型线交互三向光顺的方法和步骤。
2. 熟练掌握型线定义、型值表编辑、单根型线交互三向光顺、边界线与特殊空间线处理的方法和操作。
3. 掌握光顺前处理的作用和操作方法。
4. 能进行 150 t 冷藏船艏部型线交互三向光顺。

任务 5.1　格子线生成

格子线生成

HD－SHM2005 是沪东中华造船集团计算机研究所结合本厂的生产实际研究开发的具有国内先进水平的船体建造集成系统软件。

HD－SHM2005 软件有线型、结构和外板三大分系统，它们既彼此独立，又相互联系、彼此影响。独立是指各个分系统的操作是分开的，可以独立完成某种工作；相互联系、彼此影响是指它们之间要互通数据，彼此牵制。

其结构的主要构成见表 5－1。

表 5－1　HD－SHM2005 结构的主要构成

<table>
<tr><td rowspan="8">HD－SHM2005</td><td rowspan="8">线型系统</td><td>线型光顺</td></tr>
<tr><td>型线后处理</td></tr>
<tr><td>肋骨型值</td></tr>
<tr><td>外板肋位文件</td></tr>
<tr><td>甲板抛势表</td></tr>
<tr><td>接口</td></tr>
<tr><td>肋骨型值</td></tr>
<tr><td>辅助工具</td></tr>
</table>

表 5 - 1(续)

HD - SHM2005	结构系统	结构线
		零件生成
		套料管理
		生产用表
		水尺展开
		辅助工具
		外板展开图
	外板系统	板缝
		外板与样板
		肋骨线型图
		艏艉柱板
		样箱
		胎架

正如前面所讲,它的三大系统不是完全独立的,而是既彼此独立,又相互联系、彼此影响的,所以在使用本软件进行工作的时候要清楚工作的思路和步骤。它的工作思路如图5 - 1软件操作思路图所示。

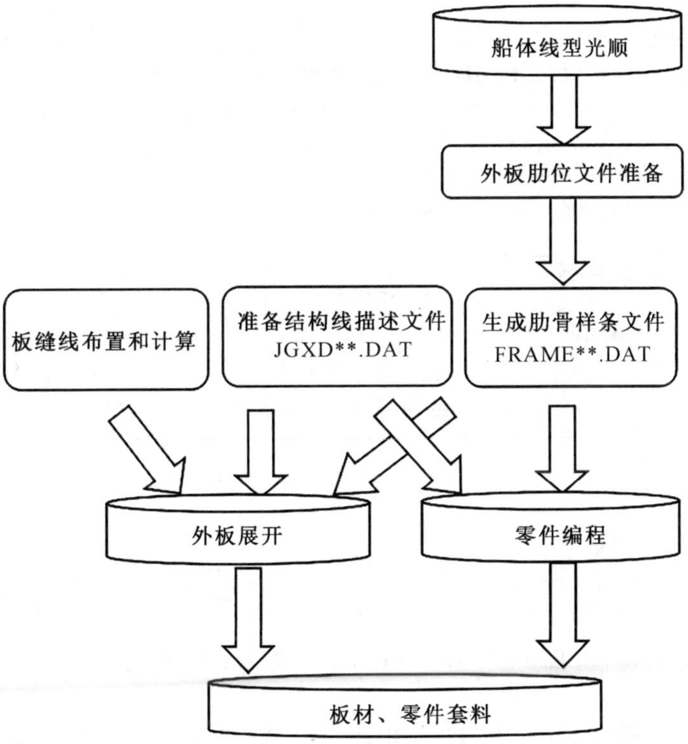

图 5 - 1　软件操作思路图

为了更好地说明 HD－SHM2005 的使用方法和工作原理，下面以 150 t 冷藏船为例进行讲解。

该船有关技术参数：

总长：$L_{oa}=49.90$ m；　　垂线间长：$L_{pp}=45.00$ m；

型宽：$B=8.50$ m；　　型深：$D=4.00$ m；

设计吃水：$T=2.80$ m；　　梁拱：$h=0.17$ m；

该船龙骨倾斜，艏吃水 $T_f=1.70$ m；艉吃水 $T_a=2.70$ m。

肋距：550 mm。

5.1.1　建立目录

选择一个盘符，新建一个文件夹，如 D:\yanghu\150t33，这个文件夹是用来存储生成的文件的。

注意　这个工作目录的最后一个目录一般为船名，它不能是单个数字，也不能全部为字母，更不能为汉字，一般要保证其最后的 2 个字符为数字。这里为 33，否则在生成肋骨样条文件时会有麻烦。

5.1.2　线型系统启动

打开 HD－SHM2005 船体线型系统，弹出图 5－2 所示属性框。在上面的地址栏里输入自己的工作目录(即前面建立的 D:\yanghu\150t33)，也可以点击后面的“浏览”寻找自己的工作目录。

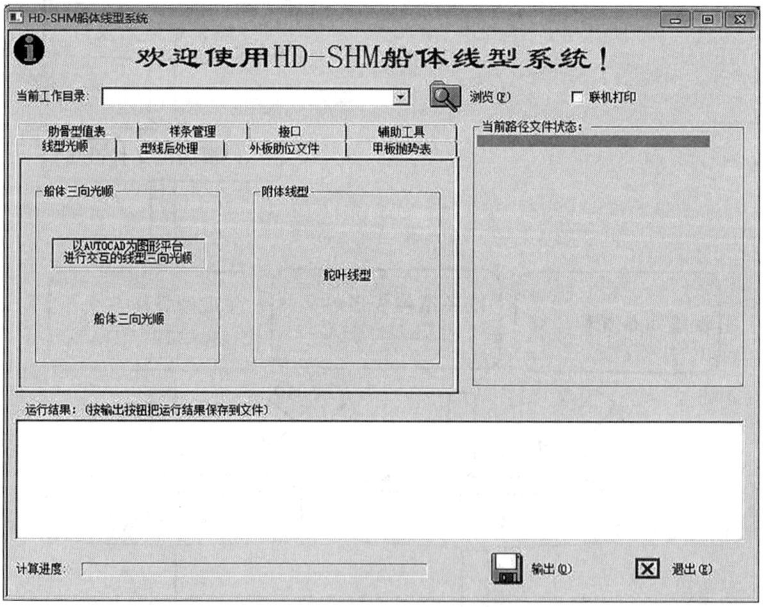

图 5－2　HD－SHM 船体线型系统属性框

图中有 8 个选择按钮，分别为肋骨型值表、样条管理等，这里一定要选择“线型光顺”这一按钮。

点击下面的“运行”按钮，将进入图 5－3 所示 AutoCAD2005 界面。

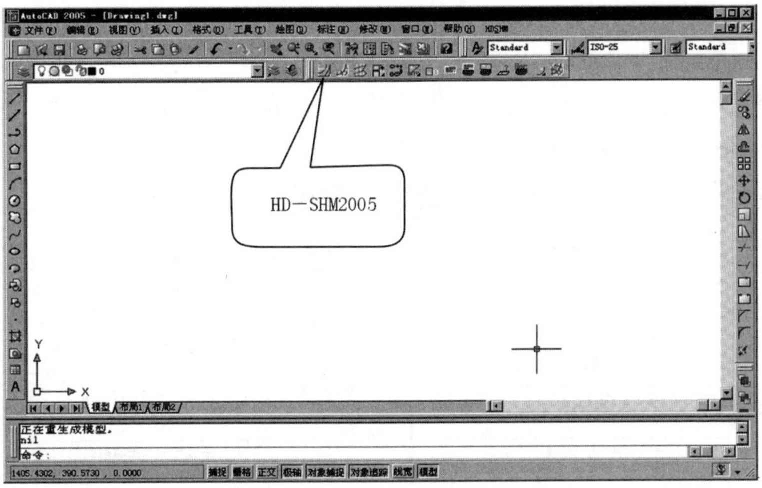

图 5－3 AutoCAD2005 界面

5.1.3 定义格子线

进入 AutoCAD2005 界面后，会发现在其上面的工具条中出现了 HD－SHM2005 的工具按钮，详见图 5－3 所示 AutoCAD2005 界面。

点击 HD－SHM2005 的“工具”按钮最左端的“交互三向光顺”按钮或者选择 HDSHM 下的“交互三向光顺”菜单，则出现交互三向光顺系统主菜单，点击其上的“读取船体型值表”按钮。在左边的目录栏中找到自己文件夹的位置(D:\yanghu\150t33)，在“船名”栏中填写三个字符的船名，如 b01，选中“F. 新文件”选项，点击“确定”按钮进入下一步操作。图 5－4 所示为 HD－SHM 读船体型值表界面。

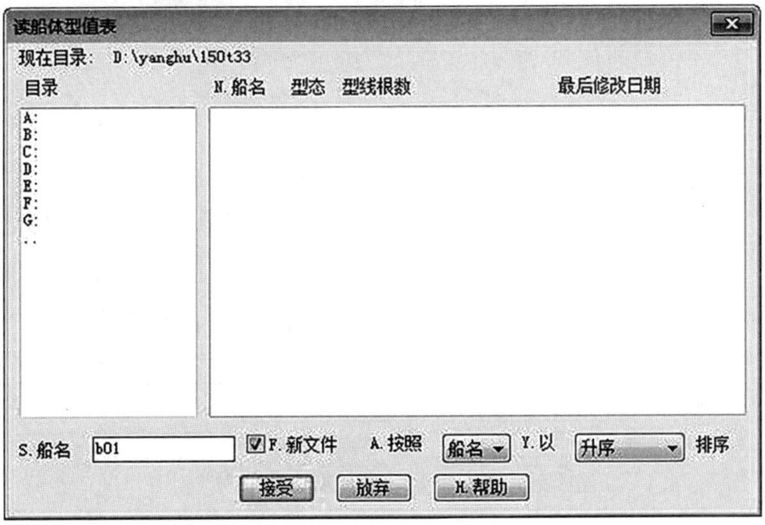

图 5－4 HD－SHM 读船体型值表界面

注意 这里建立的船名其实只是半艘船舶，本系统是将船体在舯部分为前后半艘两部分，默认的是先建立的为前半艘。

点“接受”按钮后系统会询问“要删除现在图中所有的图形吗?”，点“确定”按钮则将界面中其他的图形删除，点“否定”按钮则是不删除其他图形。一般我们都是点“确定”按钮进入“交互三向光顺系统主菜单”。

在图 5－5 所示“交互三向光顺系统主菜单”上点击“M. 交互三向光顺”进入“交互三向光顺”菜单。如图 5－6 所示交互三向光顺界面。

图 5－5　交互三向光顺系统主菜单界面

图 5－6　交互三向光顺界面

进入“L. 定义编辑型线”子菜单，则出现图 5－7 所示定义编辑型线界面。

图 5－7　定义编辑型线

在这个界面中，在“F. 半船方向”中选择是前半艘还是后半艘；在“T. 船型”中选择船舶类型，有一般船型和艉封板型两种，150 t冷藏船为艉封板船型；“Y. 底部尖角”也不要选中。

在手工放样中，也要绘制格子线，其实数学放样就是手工放样的数学模拟，我们只要给出三组剖线的值就可以了。

在增加新型线中的“L. 型线类型”中分别选择“W. 水线”“B. 纵剖线”和“S. 站线”，在其下面的框中分别填写它们的值。

但是值得注意的是，里面的“站线”既不填站号，也不填站距，而是填该站离舯的距离，以船舯为零，前半艘以向艏为正方向，后半艘以向艉为正方向(是不可能出现负值的)。为了定出船体的整个范围，以方便后面输入型值，必须输入船体离基线(BL)最高的水线和离船舯最远的站线及最大的纵剖线，这些值刚好能够把所有的型线围起来。

一般情况下，船体都有一定的平行中体，当船体无平行中体时，前后半船必须有重叠部分，并且保证在重叠部分的各站线和肋骨线上的水线半宽与纵剖线高度型值必须一致。

在设计水线高度栏中填写“2800”，这就是本船的设计水线高度。

这样格子线就“画”完了，图5-8中还有一些值没有填写，如甲板线、肋骨线等，那是因为在绘制格子线的时候这些值是用不到的。

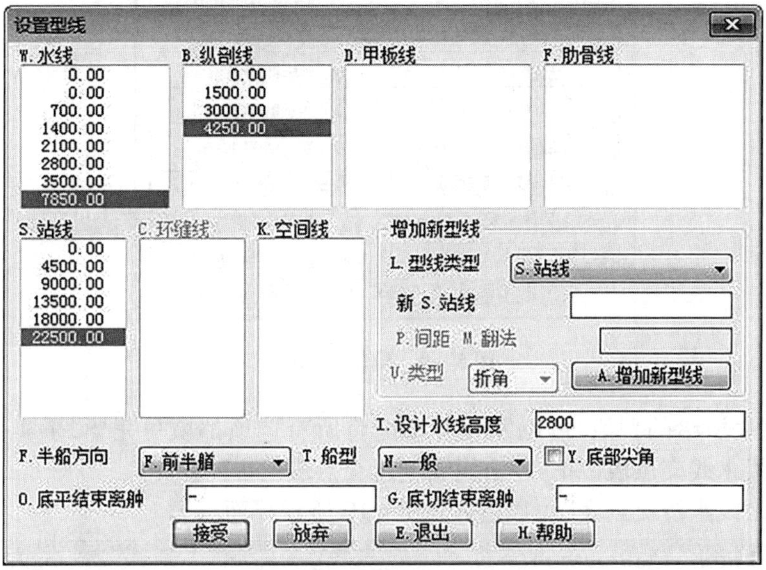

图5-8 定义格子线

点击“接受”按钮，则进入AutoCAD界面，格子线绘制完毕并显示出来，同时菜单返回“交互三向光顺”子菜单。

5.1.4 操作小结

操作目的：建立格子线。

操作步骤：

①建立工作目录；

②建立新船名(三个字符，末尾两个字符为数字)；

③进入“定义编辑型线”，输入相应的水线、站线、纵剖线，建立格子线；

注意事项：站线的输入不是输入站号，而是输入站号的距舯值，如果船舶没有平行中体，则前后半艏要重叠一站。

任务5.2　型线生成

型线生成

5.2.1　站线水线(纵剖线)交点表

在"交互三向光顺"子菜单中点击"D. 编辑型值表",在弹出的对话框中有"T. 站线水线交点表""A. 站线纵剖线交点表""U. 纵剖线水线交点表"和"N. 空间线站线交点表"等18项,如图5－9所示。

图5－9　编辑型值表

根据型值表所给的型值,可以发现并不能将所有选项都填写完毕,事实上现在主要填写的是"T. 站线水线交点表"和"A. 站线纵剖线交点表"两个选项。

点击"T. 站线水线交点表"可以进入图5－10所示界面。

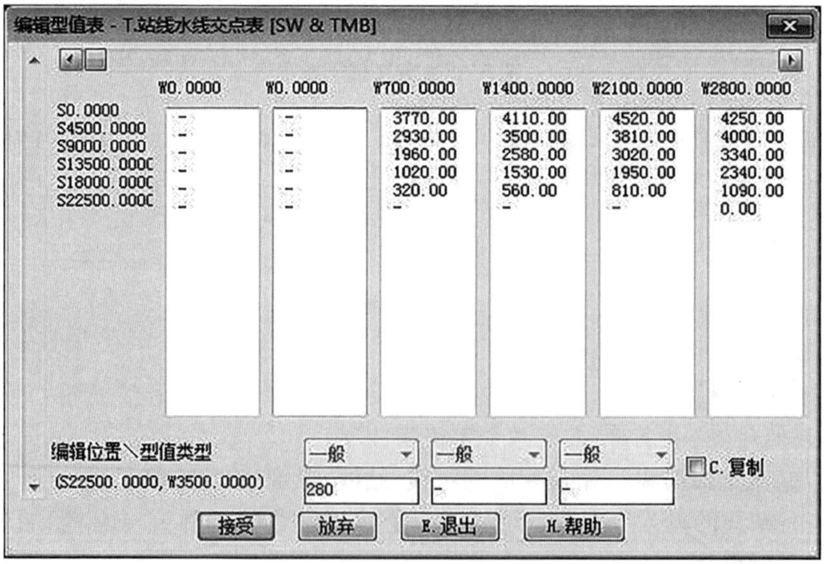

图5－10　站线水线交点表

根据型值表给定的型值逐一填写到相应的位置,这里填写的是半宽值。对于型值表中没有的值不要随便填写,如这里的前面两列的 W0.0000 就不要填写。此处表中两根“0”号水线分别表示平底线和平边线。如果船舶没有艉倾和艏倾,即船舶的 0 号纵剖线在底部与基线重合,则可以填写平边线。

这些值在这里不填写,最后可以通过自动插值得到它们的形状和型值。

点击“A. 站线纵剖线交点表”,可以进入纵剖线型值的填写。这里填写的是高度值。

接受上面的输入,点击返回,回到“交互三向光顺系统主菜单”。点击“D. 显示控制”选项,进入图 5 - 11 所示界面。

图 5 - 11 显示控制

选中“D. 显示控制”选项,在“T. 型线类型”中可以选择想显示的型线类型,后面的“A. 全部显示”则可以将所有的型线显示出来;在“型线更新范围”这一栏中,选择“G. 改变了状态的”是不改变原有的型线,只是改变做了修改的内容,而“Q. 全部”则是将所有型线重新生成一遍,类似于 AutoCAD 中的重生成或刷新。

可以对每根型线控制是否显示,可显示的型线种类有水线、纵剖线、站线、肋骨线和环缝线,其他型线在设置“显示型线”后都会显示。先从“型线类型”中选择要修改显示控制的型线类型,然后分别在“隐藏”或“显示”列表中选择要显示或隐藏的型线,随后点击“所选显示”则将“隐藏”列表中选择的型线移到“显示”列表中,或者点击“区间显示”将“隐藏”列表中所选的两根型线间的型线都移到“显示”列表中,或者点击“所选隐藏”将“显示”列表中选择的型线移到“隐藏”列表中,或者点击“区间隐藏”将“显示”列表中所选的两根型线间的型线都移到“隐藏”列表中。另外,上面的“清除选择”用于清除在“隐藏”列表中所做的选择,下面的“清除选择”用于清除在“显示”列表中所做的选择,“全部显示”用于将该类型线的每根型线都移到“显示”列表中,“全部隐藏”用于将该类型线的每根型线都移到“隐藏”列表中,而“型线类型”旁的“A. 全部显示”则用于将可以选择的所有类型的型线都移到“显示”列表中。设置结束后按回车键则系统接受设置,修改图形的显示和主菜单内容;若按取消键则放弃设置,返回主菜单。

这时可能会发现你所操作的显示情况与图 5-11 有所不同,即“P. 处理肋骨:”为灰色,不可用。那是因为还未定义肋骨,这是正常情况,当定义了肋骨后,这一选项自然就会变为可用了。

点击“接受”按钮,船体的型线就显示出来,不过显示不完整,如图 5-12 所示。输入完上面的型值后,进入“交互三向光顺系统主菜单”,点击“S. 存储船体型值表”将输入的型值数据存盘。在船名框中出现如下字符:

b01　SBN　S6,W8,B4,D0,K0,F90　06-25-2015　15:12

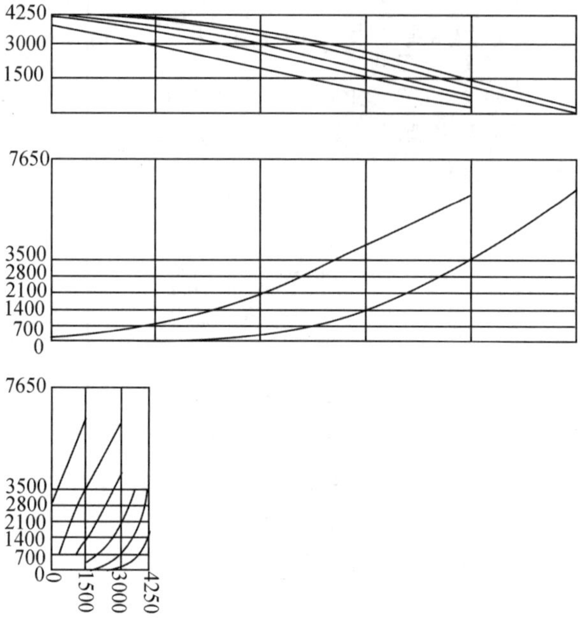

图 5-12　初始型线

船名框中,“b01”表示船名。“SBN”表示型值表状态,由三个字母组成:第一个字母表示肋骨型值表的有无,“S”为无,“F”为有;第二个字母表示船的前后方向;“F”为前半艏,“B”为后半艏;第三个字母表示船的类型,“T”为艉封板,“N”为一般船型。“S11,W9,B6,D0,K0,F0”显示各类型线的根数,字母为型线类型,跟在后面的数字为该型线的根数,各字母的意义为:“S”站线,“W”水线,“B”纵剖线,“D”甲板线,“K”空间线,“F”肋骨线。“06-25-2015　15:12”表示最后修改的时间。

5.2.2　操作小结

操作目的:生成型线。

操作步骤:

①进入“编辑型值表”;

②填写“站线水线交点表”;

③填写“站线纵剖线交点表”;

④进入“显示控制”，显示生成的型线。

注意事项：

① 0 号水线和 0 号纵剖线在这里先不填写；

②型值表中给定的型值可以填写，型值表中没有的型值不能填写；

③型线显示不完整，这是正常情况。

任务 5.3 空间线生成

空间线生成

5.3.1 空间线定义

前面所生成的型线之所以没有到达轮廓边缘，是因为我们还没有定义转向轮廓线等空间线。在手工绘图时，首先绘制轮廓线等空间线，在这里一般可以不这样做，可以先生成不完整的型线，再定义空间线。

在本系统中所认定的空间线主要有：甲板边线（这里为了方便，只是将甲板边线暂时作为空间线来处理）、艏艉轮廓线、龙骨线和舷墙顶线等。

空间线是一种特殊的曲线。在本系统中，当截交线与空间线相交时，截交线被分成了两段形成折角点。由于这种性质的存在，当型线上有折角点时，就可以让截交线与空间线相交，反之就不要与空间线相交。

之所以在系统的操作中还没有看到空间线，是因为还没有定义。下面就来定义空间线。

点击“L. 定义编辑型线”进入设置型线栏，在“L. 型线类型”中选择“K. 空间线”，在“新 K 空间线”栏中输入 1（这只是一个标号，读者朋友在操作时要记住 1 表示的是什么空间线，如舷墙顶线），在“U. 类型”中选择折角类型。点击“A. 增加新型线”则一根空间线就定义完了。其他空间线的定义与之相同，只是标号为2，3，…，N 等，类型也根据需要指定，如图 5－13所示。

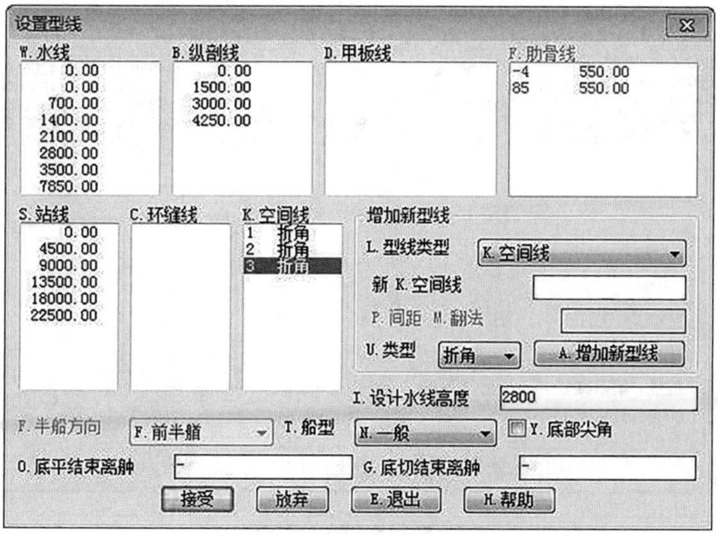

图 5－13 定义空间线

这里我们定义 1 号空间线为上甲板边线,2 号空间线为艏楼甲板边线,3 号空间线为舷墙顶线。

甲板线有其独特的定义方法,这里我们只是暂时用折角线来代替。其定义方法是:点击“L. 定义编辑型线”进入“设置型线”栏,在右侧的“L. 型线类型”中选择“D. 甲板线”,在“新 D. 甲板线”中输入 1,在翻法中输入0.0,点击“增加新型线”就可以定义相应的甲板线。如果不止一层甲板可以重复上述操作,定义第二、三层甲板,如图 5 – 14 所示。

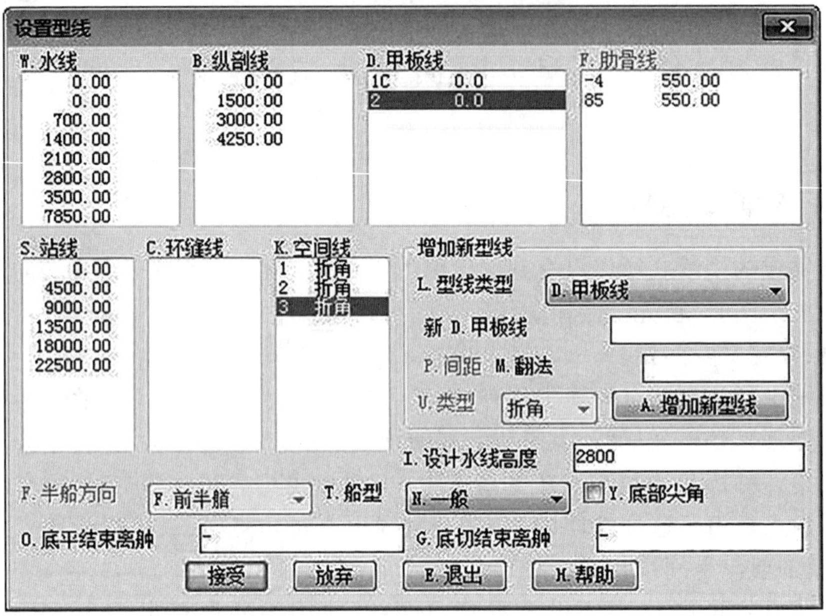

图 5 – 14　定义甲板线

在“选择编辑型值表”中选择“N. 空间线站线交点表”进入“编辑型值表 KST”,如图 5 – 15所示。

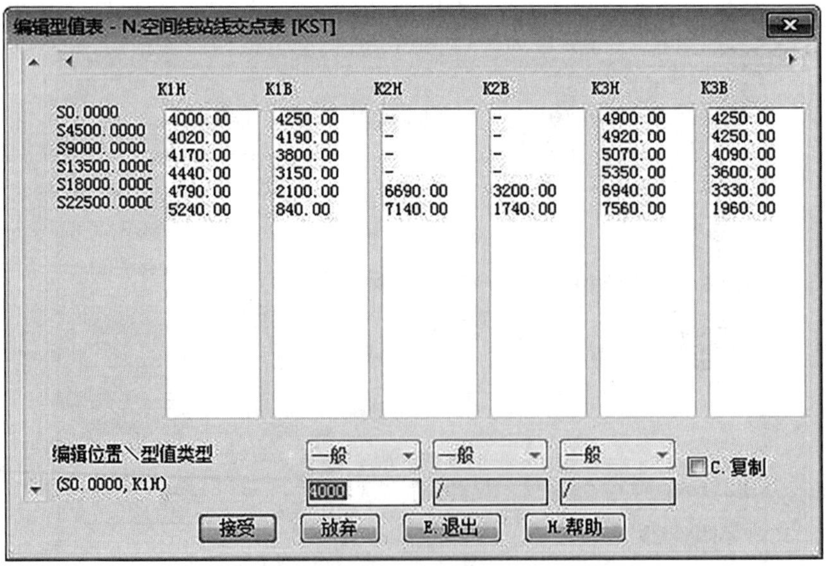

图 5 – 15　输入型值

图中的 K1H 表示第一根空间线的高度值,K1B 表示第一根空间线的半宽值。这在型值表中是舷墙顶线的高度和半宽值。其他空间线与此类似。

甲板边线和升高甲板边线是与截交线相交的,由于空间线的性质必然导致截交线变成两段,但是有时船舶的型线在甲板以上并没有变成直线,而是继续保持原来的线型。这个时候我们就要控制空间线与截交线的交点了。

显然,对于这些线再通过输入站线与空间线的交点表就意味着默认了空间线与截交线有了交点,这样可能导致截交线在甲板线处不光顺甚至错误。为了避免这种情况的发生,我们往往先不认为该空间线与截交线有交点,而是将空间线作为一根独立的线来定义和生成。

对于甲板边线一般不采用上述的输入方法,而是将该临时的空间线作为一根单独的空间线来处理,通过填写空间线控制点表来生成。这样生成的空间线是与截交线没有关系的,如果想要与截交线有交点可以通过插值的方法得到。

对于中纵剖线,其线型比较复杂,曲线中往往夹杂着圆弧或直线段,所以处理起来比较麻烦。这里给出一个相对简单的处理方法:用 AutoCAD 中的样条曲线和圆弧根据图中给定的型值分别绘制相应的曲线段,然后将这些曲线段转换成系统认同的空间线。

软件中线条转化操作步骤依次为"M. 交互三向光顺"和"S. 选择型线样条"。

在绘制的图线中,如果是用样条曲线绘制的可以直接转换,但是对于直线和圆等图线是不能直接转换的,要先将其转换成多义线或样条曲线后才可以转换型线。方法如下:在 AutoCAD 界面下输入 Pedit,选中要转换的圆弧或直线,转换成多义线就可以了。

现在所有的曲线都具备转换成系统型线的条件了。在选择了要转换的曲线时,系统提示如图 5 – 16 所示。

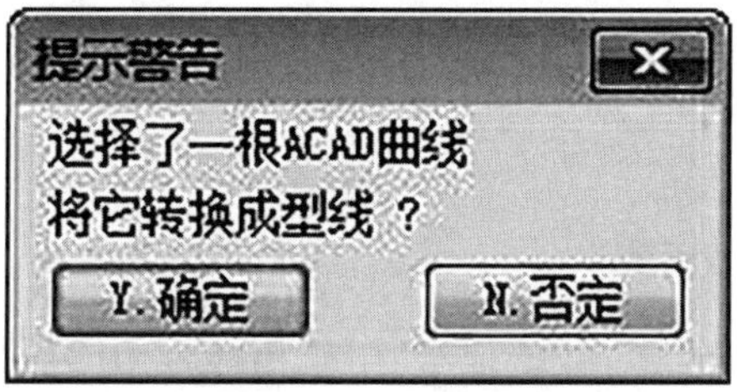

图 5 – 16 系统提示

点击"确定"按钮,然后选择要转换成的型线类型就可以了。

这里我们将 AutoCAD 曲线转换成 0 号纵剖线。

这样在前面的站线纵剖线交点表中就填写 0 号纵剖线(B0.0000)与各站线的交点高度值,虽然型值表中并没有给出 0 号纵剖线的型值,但是我们知道龙骨线在高度方向与 0 号纵剖线是相同的,所以可以用龙骨线的高度值来代替 0 号纵剖线的高度值来进行填写。前面之所以要求先不填写 0 号纵剖线,是因为 0 号纵剖线是一条特殊的纵剖线,它除了是纵剖线外,同时还是边界线。

中纵剖线也可以当作侧面轮廓线(是一种空间线)来处理,如图 5 – 17 所示。

可以发现这里的空间线没有到达顶端,舷墙顶线和甲板边线都没有到达型线图中的端部。

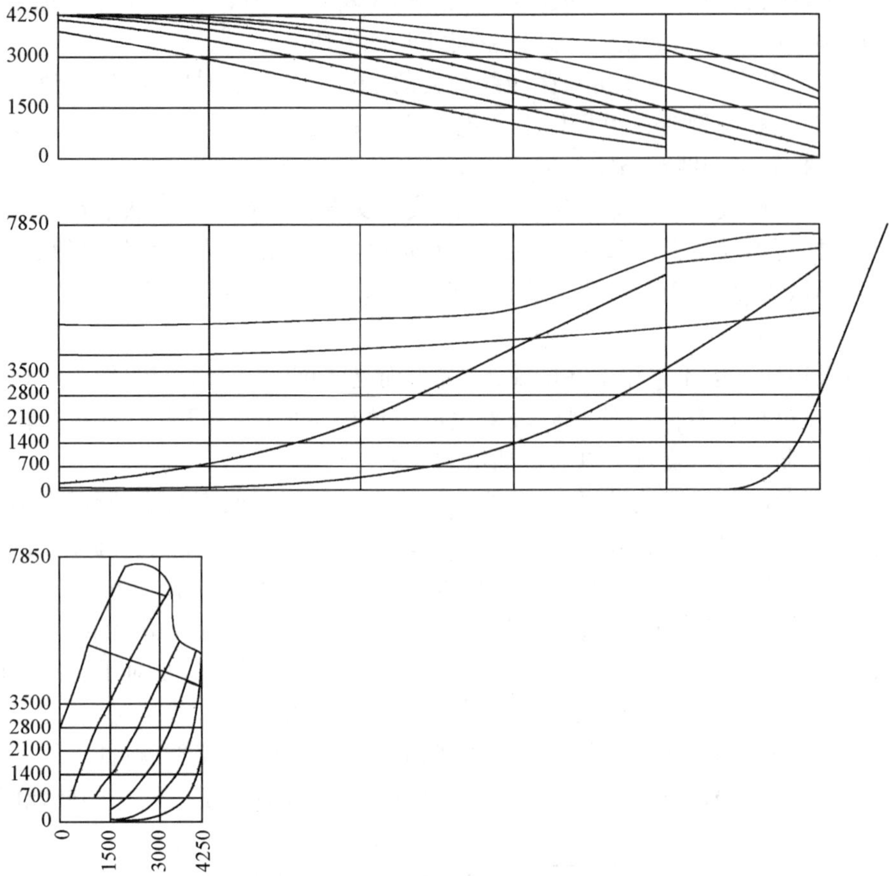

图 5-17 带有空间线的型线

5.3.2 空间线端点处理

观察给定的型线图可以发现，舷墙顶线、甲板边线在 10 站以后还是有的，但是这些型值在型值表中并没有给出，而是在型线图上标注给出，为了完整地描述该空间线的端部情况，必须将这些型值"追加"到相应型线上去。这项工作称为端点处理。

在"选择编辑型值表"中选择"K. 空间线控制点表"进入"编辑型值表 KWB(E)"，如图 5-18 所示。

这里说明一下图中各符号的意义：左侧的 K1L 表示的某控制点距舯的距离，其中 K1 表示第一根空间线（是前面定义的空间线的序号，这里表示的是上甲板边线），L 表示这根空间线上的某控制点距舯的距离；K1B/H 表示第一根空间线的控制点的半宽和高度值；上面的 E1L/B 表示第一个控制点的半宽值，E1L/H 表示第一个控制点的高度值。其他符号与此类同。

我们知道，船体上面的一个点要有三个值才能确定出它的具体位置，分别是半宽、高度和距舯。这些值表示为坐标形式：（距舯值，半宽值），（距舯值，高度值）。例如，图 5-18 中第一根空间线上的第一个控制点就为（F23510.5，0），（F23510.5，F5350）。

所以不难得到填写方法：在第一行（K1L 所在行）填写距舯值（要针对不同的控制点，即准确填写某控制点的距舯值）；在第二行（K1B/H 所在行）的第一列（E1L/B 所在列）填写半宽值(同样要针对不同的控制点),第二列(E1L/H 所在列)填写高度值。

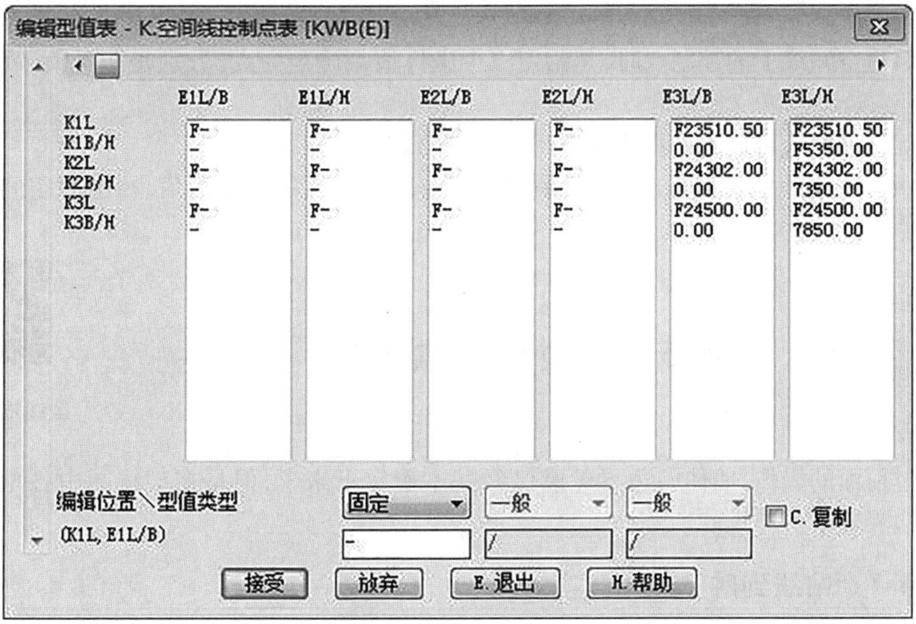

图 5-18　空间线控制点输入框

根据给定的型线图可以发现:舷墙顶线在艏端的距舯值为 2000 + 22 500 = 24 500,半宽值为 0(因为其在横剖面图中与中纵剖线相交并结束),高度值为 7850(图中给出距 BL7850),这样就得到了第一个控制点。

这里谈到的方法除了可以得到空间线的端点外,还可以生成整根空间线,即将空间线看成由若干空间点组成,通过输入一个个控制点来生成空间线。前面所谈到的如果想不让空间线来影响型线的三向光顺,就不能输入空间线站线交点表,而是将空间线作为单独的曲线来处理,就是在这里用一个个控制点来生成空间线。

注意　在填写各控制点的值的时候并不是没有顺序的,在填写时第一点和第二点填写的是首末两点,中间的点才是从第二个控制点依次填写的,否则,就可能会出现曲线"折回来"的现象。

5.3.3　操作小结

操作目的:生成空间线。

操作步骤:

①在"定义编辑型线"中定义船体型线边界线;

②填写"空间线站线交点表";

③填写"空间线控制点表"。

注意事项:

①甲板线有自己的定义方法和输入方法,这里暂时将甲板线作为空间线的折角线来定义,以确定船体型线的边界。具体方法在结构系统中会有介绍。

②边界线型值有的是在"空间线站线交点表"中输入,有的是在"空间线控制点表"中输入,要区别对待。一般情况下,如果空间线与站线有真实的交点,就填写"空间线站线交点

表”;如果空间线与站线并没有真实的交点,但又要生成该空间线的,就填写“空间线控制点表”。

③填写空间线上的控制点时,是给定三个坐标值来确定一点,分别是距舯值、高度值和半宽值。

④艉轴剖面线可认为是由四段空间线组成的。

⑤填写空间线的控制点时,一般是先填写空间线的首尾两点型值,再填写空间线的中间点型值。

任务 5.4 型线端点处理

型线端点处理

通过前面的操作,船体的边界轮廓已经基本确定下来了,但是在型线图中各型线并没有到达边界轮廓的位置。

5.4.1 站线到舯

当选择中纵剖线作为 0 号纵剖线时,要在“站线纵剖线交点表”中填写站线与 0 号纵剖线的交点。但是本船的型值表中并没有给出 0 号纵剖线的型值,而是给出了龙骨线的型值,所以只有将龙骨线的型值代替 0 号纵剖线的型值进行输入。输入完毕后,站线不到舯的问题就解决了。

5.4.2 水线到舯

等中纵剖线(0 号纵剖线)初步定型后,让中纵剖线与相应的水线插值便可以解决大部分水线不到达船舯的问题。这里须注意一个问题,那就是对不到舯的水线不要插值,而是采用增加控制点的方法解决。

5.4.3 水线圆头

我们知道,对于一条样条曲线仅仅知道它通过若干型值点这一条件还不足以使曲线定型,还必须给出它的端点条件。刚才对于站线的到舯,其实是我们给出了端点的型值和端点的一阶导数这一端点条件。那么对于水线的端点应该如何处理呢?

船体的水线在艏部和艉部与船体的艏柱和尾柱相交时形成艏艉圆弧,水线的端点其实就是艏艉圆弧相切的切点。如果能够得到这些圆弧的相关信息,就可以准确地得到水线的端点条件了。

观察 150 t 冷藏船的水线,700 水线的水线圆弧半径为 80,1400水线的水线圆弧半径为 120,2100水线的水线圆弧半径为 160,2800水线的水线圆弧半径为 200,3500水线的水线圆弧半径为 250。

因为有艏艉圆弧,所以在中纵剖线处圆弧应与之垂直。具体的处理方法是,在中纵剖线处使水线的一阶导数为无穷大。

在“水线控制信息表”中,可以看到可以增加 20 个控制点以控制水线,在该表的下面出现图 5－19 所示界面。

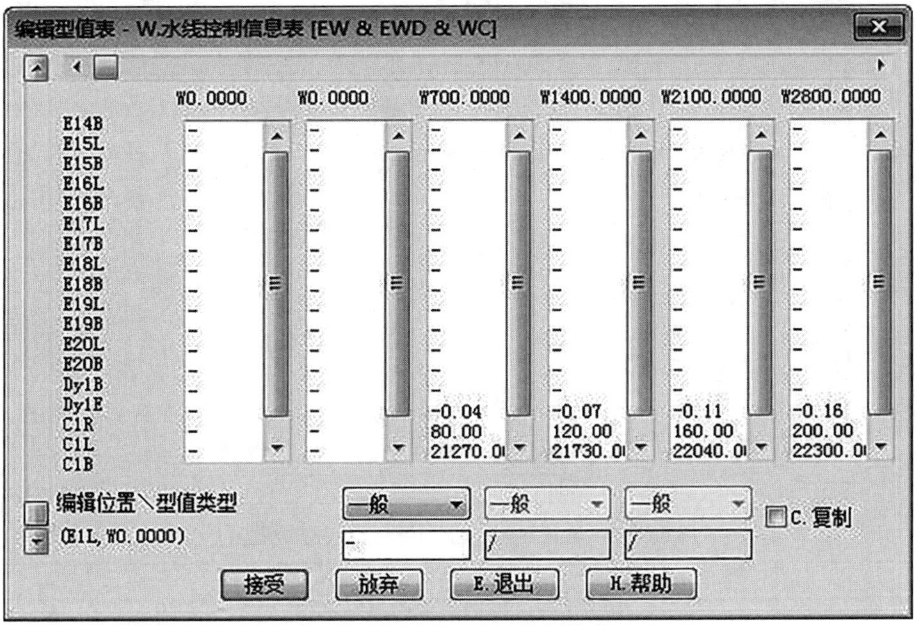

图 5-19 水线控制点输入框

Dy1B 表示水线起点的一阶导数，这里就是在靠近船中位置即第十站附近，我们在处理水线圆头时一般不填写这个值，如果要填写的话就填写 0，因为对于有的船舶而言，其舯部往往是平直的，即前面所讨论的边平。

Dy1E 表示水线终点的一阶导数，就是水线圆头与中纵剖线的交点，显然，它们是垂直的，其一阶导数应该为无穷大。这里规定，在这一栏中填写“999999”表示其数值为无穷大。所以，要想形成水线圆头必须在这里填写“999999”。

上述的末点导数只能保证水线在中纵剖线处与之垂直，但是它能不能保证有艏艉圆弧存在呢？

事实上，要想准确得到水线圆头的信息还需要其他的数据。图 5-19 中的最下面三组数据就是解决这一问题的。其中，C1R 表示圆头的半径；C1L 表示圆心的距舯值；C1B 表示圆心的半宽值（即距离中纵剖线的距离）。

这样就解决了水线圆头的问题。

5.4.4 纵剖线到顶

除了上述问题外，纵剖线也没有到达顶部，而是终止于 10 站，这显然与事实不符，纵剖线应当到达舷墙顶线的位置。

操作方法：“交互三向光顺”→“编辑型值表”→“纵剖线控制信息表”，如图 5-20 所示。

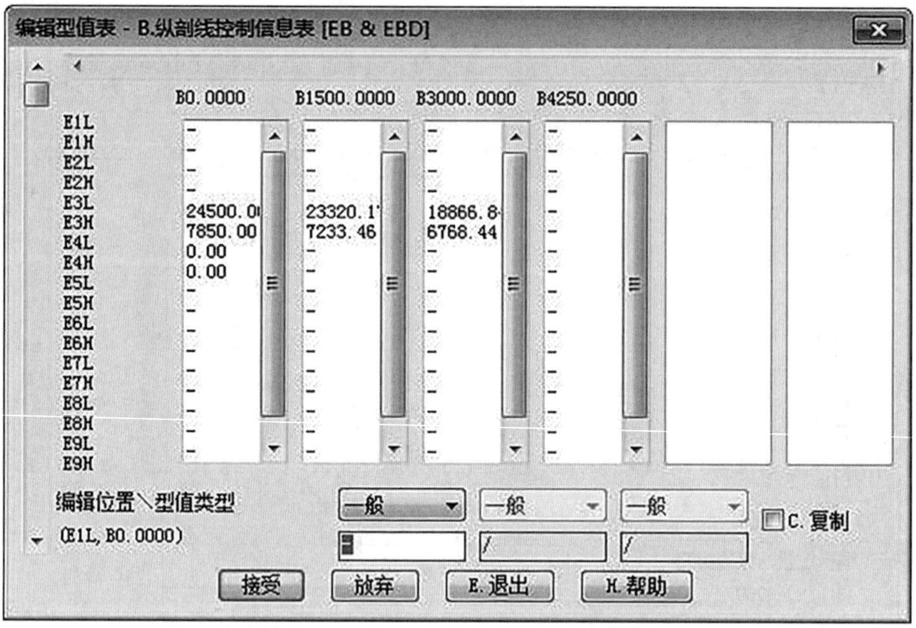

图 5 – 20　纵剖线控制点输入框

此表中 E3L 这一行输入各纵剖线与第一根空间线交点的距舯值；E3H 这一行输入各高度值。其他值的输入含义与之相同。

5.4.5　型线成形

通过上面的若干步操作型线已经基本成形了，但还是有许多位置与原始型线有很大的区别，这个我们可以通过将原始型线图（电子图形）与现在生成的图形放在一起对照得到。

为了让型线图更好调整，以及型线图的准确，以达到更细致的目的，需要在船体比较复杂的区域增加型线的数目，也可以增加水线、纵剖线和站线。

在“L. 定义编辑型线”中选择增加水线（如 300 水线）和纵剖线（如 700 纵剖线）及站线（如20250站线），这样这些型线在相应的型线图中就可以出现了，但是还没有建立三向联系。此时，选择“I. 插值网格线”，接受插值结果后型线生成完成。

通过上述操作，就相当于得到了加密的型线，这对型线的三向光顺有很大的帮助。

5.4.6　操作小结

操作目的：使各型线到达边界，型线基本成形。

操作步骤：

①在“站线纵剖线交点表”中填写 0 号纵剖线与站线的交点型值，并选中 0 号纵剖线，让其进行“插值与网格线交点”，这样就可以解决站线到舯的问题；

②选择 0 号纵剖线进行“插值与网格线交点”可以解决大部分水线到舯的问题；

③在“水线控制信息表”中将相应水线的末点导数（Dy1E）填写为“999999”，就可以解决水线与 0 号纵剖线垂直的问题，有必要的话可以填写水线圆头数据；

④在“空间线纵剖线交点表”中填写纵剖线与空间线的末尾交点型值，这样就可以解决纵剖线到顶的问题。

注意事项：

①并不是将所有格子线都与 0 号纵剖线插值，因为有些水线可能与 0 号纵剖线没有交点；

②并不是所有水线的末点导数都填写“999999”，因为并不是所有的水线都形成水线圆头；

③在填写水线末点导数时，要注意填写“999999”的是 Dy1E 这一行，而不是 Dy1B。Dy1B 表示的是起点导数，水线的起点为船艏附近，即 10 站位置，这里的导数一般情况下都是为 0 的。

5.4.7　光顺的数学原理

在型线三向光顺系统中，单根型线的型值点光顺采用圆率序列方法。该方法可直接对型值点进行光顺性判别和修改，而无须像一般的单根型线光顺方法那样，首先要对型值点拟合出曲线，然后再对型值点进行光顺性判别和修改。这在前面的圆率序列法光顺船体型线中已经有所涉及。

型值点的圆率序列实质上是型值点二次差商序列概念的进一步发展。它由相邻三点型值组成中间一点的圆率。相邻三点组成的圆率，其绝对值等于通过这三点组成的圆的半径的倒数。其符号与这三点中间一点二次差商符号相同。这样对给出的型线型值依次求圆率即可获得型值点的圆率序列，若首末型值点给出导数则可求得首末点圆率。若首末型值点没给出导数则取第二点型值点圆率作为首点圆率，末点圆率同样取最后第二点型值点圆率作为圆率。型值点的圆率序列的符号反映了型线的弯曲方向，其绝对值则反映了型线的弯曲程度，而圆率序列相邻两点的一次差的符号和绝对值反映了型线上相邻型值点弯曲程度变化的趋势，也就是型线的光顺程度。故利用型线型值点的圆率和圆率一次差可直接对型值点进行光顺性判别。

型值点光顺性判别准则如下：

①型值点圆率序列没有多余的变号，称为粗光顺。

②型值点圆率序列的一次差没有连续变号，称为精光顺。

在本光顺程序中首先对型线型值点求出圆率、圆率一次差、圆率二次差，然后根据圆率、圆率一次差自动判别其光顺性。

若型线型值点圆率符号没有连续变号，则认为其已达粗光顺要求。

若型线型值点圆率一次差符号没有连续变号，则认为其已达精光顺要求。

任务 5.5　光顺前处理

光顺前处理

前面生成的型线显然不能满足工程光顺的要求，需要进行光顺的调整。我们知道样条曲线的形成不仅与通过的型值点有关，端点条件的确定也至关重要。这些端点都是在船体的边界线上，所以在型线三向光顺以前，必须先对边界线进行光顺，这就是所谓的光顺前处理。

5.5.1 光顺前处理功能介绍

本系统提供了一些特殊船型的自动处理功能，利用这些功能就可以在三向光顺之前对船体进行预处理，以使三向光顺得出满足船型的结果。另外，为了保证三向光顺能顺利进行，船体边界线在三向光顺时是不会修改的，这些型线也需要在三向光顺之前进行处理。在本系统中，将上述两个处理功能合并起来，叫作前处理功能。在前处理中可以处理的边界线有基线、中纵剖线、边平线等，同时它可以进行特殊船型型线处理，如艉封板线、空间线、水线圆头切点线、底平升高线等，另外还可以进行水线站线的二向光顺。

在“交互三向光顺系统主菜单”中选择“P. 前处理”进入如图 5－21 所示界面。

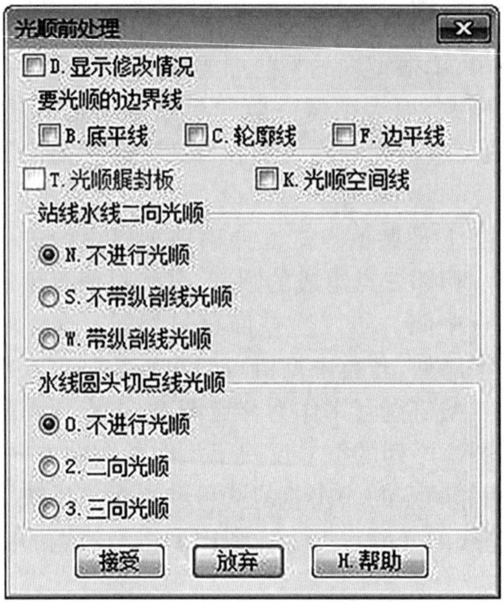

图 5－21　光顺前处理对话框

D. 显示修改情况：若设置此选项，则在前处理完成后显示前处理过程中所有修改过的型值的型值表位置及其修改量和每次修改的情况（光顺修改情况）。

B. 底平线：若设置此选项，则将进行基线、底平线的光顺处理，并且在光顺结束后自动插值所有纵剖线与它们的交点作为纵剖线的首点。

这样就得到了纵剖线在舯部的端点条件。我们知道在船体的舯部有平底，从而有了底平线，通过光顺底平线可以得到纵剖线的起点条件（型值和导数）。

C. 轮廓线：若设置此选项，则将进行轮廓线（中纵剖线）的光顺处理，并且在光顺结束后自动插值所有水线与它的交点作为水线的末点。

进行轮廓线的光顺，就是对 0 号纵剖线进行光顺，光顺后就可以得到水线的末端与中纵剖线的交点。

F. 边平线：若设置此选项，则将进行边平线的光顺处理，并且在光顺结束后自动插值所有水线与它的交点作为水线的首点。

我们知道，边平线就是用船体的最大半宽平面与船体相切得到的切线，这一切线所在的位置也正是水线的起点位置，通过光顺边平线就相当于得到了水线起点的端点条件（型值和导数）。

T. 光顺艉封板：若设置此选项，则将进行艉封板的光顺处理，并且在光顺结束后自动插值所有水线、所有纵剖线与艉封板交点的离舯值。

K. 光顺空间线：若设置此选项，则将进行空间线的光顺处理，光顺所有空间线，并且在光顺结束后自动插值所有水线、所有纵剖线与空间线的交点。

这样可以得到水线与龙骨线、纵剖线与甲板边线及舷墙顶线的交点，也就是说得到了水线和纵剖线的末端点的端点条件。

在手工放样中，对于型线的光顺是从光顺边界线开始的。数学放样是手工放样的数值描述，所以数学放样也是从光顺边界线开始的。

对上述边界线的光顺既是对型线边界条件的形成，也是进行三向光顺的开始和基础。

到现在为止，后半艏的船体型线已经成形了，可以进行前半艏的操作，其操作方法与后半艏类似，这里就不再赘述。

5.5.2　操作小结

操作目的：主要是将船体的边界线和空间线进行光顺，还可以进行站线水线的二向光顺及水线圆头切点线光顺。

操作步骤：

①点击“P. 前处理”进入“光顺前处理”界面；

②光顺边界线；

③光顺空间线。

注意事项：

①船体的边界线，如底平线、边平线要在“定义编辑型线”中给定；

②如果水线圆头没有给定，则不进行水线圆头切点线光顺。

任务5.6　船体型线三向光顺

船体型线三向光顺

船体型表面是一个具有三向曲度的光顺曲面，所以得到的各种剖面线也应当是光顺的。但是，由前述操作生成的曲线是根据通过若干型值点和两个端点条件确定的样条曲线，在这个过程中由于测量的误差或者是输入数据的错误都有可能造成误差的存在和曲线的不光顺。所以前面生成的船体型线并不是满足要求的曲线，还需要进一步调整，这个调整的过程就称为船体型线的三向光顺。

其实，船体型线的三向光顺从广义上说是一个很宽泛的概念，它包括了型线的形成，型线光顺的判别及不光顺的调整。而我们这里所说的船体型线的三向光顺只是对光顺的判别和对不光顺处的调整。

下面针对单根型线的光顺加以描述。

5.6.1　型值的调整原则

由于型值是设计部门给定的，这些型值直接关系到船舶的各项性能，故不可以随便改动，如果必须改动，其调整的幅度也要非常小。

原始型值一般不能改动,如果必须改动,一要控制改动的幅度非常小,二要对一切原始型值的改动做详细的记录,并通知设计部门。

非原始型值只要满足光顺的要求即可,改动的幅度没有限制。

水线以下的原始型值对船舶的航行性能影响较大,所以一般不要改动。如果必须改动,其要求也是相当严格的。

水线以上的原始型值对航行性能的影响较小,所以可以改动,只要保证船体外形美观即可。

5.6.2 光顺的顺序

与手工放样相同,进行三向光顺调整时,也是从横剖面开始,然后调整水线面,最后是纵剖面。但是船体型线要求有三向光顺,所以单单调整某一根剖面型线是达不到三向光顺的目的的,在实际操作中要统筹兼顾,相互协调,迂回进行。

在本系统中,只要在某一个剖面上改动某一个型值点,则其他两个剖面上的相应点也做改动,即本系统具有三向光顺性。这一点应该是本软件最为精华的部分了,为放样工作带来了莫大的便利。三向光顺顺序如图 5 – 22 所示。

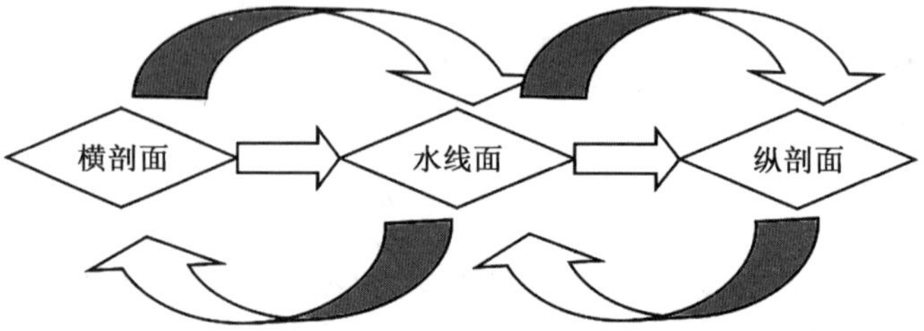

图 5 – 22　三向光顺顺序

5.6.3 光顺的方法

在手工放样时,若某点不光顺,则将压在此点附近的压铁去掉,使样条自然回弹,然后再将压铁压住,这样就使得此点的回弹力最小,也就越光顺。数学放样所采用的方法与手工放样类似。

当某型值点不光顺时,一般也是先把此点删去,在此点处让样条曲线自然回弹,然后再插值得到与格子线的交点,重新得到型值点。这一点就是光顺的型值点。

任务 5.7　单根型线的光顺方法

单根型线光顺方法

单根型线的交互光顺分成站线三向交互光顺和肋骨交互光顺两种。其菜单在交互光顺子菜单里。图形中必须显示着要处理的型线,此功能才会执行,否则,选此菜单将不做任何事情。

请用户在图形中选择要处理的型线。此时,若键入“Q”后回车,则系统退回交互光顺子菜单;若选了一根型线,则系统将所选型线上的型值点及与它三向相关型线上的相关点用"×"显示出来,然后显示单根型线交互光顺子菜单,进行单根型线交互光顺处理。这样就选中了要进行光顺处理的型线。

进行型线的光顺是一件非常复杂的事情,在手工放样中判断曲线是否光顺往往是依靠放样工人的经验。在数学放样中光顺与否可以通过一定的方法进行判断,但是光顺的过程还是很大程度上依靠经验,有经验的人可以在较短的时间内光顺完成,但经验不足的人所需要的时间可能不止成倍地增加。但是,相对于手工放样而言,效率还是提高了许多。一艘万吨级的船舶,如果采用手工放样,要得到全部的施工图纸资料可能需要许多人 1 ~ 2 个月的时间;而如果采用数学放样,可能只需要几个人 1 ~ 2 周的时间就可以完成。这就是科技的进步带来的实际效益。

5.7.1 光顺的判别

在进行光顺型线的过程中,进行光顺判别是非常重要的。联系前面所讨论的单根型线光顺性判别的方法,需要判别有无多余拐点和曲率变化是否均匀。

本系统所采用的光顺方法是圆率序列法,所以曲线光顺与否要判别圆率是否发生连续变号和圆率的一次差是否发生变号。这里满足圆率没有多余变号称为曲线满足粗光顺;圆率的一次差不发生连续变号称为曲线满足"精光顺"。

选中一个要光顺的型线,选择"M. 修改一个型值点",此时会出现图 5 - 23 所示情形。

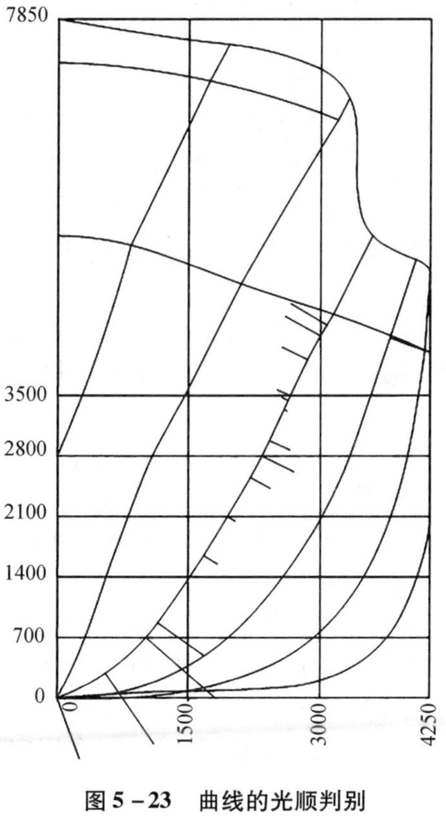

图 5 - 23 曲线的光顺判别

图 5 - 23 中,选中一根型线(第八站的站线)进行光顺,在这根型线上与其自身垂直的

地方出现了许多长短不一的线段,称这些线段为曲率棒,事实上就是该点的圆率。

根据所讨论的曲线光顺性判别的方法,如果曲线的弯曲方向发生了连续的改变,则说明有多余拐点,可以通过观察曲率棒的方向来判断曲线有无多余拐点;如果曲率棒突然出现在该型线的左侧(内侧),则说明可能有多余拐点存在。

没有多余拐点还不能说明曲线就是光顺的,还要继续判断曲率(这里为圆率)变化是否均匀,可以通过判断曲率棒长度的变化来判断曲率变化是否均匀。一般情况下,曲率棒的变化应该为:逐渐变长,然后逐渐变短;逐渐变短,然后逐渐变长;逐渐变短,然后通过某设计拐点逐渐变长。

曲线的光顺是一项需要经验的工作,所以是否光顺还需要读者朋友在操作的过程中不断积累经验。

5.7.2 光顺的方法

这里所说的光顺方法就是不光顺处的调整方法。在实际操作中,有时候不光顺的现象是非常明显的,通过目测就可以知道存在不光顺的现象,这个时候首先应检查是不是在输入型值的时候出现了错误,从而导致曲线的局部发生异常变化。

1. 增加一个控制点

选择不光顺的型线,在菜单中选择“增加一个控制点”项,在不是格子线的地方增加一个控制点,这样就可以修改曲线上局部不光顺的地方。同时需要注意的是,增加的控制点不能在格子线上,因为在格子线上的所有点都已经有了型值,不能再增加了。

2. 修改一个控制点

通过调整增加一个控制点的位置来使型线光顺往往是无法办到的,因此还需要对增加的控制点做修改,直到达到满意的效果为止。除了修改增加的控制点外,对其他的型值点也可以做适当的修改,但是尽可能地不要改动格子线上的型值点,因为改动了格子线上的型值点就有可能改变了船舶的排水量等,这是不允许的。如果必须改动,改变量也不能超过 ±5%。判断型线是否光顺是根据曲率棒的变化是否均匀和方向是否发生异常改变来判断。

3. 修改控制点类型

对于增加的控制点,有时除了要光顺型线外,还要用来控制型线在该点处的方向,所以增加的型值点可以通过调整它的类型来得到不同的效果。根据控制点的作用,可以将控制点分成以下四类:

①一般,这种控制点既控制了型线的走向,又使型线通过该点,达到调整型线的作用。

②走向,这种控制点只控制型线的走向,型线不通过此点。根据控制方法,走向又可以分为走向 X、走向 Y、走向 C。其中走向 X 和走向 Y 目前尚未使用,走向 C 用于现在的自动排序中。

③固定,这种控制点除了具有一般控制点一样的作用外,其值还是不允许修改的。

④折角,这种控制点除了具有固定控制点一样的作用外,使型线在该点产生折角。

控制点的类型可以分别对其 X、Y 分量进行设置,只要其中一个分量的控制类型被设置为走向或折角,则该控制点就是走向或折角点了,而一般和固定类型可以分别对 X 和 Y 分量进行设置。

在型值点顺序出现错误的前一个点的正确方向上加入控制点,并且将其控制点类型设置为走向 C,可以改变型值点的排列顺序,从而达到调整型线的目的。

另外，虽然型值点顺序没错，但型线在较大空挡处不好，这时也可以在该空挡处加入一个型值点，以调整型线弯曲程度。同时可以将该点的控制类型设置为固定或折角。

注意 并不是所有的点都可以修改其类型，只是针对所增加的控制点，这样做主要是为了调整型线的光顺和控制型线的走向。

操作方法："S. 选择型线样条"→"C. 修改控制点类型"→在选择的型线样条上选择你要修改类型的点。

当选择的不是所增加的点，而是原来型线就存在的型值点的时候，系统提示如图5－24所示。

图5－24 系统提示

当正确选择了控制点后，系统提示如图5－25所示。

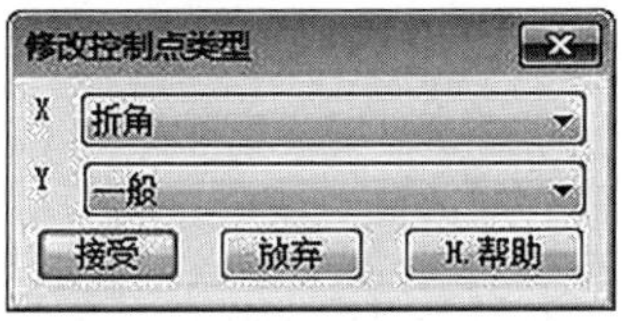

图5－25 系统提示

此时可以根据需要选择X和Y的类型，其意义前面已做介绍，这样就可以得到不同的效果。

注意 控制点不是型值点，当设置了控制点后，在下次再选择该型线时，所设置的控制点并不显示。但是如果X和Y的类型都是"一般"，系统认为它就是一个型值点，选择型线时，该型值点是可以显示的。

4. 删除一个型值点

当发现型线的某一个型值点明显引起曲线不光顺时，为了达到光顺的目的，可以将该型值点删除，这类似于手工绘图中的弃点连线。此时系统提示如图5－26所示。

图5－26 系统提示

点击"确定"按钮可以将所选型值点删除。删除后型线在此点就可以自然回弹，就像手工放样中将压铁提起一样。

5. 自动粗光顺整根型线

将整根型线进行粗光顺,并自动更新修改了型值的所有型线的图形。这里所说的粗光顺就是指如果型值点列对应的圆率序列没有正负符号突变,则称此型值点列达到了粗光顺要求。

6. 自动精光顺整根型线

将整根型线进行精光顺,并自动更新修改了型值的所有型线的图形。这里所说的精光顺就是指如果型值点列对应的圆率一次差序列没有正负符号突变,则称此型值点列达到了精光顺要求。因此精光顺必须在粗光顺的基础上才有意义(即如果圆率序列不好,则圆率序列一次差是没有意义的)。

5.7.3 操作小结

操作目的:将船体型线调整光顺。

操作方法:

①进入船体型线"交互三向光顺"主菜单,点击"选择型线样条";

②通过"曲率棒"的变化来判断曲线的光顺性;

③通过"增加一个控制点""删除一个型值点""修改控制点类型"等方法进行单根型线的三向交互光顺。

注意事项:

①尽量不要修改格子线上的型值点;

②所增加的控制点不要在格子线上;

③所增加的控制点大部分系统不认为是型线上的点,而只是用来控制型线在某处的走向的;

④调整光顺是要三个视图统筹兼顾,同时要注意光顺的步骤。

任务 5.8 肋骨型线生成

肋骨型线生成

在船体型线基本光顺完成后,就可以进行肋骨型线定义和生成了。在生成肋骨以前,首先需要对肋距肋位进行定义。

5.8.1 肋距定义

点击"L. 定义编辑型线"进入"设置型线"界面。在右侧的"L. 型线类型"中选择"F. 肋骨线"。在"新 F 肋骨线"中输入肋号;在"P. 间距"中输入肋骨间距。

在型线图中本船的肋距:40 号肋位距离船舯 250,从 41 到 85 号肋位的肋距都是 550。

定义方法:在"新 F 肋骨线"中输入"40",表示 40 号肋骨;在"P. 间距"中输入 250,表示 40 号肋位距离船舯 250,按回车键,或点击"A. 增加新型线",则一根肋骨定义完成,再在"新 F 肋骨线"中输入"85",表示 85 号肋骨,在"P. 间距"中输入 550,表示 85 号肋骨为最后一根肋骨,为最靠船首肋骨,按回车键定义完毕。

可以看出,这里定义肋骨就是告诉系统各肋骨之间的肋距是多少,主要是特殊肋距的定义,如图 5-27 所示。

这是前半艏肋骨的定义，后半艏要比前半艏复杂一些，因为前半艏没有特殊肋距。

40 250 最靠舯肋骨

85 550 最后一根无特殊肋距肋骨

这就完成了前半艏肋骨肋距的定义。

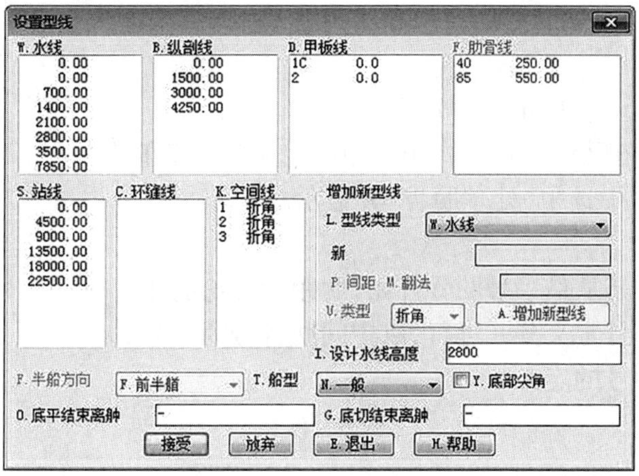

图5－27 肋距定义

5.8.2 肋骨生成

定义完肋骨后，在“交互三向光顺系统主菜单”中点击“G. 生成肋骨型值表”，可以发现在横剖面图中，一根根肋骨型线自动出现了，如图5－28所示。

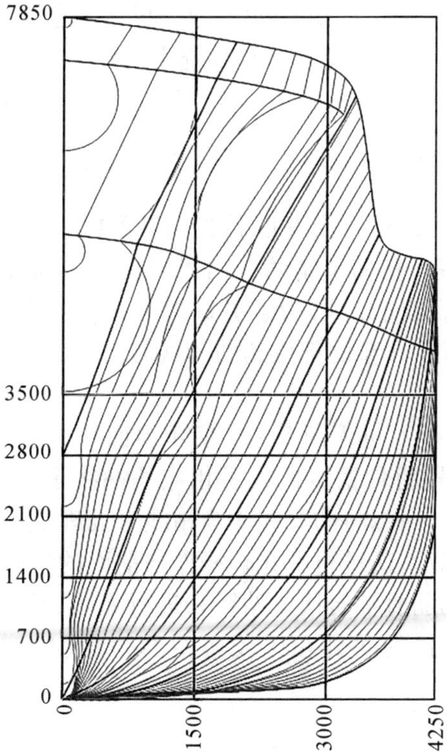

图5－28 肋骨线生成

生成肋骨后，存储船体型值表。等再一次读取船体型值表的时候，就会发现船舶的型态为 FBN，而原来的型态为 SBN。这里的 F 表示存在了肋骨。

5.8.3 操作小结

操作目的：通过定义肋骨的肋位号和肋距自动生成船体肋骨。

操作方法：

①在“定义编辑型线”中定义肋骨线；

②在“交互三向光顺系统主菜单”中点击“生成肋骨型值表”；

③在“显示控制”中选中“处理肋骨”并显示。

注意事项：

①定义肋骨线时是从最小号肋骨开始，肋距为理论肋距；

②前后半艏的肋骨定义分开进行，以中间肋骨号为分界；

③重点是特殊肋号的定义。

任务 5.9 肋骨线处理

肋骨线处理

肋骨型值是通过对横剖线的插值得到的，这也就是说肋骨型线的好坏取决于型线的好坏。型线的不光顺往往会导致肋骨型线的不光顺，如果型线的光顺做得不好，那么刚刚生成的肋骨型线肯定很不光顺，因此必须对其进行光顺处理。

点击主菜单上的“显示控制”，可以看到“P. 处理肋骨”已经变得可用了，在其属性框中选中“处理肋骨”，接受后进入“三向交互光顺系统主菜单”。此时可以发现这里的菜单与前面所操作的菜单在内容上发生了很大的变化，这里主要是处理肋骨的。

5.9.1 肋骨线转站线

点击“M. 交互肋骨光顺”，进入“交互肋骨光顺”菜单。我们知道船体的型线不是一根根孤立的线条，而是相互联系、互相牵制的三向光顺曲线。通过定义肋骨位置来插值得到的肋骨型线显然还没有进入三向光顺，为了更好地光顺肋骨型线，我们往往把一些不光顺的部位、曲线变化较大的部位、典型的部位的肋骨线转变成站线，然后再进行三向光顺。这一操作称为肋骨线转站线。

点击“O. 肋骨线型转站线”，进入图 5－29 所示界面。

双击右侧的肋号，则该号肋骨就转换成了相应的站线了。从本质上讲，肋骨线和站线一样都是船体的横向剖面线，所以将肋骨线作为站线来处理是完全可以的。

将肋骨线转换成站线以后，所进行的光顺操作与前面的型线的光顺操作是相同的。

注意 并不是将所有的肋骨都转换成站线来进行光顺，对于一般的肋骨而言是不需要的，只是那些比较复杂的位置的肋骨和比较典型的肋骨（如艏艉及舯部的几根肋骨）才转换。

图5－29　肋骨转站线

5.9.2　肋骨线的光顺

并不是所有的肋骨线都需要转换成站线才可以进行光顺处理，对于大部分没有转换成站线的肋骨线，也可以选取该肋骨型线，通过增加一个型值点、删除一个型值点等方法来进行光顺，其方法与单根型线的交互光顺方法是一样的，这里就不再赘述了。但是值得注意的是，这里的肋骨线的光顺不是三向光顺，在光顺肋骨型线时对其他两个剖面的图形并没有影响。

5.9.3　肋骨三向检查

通过上述方法对肋骨型线进行一系列的光顺处理后，肋骨型线已经基本满足了光顺的要求，此时就可以进行肋骨三向检查了。

操作方法："交互三向光顺系统主菜单"→"F.肋骨三向检查"。

肋骨型线除了转换成站线的以外，其他肋骨线都没有参与三向光顺。是不是肋骨型线不要求三向光顺呢？其实不然，肋骨型线也同样要求有三向光顺性。

我们知道，肋骨线从几何意义上说与站线同样为船体的横向剖面线，可以认为是加密了的站线。在光顺肋骨型值时，对肋骨型值调整的同时也会对其他两个剖面产生影响。

在进行型线光顺调整时，在一个剖面上调整一个型值点，在其他两个剖面上相应的点也随之发生改变。而在进行肋骨型值光顺调整时，因为肋骨型线没有建立起三向联系，所以在调整光顺肋骨型线时，其他两个剖面并没有发生任何变化，但是它们的影响还是存在的，只是没有显现出来而已。我们进行肋骨三向检查就是为了检查肋骨型线的光顺对水线和纵剖线的影响，也就是检查肋骨型线的三向光顺性。

肋骨三向检查用于检查光顺后的肋骨线是否满足三向光顺，进入此菜单后，系统显示图5－30所示的提问对话框。

图 5 - 30　提问回答对话框

点击“确定”按钮则进行三向检查,并且在检查结束后显示光顺修改情况;点击“否定”按钮则进行三向检查,但不显示光顺修改情况;点击“取消”按钮则不进行三向检查。最后都回到主菜单。

系统显示三向检查后带肋骨型值的水线面和纵剖面上的所有型线,并且将有修改的型线用黄色显示。检查完成后,若有修改,则系统显示图 5 - 31 所示的提示警告对话框。

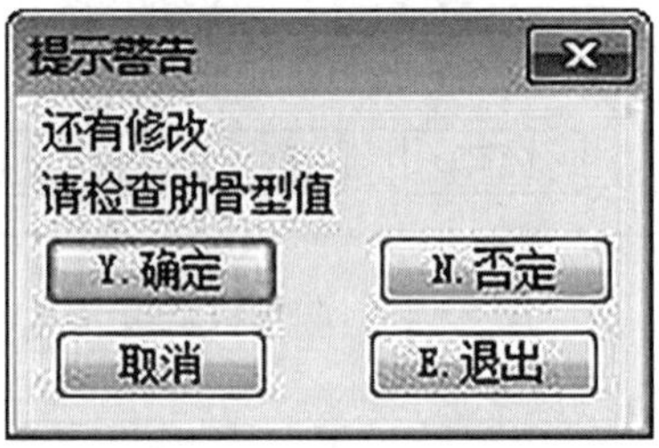

图 5 - 31　提示警告对话框(1)

若无修改,则系统显示图 5 - 32 所示的提示警告对话框。

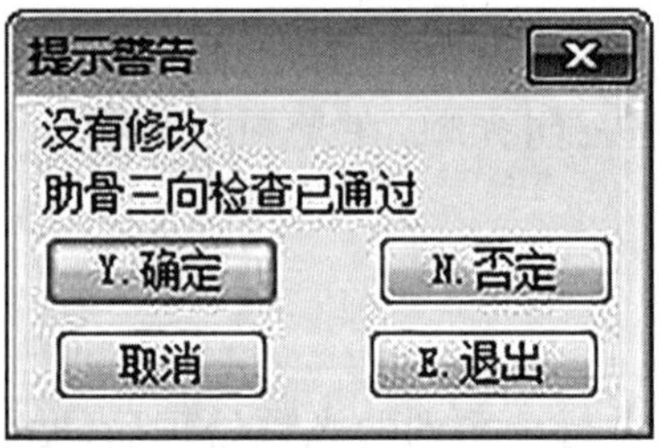

图 5 - 32　提示警告对话框(2)

这表明肋骨满足了三向光顺性。

此时可点击“退出”按钮暂时退出本系统,对带肋骨型值的三向型线进行观察等处理,点击其他按钮系统则删除带肋骨型值的水线和纵剖线,然后回到主菜单。

肋骨三向检查完成后,系统生成两个输出文件“FHW 船名. DAT”和“FHB 船名. DAT”,它们分别是肋骨型值点的水线面样条文件和纵剖面样条文件,检查通过后,它们更名为“SLW 船名. DAT”和“SLB 船名. DAT”,这两个文件与“DFF 船名. DAT”一起组成完整的肋骨型线样条文件。

5.9.4　生成输出文件

肋骨三向检查通过后,要生成输出文件,即生成一些必需的文件为后面的工作做前期的文件准备工作。

本菜单用于进入生成输出文件的功能。在“交互三向光顺系统主菜单”中选择“O. 生成输出文件”。生成输出文件对话框如图5－33所示。

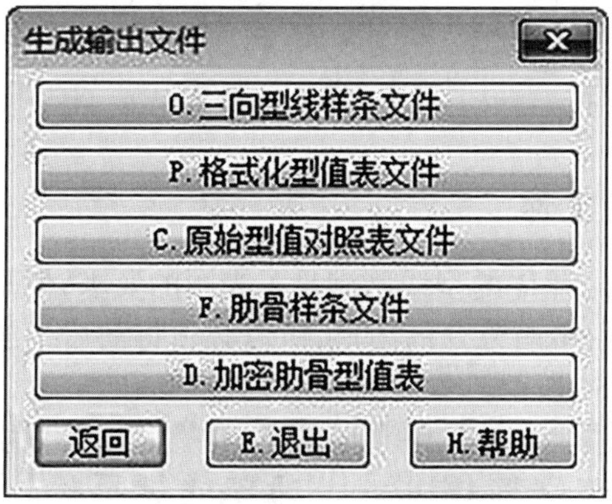

图5－33　生成输出文件对话框

1. 三向型线样条文件

用于生成站线型值在水平面、纵剖面、横剖面上的所有型线的样条文件，文件名分别为：水平面“SLW船名. DAT”、纵剖面“SLB船名. DAT”、横剖面“SLS船名. DAT”。

2. 格式化型值表文件

用于将各个型值表按表格形式输出到文件“TAB船名. DAT”中。

3. 肋骨样条文件

用于生成肋骨型值在横剖面上的所有型线的样条文件“DFF船名. DAT”。

4. 加密肋骨型值表

进入加密肋骨型值表操作，生成加密肋骨型值表文件“TFM船名. DAT”。

一般情况下只选用“三向型线样条文件”和“肋骨样条文件”。点击后系统自动生成所需要的各种文件。

5.9.5　操作小结

操作目的：进行肋骨型线的三向光顺并生成三向型线样条文件和肋骨样条文件。

操作步骤：

①在“显示控制”中选择“处理肋骨”；

②将特殊和典型肋骨型线转为站线进行交互三向光顺处理；

③对肋骨型线进行光顺；

④进行“肋骨检查”，检查肋骨的三向光顺性；

⑤点击“生成输出文件”，生成“三向型线样条文件”和“肋骨样条文件”。

注意事项：

①并不是所有的肋骨都转换为站线进行光顺，只是针对那些特殊位置和典型位置的肋骨才进行转换；

②肋骨三向检查如果没有通过的话，后面的型线后处理乃至结构系统都是无法进行的，所以一定要通过肋骨三向检查。

任务 5.10　后期准备工作

后期准备工作

5.10.1　外板肋位文件

通过前面的各项操作，船体的型线已满足了光顺的要求，但是船体的型线图应该是一个完整的图形，而不是前后半艏分开的图形，所以必须将前后半艏的图形拼接起来。外板肋位文件对话框如图 5－34 所示。

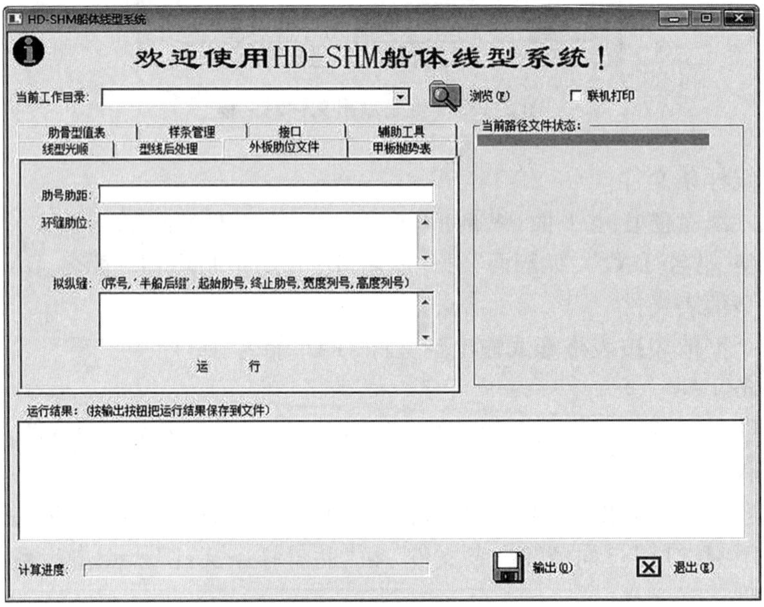

图 5－34　外板肋位文件对话框

进入 HD－SHM 船体线型系统，选择“外板肋位文件”按钮。在“肋号肋距”栏中输入本船不同肋位的肋距。输入方法如下：

肋号 1，建造肋距 1，肋号 2，建造肋距 2，…，肋号 N，建造肋距 N

本船的肋位肋距在前面已经做了说明，在这一栏中应当输入如下内容：

－5，550，－1，550，0，550，85

在环缝肋位这一栏中输入船体的环缝肋位信息，这一信息也可以在所提供的原始资料中得到。船舶环缝所在位置是一个有 4 位小数的实数，其中整数部分表示肋位号，后面的 4 位小数表示从该肋号向艏增加的距离。如0.0100就表示该环缝在距离 0 号肋位向艏移动 100 mm的位置。

拟纵缝输入框是用来给定拟纵缝的描述数据。所谓拟纵缝线，就是参加船体线型三向光顺的纵向折角线，它们在外板系统中作为外板的纵缝线。它的属性在线型系统说明书中都有相应的说明，这里就不做过多的说明。

5.10.2 样条转换

在 HD－SHM 系统中，船体型线样条文件有以下三个：

肋骨线文件　　FRAME??. DAT；

水线型线文件　　WLINE??. DAT；

直剖线型线文件　BLINE??. DAT。

它们都是二进制形式的文件，不能通过文本编辑来生成、查看和修改。要查看或修改二进制样条文件，可把它们转换成文本格式的样条文件。文本格式的样条文件名可任意定义，但扩展名规定为 DAT，在输入时不需键入扩展名。文本格式的样条形式如下：

55555　样条名　定位面坐标　节点个数 n　u1　v1

r2　u2　v2　r3　u3　v3

………………………………………………………

rn　un　vn

样条转换属性页提供下列功能：

①二进制样条文件转换成 ASCII 样条文件（＝＝>）；

②通过该功能可查看二进制样条文件中的内容；

③ASCII 样条文件转换成二进制样条文件（<＝＝）；

④通过该功能可生成、替换、修改二进制样条文件中的样条；

⑤给肋骨线补充平边段；

⑥通过该功能，某些来自其他系统的省略底平段和边平段的肋骨线样条能添加出平边段，从而满足 HD－SHM 系统的肋骨样条格式；

⑦由水线、纵剖线和肋骨线插端缝线。

通常，外板端缝线应由船体型线三向光顺程序生成。但当船体型线并不是由 HD－SHM 系统光顺，却需要生成外板端缝线时，可通过本功能由水线、纵剖线和肋骨线来插端缝线。当存在水线和纵剖线样条时，由水线和纵剖线来插端缝线；当没有水线和纵剖线样条时，由肋骨线来插端缝线。使用本功能，可得到精度令人满意的端缝线样条（摘自《船体线型系统用户手册》）。

1. 样条转换

这里首先需要做的是将 ASCII 样条文件转换成二进制样条文件，转换后可以生成肋骨线文件或水线文件或纵剖线文件，转换方法为：在 ASCII 样条文件下面的输入框中输入“DFFb01”，此时可以发现左箭头变蓝，可以使用了，点击该左箭头，系统会提问“是艉部横剖线吗?”，如实回答，则样条转换完成。样条管理对话框如图 5－35 所示。

这里需要注意的是，输入的 DFFB01 并不是一成不变的，而是根据船名的不同而不同的。其中 DFF 为固定格式，而后面的 B01 就是我们所定义的船名，用户可以根据自己所定义的船名来输入 ASCII 文件，如 DFF325 等。如果输入该 ASCII 文件后发现左箭头并没有变蓝，就说明输入的文件名不对，系统无法找到该文件，或者还没有生成该文件。

还可以将二进制文件转换成 ASCII 文件，转换方法是在二进制文件中选择肋骨样条文件或水线样条文件或纵剖线样条文件，这时右箭头也变蓝，只需要点击右箭头即可。

2. 给肋骨样条补充边平段和底平段

运行前，在当前工作目录，必须存在肋骨线文件 FRAME??. DAT。

运行时将会弹出一个新的对话框，并要求用户分别输入边平顶点高和边平顶点宽的值。对话框形式如图 5－36 所示。

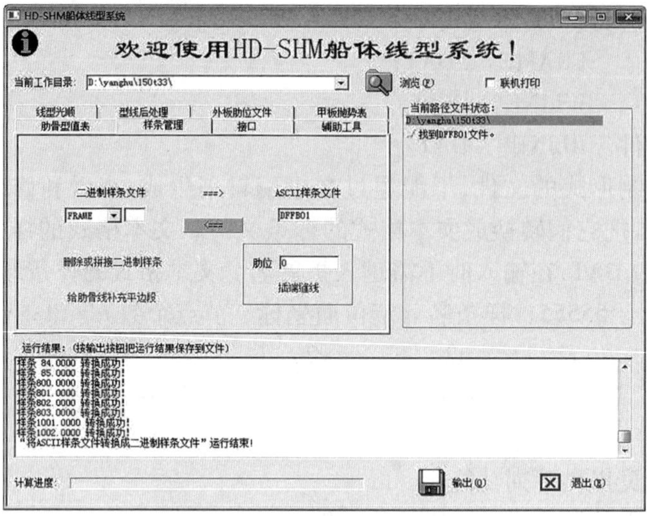

图 5－35　样条管理对话框

图 5－36　给肋骨样条补充边平段和底平段对话框

点击“确定”按钮，系统即从肋骨线样条文件中取出各样条，对起点不在船舯的样条补充到船舯的底平段，对终点宽度等于“边平顶点宽”，但高度小于“边平顶点高”的样条补充边平段。运行后将得到新的二进制样条文件 FRAME??. DAT。

3. 插值端缝

用户给出端缝线的肋位，整数部分为肋号，小数部分为向艏增加的距离。点击“插端缝线”按钮，系统即生成指定肋位的端缝线的样条。如果端缝线有折角，则系统会在生成的端缝线中相应地给出折角。

生成的端缝线样条以文本格式存放在指定的样条文件中。用户可观察其数据，认可后，再点击本属性页的“＜＝＝”按钮，把生成的端缝线样条送入肋骨线样条文件（摘自《船体线型系统用户手册》）。

操作方法：在“ASCII 样条文件”输入框中输入端缝线名；在“肋位”输入框中输入端缝线的肋位，整数部分表示肋号，小数部分为向艏增加的距离；点击“插端缝线”，系统自动生成指定肋位的端缝线样条。

作用：用于生成外板展开图中的非正常肋位上的端缝线。插值端缝对话框如图 5－37 所示。

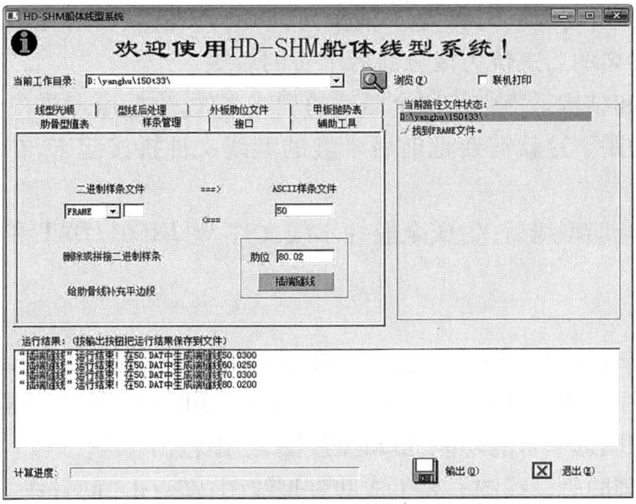

图 5－37 插值端缝对话框

对于本船而言，在“ASCII 样条文件”输入框中分别输入 50，60，70，80，在“肋位”输入框中分别输入50.0300，60.0250，70.0300，80.0200。

这样艉部的端缝就插值完毕。

4. 型线后处理

完成上述操作后就基本完成了线型系统的所有内容，但是到现在为止，船体的型线图仍然是前后半艏分开的，这与我们的要求显然是不符的，所以必须将前后半艏的型线图拼接起来。型线后处理就是完成这项工作的。

在 HD－SHM2005 船体线型系统中，选取“型线后处理”项，输入工作目录 F:/yanghu/yh33，可以看见前半艘和后半艘型线文件名后缀里分别为 f01 和 b01。

型线后处理对话框如图 5－38 所示。

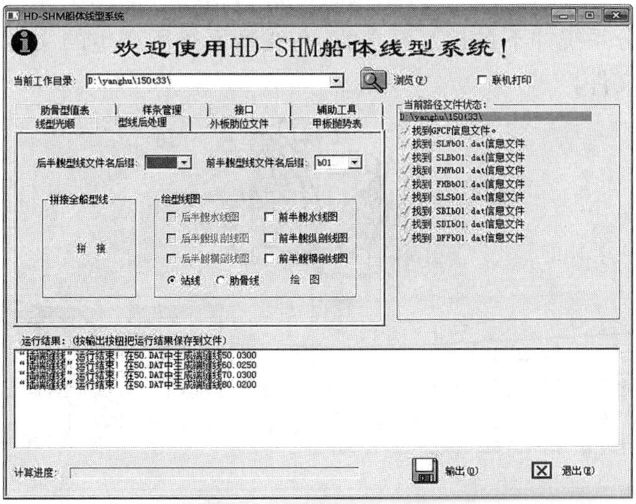

图 5－38 型线后处理对话框

（1）拼接全船型线

在 HD－SHM2005 系统中，船体线型光顺是分前后半艘分别光顺的。光顺时坐标原点在船舯(10 号站线)处,向艏或向艉为 X 轴正向,肋距为理论肋距;光顺后分别生成前后半艘的型线文件,文件名的后三位为区分前后半艘的后缀。

但在外板系统和结构系统中使用全船性的型线文件,坐标原点要在 0 号肋骨处,向艏为正,肋距采用建造肋距。这就需要把前后半艘的型线文件拼接起来,在拼接时把理论肋距改造为建造肋距。

本属性页拼接全船型线后,生成全船性水线文件 WLINE01. DAT 和全船性纵剖线文件 BLINE01. DAT。

(2)绘型线图

利用此功能,可以选择绘制后半艘水线图、纵剖线图、站线图、前半艘水线图、纵剖线图、站线图,生成型线绘图文件 DRLF. HDG,并立即启动图形平台,在图形平台中显示要绘制的型线图形,利用图形平台的功能,编辑型线图,绘图输出。

本属性页也处理肋骨型线图。要生成肋骨型线图,需点击"肋骨线"。选中"绘型线图"下面 8 项中的 7 项(站线和肋骨线任选一项),点击"绘图"自动回到 AutoCAD 界面,生成 6 种图,检查线型的光顺性(摘自《船体线型系统用户手册》)。

其实这里的操作比较简单,当前面的工作都做完后,进入型线后处理,注意在当前工作目录中输入你所操作的目录。一般情况下,后半艏型线文件名后缀和前半艏型线文件名后缀都会自动正确出现,如果没有或者不正确的话操作人员也可以人为选择。这个时候左下侧的"拼接"按钮变蓝,点击会拼接前后半艏型线文件,但此时只是文件拼接完成,图形还没有显示出来,如要显示拼接情况,则要在右下侧的绘制型线图中选中你要绘制的型线(如后半艏水线、前半艏纵剖线等),再选择你绘图所采用的是站线还是肋骨线,通常选择站线,此时"绘图"按钮早已变蓝,点击"绘图",系统自动进入 AutoCAD 界面,进行型线图的绘制。这个时候我们需要做的就是将这里生成的前后半艏型线图按照要求拼接到一起。

拼接完毕后,在 AutoCAD 界面中会产生图 5 - 39 所示的图形。到现在为止,线型系统的操作已经基本完成,下面就可以进入结构系统进行结构方面的工作,但是需要注意的是,本系统下面的三个分系统并不是相互孤立的,在线型系统所产生的文件往往是结构系统和外板系统所必需的文件。

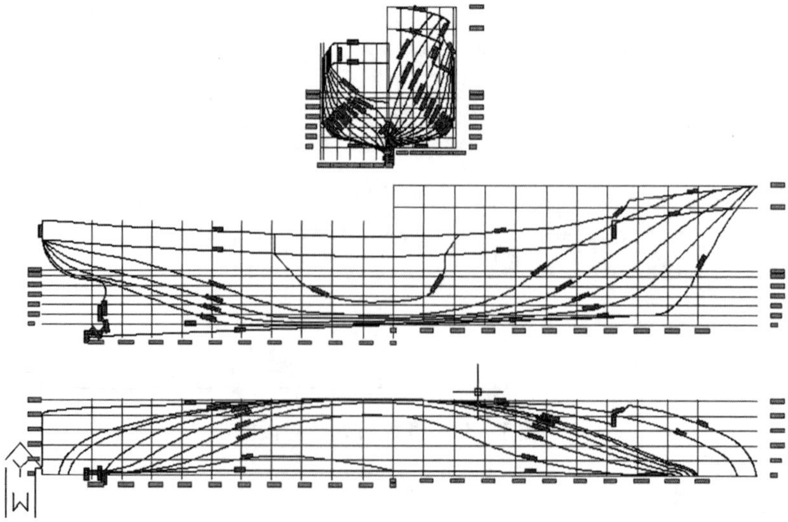

图 5 - 39　拼接后的型线

5.10.3 操作小结

操作目的:拼接全船型线图。

操作步骤:

①准备外板肋位文件;

②进行样条转换,将 ASCII 样条文件转换成系统识别的二进制样条文件;

③插值端缝线,生成外板展开中的非正常肋位上的端缝线;

④型线后处理,拼接全船型线并绘制全船型线图。

注意事项:

①外板肋位文件中准备的肋距为建造肋距;

②外板肋位文件中准备的肋号肋距是针对全船的,不再是半艏的了;

③注意环缝肋位各数字所表示的含义;

④一定要注意你所操作的当前工作目录是不是你所处理的船舶;

⑤这些数据都可以在原始资料(如原始的基本结构图和外板展开图)中找到。

任务 5.11 HD-SHM2005 船体线型系统操作小结

线型系统就是根据给定的型值表型值和边界线条件生成相应的型线,将这些型线按照要求进行三向光顺,插值生成对应的肋骨型线并进行肋骨型线的三向光顺,然后根据肋骨生成相应的各种样条文件,最后将光顺好的前后半艏型线拼接形成完整的船体型线图。

5.11.1 线型系统的工作思路

线型系统的工作思路如图 5-40 所示。

5.11.2 补充说明

这里给出的线型系统的操作方法并不是固定不变的,其操作方法可以根据船舶类型的不同和操作者的习惯不同而变化。等读者朋友熟练操作本系统后就会发现系统还是有很大的灵活性的。另外,这里给出的操作方法并没有将所有的功能都实现,只是将一些常用功能的操作方法给予了说明,这一点请读者朋友务必要注意。在操作过程中如果还需要其他功能,可以参阅系统提供的帮助和软件说明书,这里限于篇幅不可能将所有的操作方法都给出。

【思考与练习】

1. 进行 150 t 冷藏船艉部型线交互三向光顺。
2. 简述端点处理操作的步骤。
3. 什么是前处理?

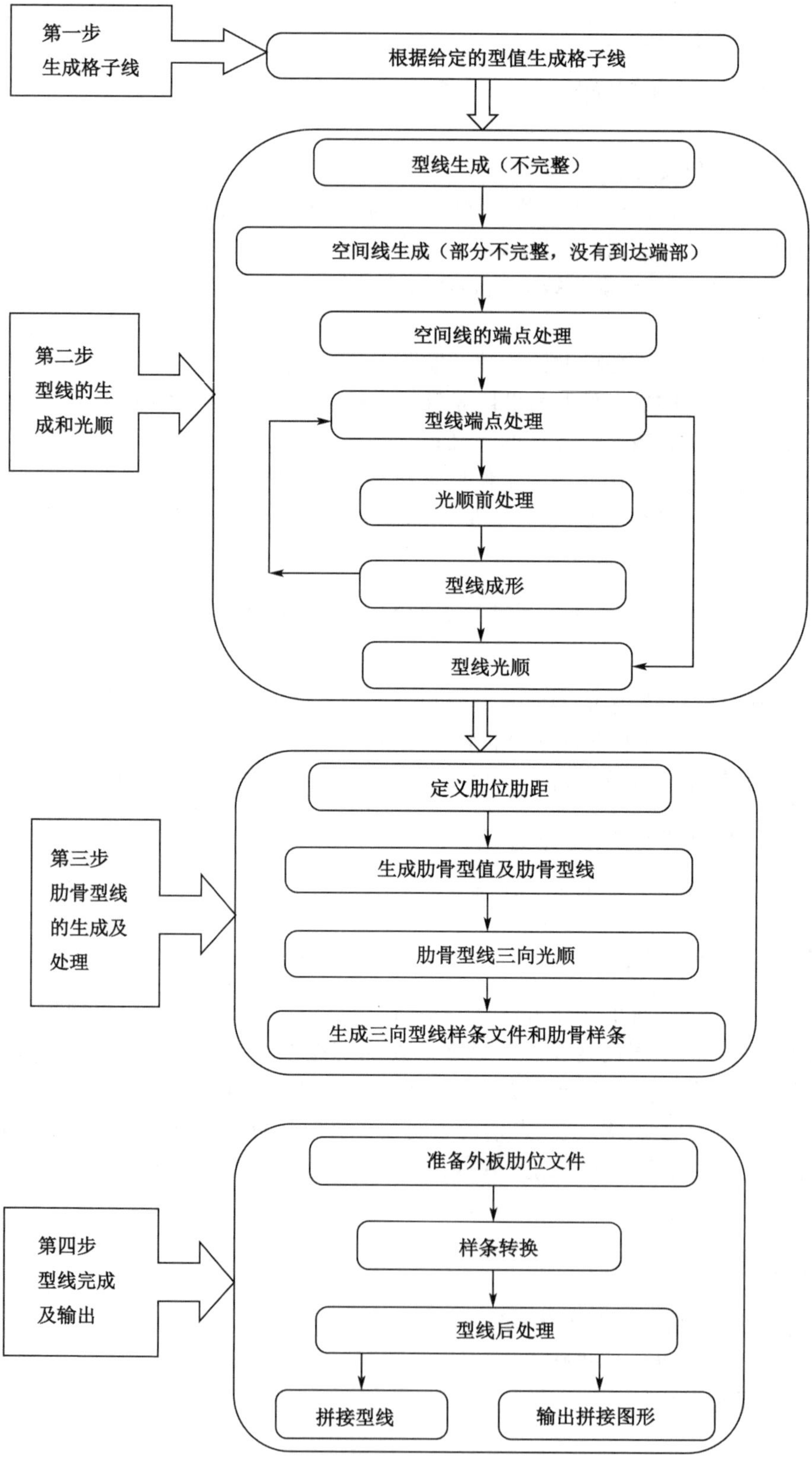

图 5－40　线型系统的工作思路

项目 6　HD – SHM2005 结构系统

【项目任务】

本项目的任务是 150 t 冷藏船零件生成及套料。

【学习内容】

1. 结构线描述文件及结构线计算。
2. 零件生成及套料。

【能力目标】

1. 能够正确创建结构线描述文件。
2. 掌握交互式编程和绘图生成零件的方法。
3. 能生成套料图和数控切割文件。

任务 6.1　结构线描述

结构线描述

6.1.1　概述

船体结构数学放样是用计算机生成船体结构零件，给出零件图、零件套料图、数控切割文件，以及有关加工用和生产管理用的数据。

船体结构数学放样流程如图 6 – 1 所示。

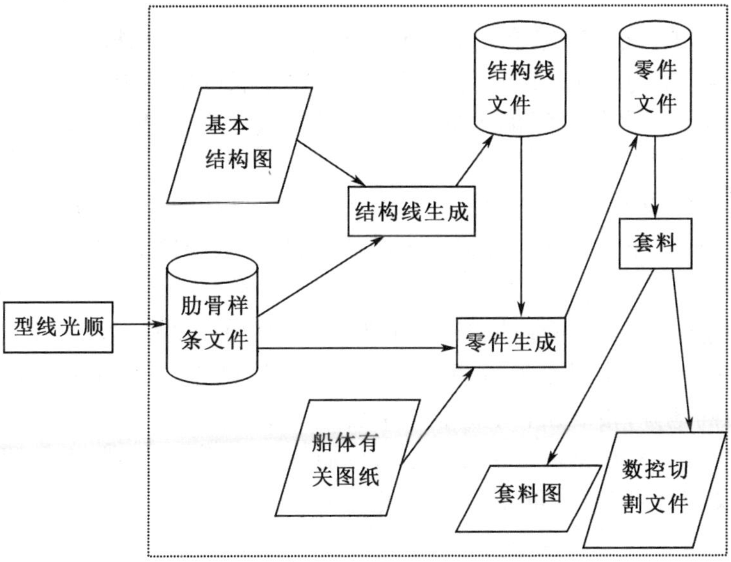

图 6 – 1　船体结构数学放样流程图

上面流程图的虚线框中是结构数学放样的内容,图中比较清楚地反映了数学结构放样所生成的文件和所需要的东西,这也正是 HD - SHM2005 结构系统的工作原理和流程。

6.1.2 结构线生成

由上面的流程图可以看出,结构线生成需要肋骨样条文件和基本结构图。肋骨样条文件在线型系统中已经生成,基本结构图是我们的原始资料,但是基本结构图要提供什么数据呢?

在船体中,构件与构件、构件与外板的纵向接口线及构件的纵向折角线、外形线统称为纵向结构线。

在结构数学放样中首先进行结构线的生成,其目的:一是为以后结构零件划分纵向切口提供依据;二是能够生成带有结构线的肋骨型线图,作为外板展开、结构零件检验的依据;三是为装配划线提供依据。

结构线的生成过程如图 6 -2 所示。

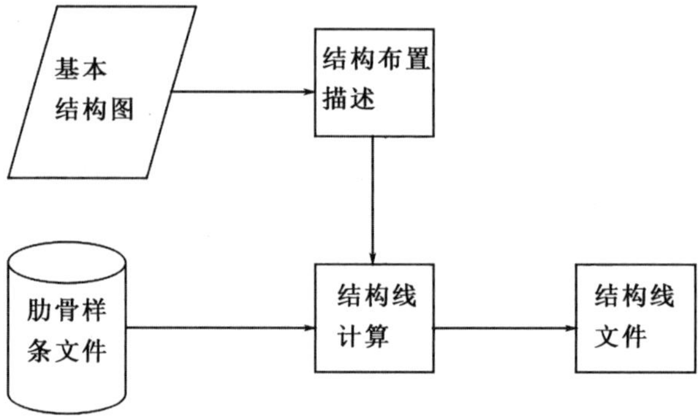

图 6 -2 结构线生成流程图

6.1.3 结构线描述

根据上面的讨论,我们知道第一步需要将船体的结构线准确描述出来,只有这样才能进行结构线的计算、结构线的生成及后续工作。怎样才能得到结构线描述文件呢? 我们需要在基本结构图中读取各结构线的数据,这样也就回答了前面所提出的"基本结构图要提供什么数据"这一问题。

结构线描述文件 JGXD??. DAT 由人工准备,描述了结构线的布置情况。

在工作目录中(这里为 F:\yanghu\150t33)建立一个 jgxd33. dat 文件,用来编辑结构线描述文件。

注意 这里 jgxd 是固定不变的,33 为所建立的工作目录的最后两个字母。前面已经说过,建立工作目录时最好是建立最后两位为数字的文件夹名,原因也在于此。应该说这是本系统不太理想的地方,相信在后期的版本中会有所改变。

这里需要注意的是,在 Windows 界面下有可能编辑不了 dat 文件,我们可以先建立一个 jgxd33. txt 文本文档,然后通过重命名的方式或者是在 dos 状态下用 rename 命令来完成文件的属性改变。

在 jgxd??. dat 文件中编辑结构线描述文件,这是一艘5 000 t船舶的结构线描述部分文件。

'5000t', -5,600.5,171,1e30,124.005,135.055/

1101, -5,171,1,0/

1102,37,148,1,600/

1103,38,148,1,1200/

1104,37,148,1,1800/

1105,38,148,1,2400/

1106,39,148,1,3000/

1107,38,148,1,3600/

1108,39,148,1,4200/

1109,38,148,1,4800/

1110,39,148,1,5400/

结构线描述文件由三部分数据组成:肋距说明数据块、结构线布置说明数据块、结构线关系说明数据块。

下面分别对三部分数据进行说明,在说明中采用的符号意义如下:

a 表示作为参考线的结构线名;

d 表示角度值,以度为单位;

B 表示半宽值,以毫米为单位;

H 表示高度值,以毫米为单位;

L 表示肋位,其整数部分表示肋号,小数部分(四位小数)表示向艏加多少毫米。

结构线描述文件中,肋距说明数据块为一个记录;结构线布置说明数据块中每一结构线布置说明为一个记录;结构线关系说明数据块也为一个记录。各记录以"/"结束,记录中各数据以","分隔。

1. 肋距说明数据块

肋距说明数据块给出肋骨号、半肋骨号和各挡肋距,为船体定一个纵向坐标轴。

肋距说明数据块的格式如下:

'船名',L1,d1,L2,d2,…,Ln,1E30,BL1,BL2,…,BLm/

这里,船名是字符常数,注意要用引号括起来,Li 是整肋骨号,di 是肋距,BLi 是半肋骨号。以上数据表示,从整肋号 L1(也就是全船的最小整肋号)起,到整肋号 L2 止,其间每挡肋距是 d1;从整肋号 L2 起,到整肋号 L3 止,其间每挡肋距是 d2……大数 1E30 后给出需要生成结构线点的半肋骨号,当没有半肋骨号时,该部分数据缺省。

例如,某船的肋距说明如下:

'8400HP', -5,650,14,651,76,650,99,1E30,55.0235,63.0235/

它表示名为 8400HP 的船,从 -5 号肋位到 14 号肋位,肋距是 650 mm;从 14 号肋位到 76 号肋位,肋距是 651 mm;从 76 号肋位到 99 号肋位,肋距是 650 mm;半肋骨号有55.0235,63.0235。

这里给出的 5000t 船舶的肋距说明如下:

'5000t', -5,600.5,171,1e30,124.005,135.055/

其中,'5000t'表示船名,从 -5 号肋位开始,到 171 号肋位结束,肋距为600.5 mm;半肋号有124.005,135.055。

2. 结构线布置说明数据块

结构线布置说明数据块是描述文件的主体部分。它确定每一结构线的空间位置。

结构线布置说明数据块由一个个结构线布置说明组成。结构线布置说明的格式如下：

<结构线名>，<起始肋号>，<终止肋号>，<类型>，<参数表>

<结构线名>　结构线名是放样人员在熟悉船体基本结构图时为结构线取定的代号，是一个整数。建议取名时采用如下编码：编码为四位整数，其千位数字表示结构线在船体上的部位，百位数字表示结构线的类别，十位和个位数字给出同类结构的序号（表 6－1）。

表 6－1　部位码和类别码

位数	0	1	2	3	4	5
千位：部位码	其他	底部	舷部	甲板	船内部	
百位：类别码	其他	纵桁线	纵骨线	边线	折角线	纵壁线

结构线编码：　x　x　xx

部位　类别　序号

<起始肋号>　实数，给出结构线的起始位置。

<终止肋号>　实数，给出结构线的终止位置。

<类型>　类型是一个整数，给出了该结构线的布置方式。

<参数表>　参数表给出了按此类型布置结构时所需的参数。参数的个数由类型决定。

根据结构线可能出现的布置情况，可以确定多种布置类型。下面给出目前已考虑的十多种常见的类型。以后可视具体情况，不断予以补充。给出的格式中的第一个数据是类型，后继的数据是参数。

（1）类型 1

1，B

或 1，L1，B1，L2，B2，…，Ln，Bn

或 1，L1，B1，L2，B2，…，Ln，Bn，0

说明　类型 1 是船体上半宽按一定规则变化的结构线，如底纵骨、底纵桁等结构线。这种类型通常出现在舱底平面图上的结构布置中。类型 1 还可细分为三种情况：第一种，半宽为定值 B，写法为 1，B；第二种，半宽线为通过节点 L1，B1，L2，B2，…，Ln，Bn 的折线，写法为 1，L1，B1，L2，B2，…，Ln，Bn；第三种，半宽线为通过节点 L1，B1，L2，B2，…，Ln，Bn 的曲线，写法为 1，L1，B1，L2，B2，…，Ln，Bn，0。

在前面 6000 t 的结构线描述文件中的：

1101，－5，171，1，0/

其中，1101 表示底纵桁，从 －5 号肋位开始，到 171 号肋位结束，类型为 1，是一条半宽为 0 的纵向构件（即中底桁）。

1102，37，148，1，600/

1103，38，148，1，1200/

1104，37，148，1，1800/

1105,38,148,1,2400/

1106,39,148,1,3000/

上述各句描述了船底纵桁的布置情况,显然它们都是类型 1,即都是半宽为定值的直线,如图 6－3 所示。

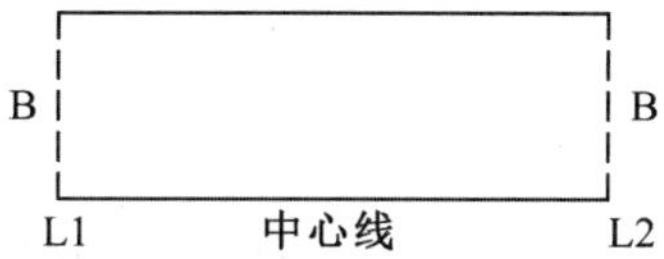

图 6－3　类型 1

1114,40,148,1,40,7800,124.005,7800,135.055,7415,148,6000/

此句表示 1114 号纵向构件是从 40 号肋位到 148 号肋位的类型为 1 的折线。其中 40 号肋位的半宽为7800 mm;124.005 半肋位的半宽为7800 mm;135.055 半肋位的半宽为 7415 mm;148 号肋位的半宽为6000 mm,这就构成了通过几个固定点的折线,如图 6－4 所示。

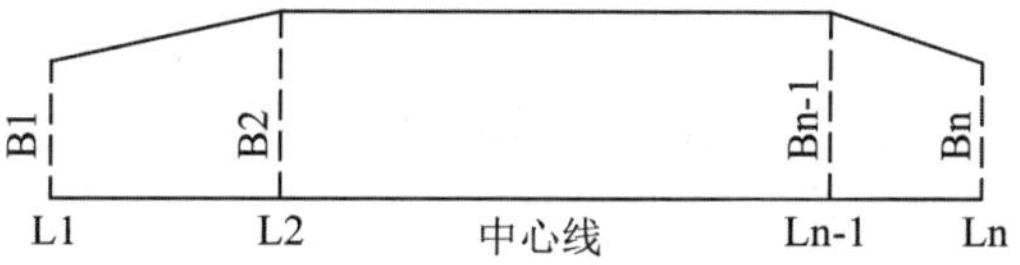

图 6－4　类型 1

第三种情况在本船中没有出现,故也没有相应的结构描述语句。

11＊＊,1,L1,B1,L2,B2,…,Ln,Bn,0 表示的是一条曲线,如图 6－5 所示。

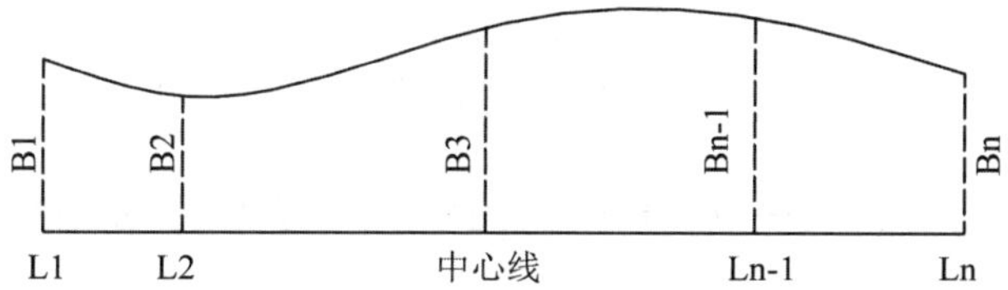

图 6－5　类型 1

(2)类型 2

2,H

或 2,L1,H1,L2,H2,…,Ln,Hn

或 2,L1,H1,L2,H2,…,Ln,Hn,0

说明　类型 2 是船体上高度按一定规则变化的结构线,如肋板边线、舷侧纵桁等结构线。类型 2 还可细分为三种情况:第一种,高度为定值 H;第二种,高度线为通过节点 L1,H1,L2,H2,…,Ln,Hn 的折线;第三种,高度线为通过节点 L1,H1,L2,H2,…,Ln,Hn 的曲线。

2101,50,148,2,700/

2102,15,160,2,2400/
2103,15,160,2,4600/
2104,-4,6,2,5700/
2105,36,124,2,5000/
2106,36,124,2,5600/
2107,36,124,2,6200/
2108,36,124,2,6800/

上述语句描述了舷侧纵桁的结构线,它表示的是距基线一定高度的直线。如2108,36,124,2,6800/就表示2108纵向结构为从36号肋位到124号肋位,距基线的高度为6800 mm的直线,如下图6-6所示。

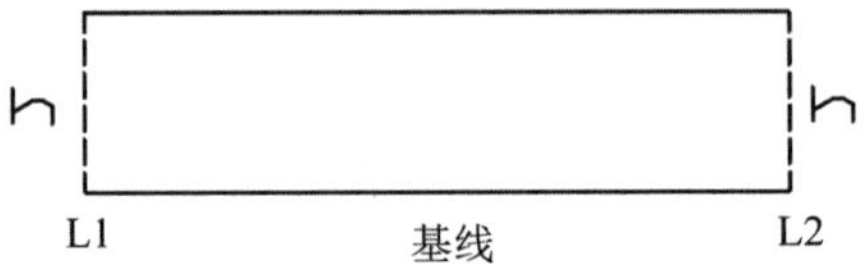

图6-6 类型2

21**,2,L1,H1,L2,H2,…,Ln,Hn 表示的是一条折线,如图6-7所示。

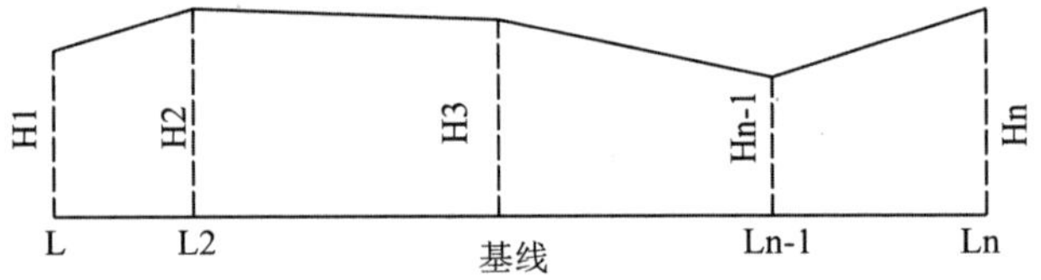

图6-7 类型2

21**,2,L1,H1,L2,H2,…,Ln,Hn,0 表示的是一条曲线,如图6-8所示。

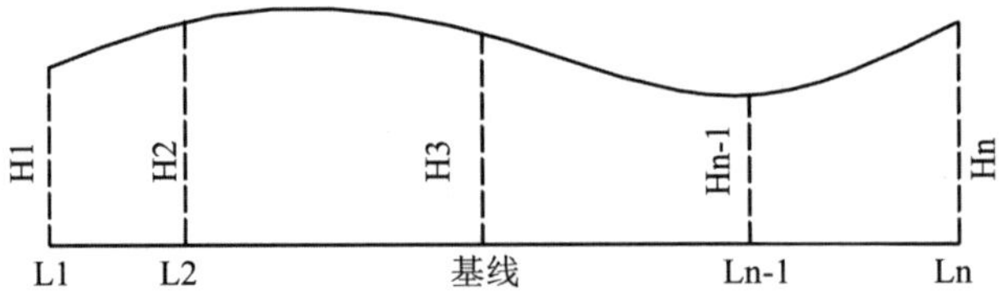

图6-8 类型2

(3)类型5

5,B,H

或5,L1,B1,H1,L2,B2,H2,…,Ln,Bn,Hn

或5,L1,B1,H1,L2,B2,H2,…,Ln,Bn,Hn,0

说明 类型5是船体内部的结构线,可细分为三种情况:第一种,半宽、高度分别为常数

b、h 的空间直线；第二种，过节点 L1，B1，H1，L2，B2，H2，…，Ln，Bn，Hn 的空间折线；第三种，过节点 L1，B1，H1，L2，B2，H2，…，Ln，Bn，Hn 的空间曲线。一般来说，甲板舯线、内底结构线及各种折角线可用类型 5 描述。

3001，40，148，5，0，7590/

此句就是用来描述甲板中心线的，它表示甲板中心线从 40 号肋位开始，到 148 号肋位结束，半宽为 0，高度为7590 mm。这些信息在基本结构图中都是可以找到的。

(4)类型 8

8，A，B，H，k

说明 类型 8 是由已知甲板舯线 A 翻出的甲板边线。这里，B 是船的半宽，H 是梁拱高。当 k = 1 时，为人字形甲板；当 k = 2 时，为圆弧形甲板。

2301.8001，40，148，8，3001，9800，390，2/

此句就是根据甲板中心线翻出甲板边线。

(5)类型 10

10，A，B，H，k

说明 类型 10 是由参考线(一般为甲板边线)A 翻出的甲板中线。这里，B 是船的半宽，H 是甲板梁拱高。当 k = 1 时，为人字形甲板；当 k = 2 时，为圆弧形甲板。

还有许多其他类型的结构线，限于篇幅这里就不再介绍，读者朋友们可以参阅《船体结构系统用户手册》。

(6)同名结构线布置

在进行结构线布置说明时，有时会遇到这种情况：一结构线是由两段或两段以上结构线拼接而成的，这些分段的结构线属于不同类型，或者虽是同一种布置类型，但参数不能统一，因而不能在一个布置说明中完整地描述出来。考虑到这种情况，系统中规定，如果相邻的结构线布置说明所用的结构线名字相同，那么系统自行把由各个布置说明生成的结构线拼接起来，组成一个结构线文件，各布置说明的排列顺序按肋号从小到大排列。在拼接肋号上的型值，由后一结构线布置说明决定。例如，某货轮的斜旁边线(图 6 - 9)就是由两段布置说明描述的：

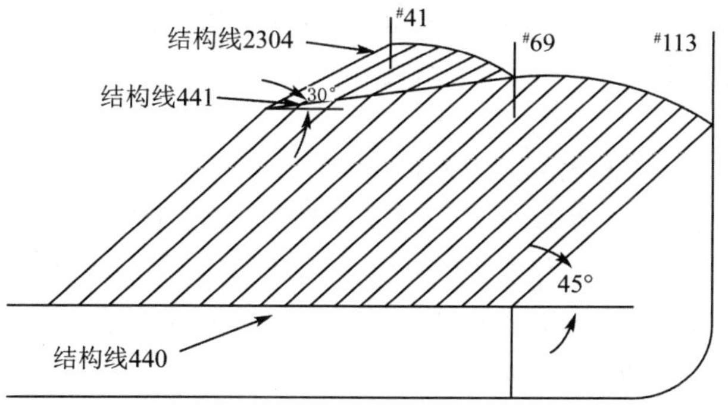

图 6 - 9 某货船斜旁边线

2304，41，69，4，441，30；2304，69，211，4，440，45。

2304 号结构线被分成了两段，从 41 号肋位到 69 号肋位为第一段，从 69 号肋位到 211

号肋位为第二段。这两段在 69 号肋位处连接起来。

(7)甲板线定义

在结构线描述中除了描述一般的结构线外,还可以用来描述甲板线。一般情况下,甲板线都在这里定义,也就是说将甲板线作为结构线来处理。

在前面的线型系统中的定义编辑型线对话框中也有甲板线的定义一栏,如图 6－10 所示。但是一般情况下都不在这里定义甲板线,这时的甲板线是暂时先作为空间线进行处理的。甲板线的具体描述是在结构线描述中进行的。

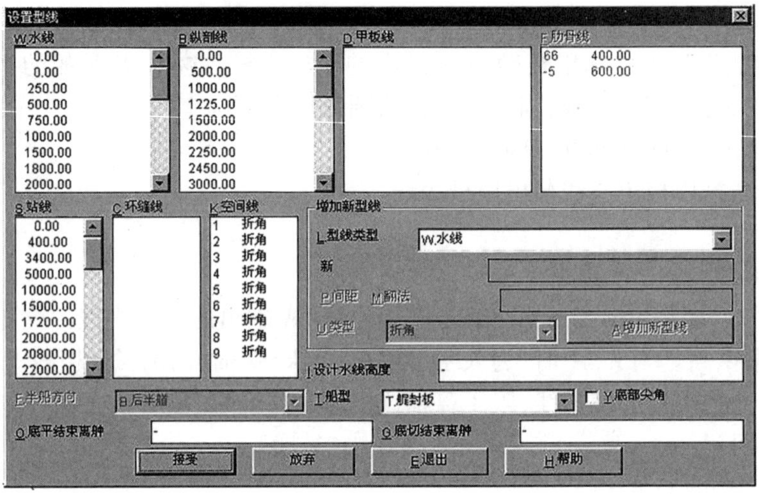

图 6－10　定义编辑型线对话框

在结构线描述中用类型 5 来描述甲板中心线,同时还知道甲板线名一般为千位数为 3 的数字,本船的甲板中心线是这样描述的:

3001,40,148,5,0,7590/

此句表示甲板中心线从 40 号肋位开始,到 148 号肋位结束,半宽为 0,高度为7590 mm。

如果有多层甲板或者将甲板线分成了若干段就要分别进行描述,可以用3002,3003等名称进行描述,这样甲板中心线就描述结束了。下面我们讲述如何描述甲板边线。

甲板边线是根据甲板中心线“翻”出来的,这里所谓的“翻”其实就是根据甲板类型和梁拱高度计算出甲板边线的。由甲板中心线翻甲板边线要用类型 8。本船甲板边线是这样翻出来的:

2301.8001,40,148,8,3001,9800,390,2/

这里2301.8001为甲板边线的名字,它是由甲板中心线翻甲板边线。这个数值并不是固定的,而是随甲板中线的名字和甲板的类型的变化而变化的,具体命名方法见下面的“甲板名的定义”。40 表示从 40 号肋位开始,148 表示到 148 号肋位结束。8 表示类型为 8,即已知甲板中线翻甲板边线。3001 为所依据的甲板中线名。9800 表示船的半宽,注意是船舶的半宽,而非某个位置的半宽。390 为梁拱的高度。2 表示甲板为圆弧形甲板。

(8)甲板名的定义

系统中规定,甲板名以其甲板边线名代表。对于甲板,除了要给出名字外,还要给出其类型和组成形式,因此,在对甲板边线进行描述的同时,也要对甲板的类型和组成形式做出描述。当甲板是平台形式,以及甲板边线是由类型 8 描述的,或者用甲板边线去翻出甲板中线(类型10)时,系统自动定义甲板的类型和组成形式。当甲板是其他形式或是没有通过类型8、类型10来描述时,则要在准备甲板边线的布置说明时,添加甲板形式描述数据。一般地,甲板抛势线总是由一段或几段直线、圆弧组成的,只要给出了甲板的拼接线,就可以确定每一肋号上的甲板抛势线。因此,现在把结构线各位置上的甲板边线名扩充为如下形式:

XXXX.　　［XXXX　［XXXX］］

甲板边线名　拼接线1　拼接线2

四位一组,小数点前为要定义的甲板边线名,小数点后依次为从舷侧向船舯的拼接线名和拼接方式。规定:如果以直线段方式拼接到拼接线i,则拼接线i位置填拼接线的结构名;如果以圆弧方式(圆心在船舯上)拼接到拼接线i,则拼接线i位置填拼接线名+5000;如果构成甲板的最后一根结构线不在船舯上,那么表示从此处起向舯拉平。

下面看几种典型的甲板名D的定义,如图6-11所示。

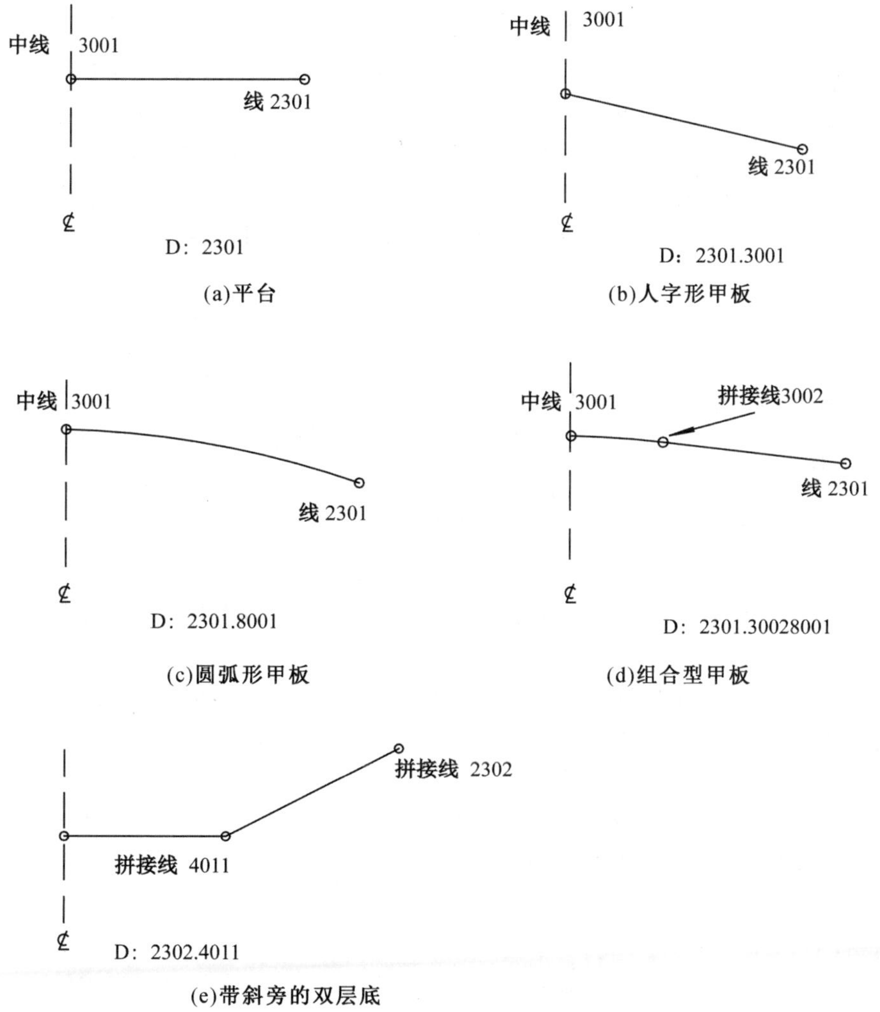

图6-11　几种典型的甲板名D的定义

这里所翻的甲板边线就是圆弧形甲板，所以其命名规则是在小数点后面的四位数字为甲板中线的数字+5000。如果这里的甲板中线是3002且为圆弧形甲板，则甲板边线的名字就为2302.8002；如果甲板中线是3003且为人字形甲板，则甲板边线的名字就为2303.3003。

3. 结构线关系说明数据块

结构线关系说明数据块用来描述相关结构线的连接情况，以便在绘制肋骨型线图上的结构线时，绘制出相关结构线的连线。

结构线关系说明以结构线关系表的形式给出：

0，关系1，关系2，…，关系n

开头的数字0是关系说明的标志，是固定的。每个关系由三个数据组成，分别是k、A、B。这里，k是方式，A是结构线名，B是另一结构线名或数值。有以下五种结构线关系：

1，A，B 表示结构线A所在的结构是水平的，其一边为结构线A所限定，另一边为半宽B所限定。绘图时，从结构线A的各点画水平线至半宽为B时止。

2，A，B 表示结构线A所在的结构是直立的，其一边为结构线A所限定，另一边为高B所限定。绘图时，从结构线A的各点画垂线至高为B时止。

3，A，B 表示结构线的一边为结构线A所限定，另一边为结构线B所限定。绘图时，结构线A与结构线B的对应点间连直线。

4，A，B 表示结构线A所在的结构是直立的，其一边为结构线A所限定，另一边为垂直向上或向下与甲板B的交线。绘图时，从结构线A的各点画垂线至甲板B为止。

5，A，0 表示结构线A是甲板线名，系统按甲板名的定义，自行绘制出甲板抛势线。

本船的结构线关系说明数据块如下：

0，4，1114，2301，5，2301，0，3，4001，4002，3，4003，4004，3，4005，4006，3，4007，2101，1，4009，600/

其意义为：0为关系说明的标志；4为第四类结构线关系；其形式为结构线1114所在的结构是直立的，其一边为结构线1114所限定，另一边为垂直向下或向上与2301号甲板相交的交线；5为第五类结构线关系；2301为甲板边线名，系统自行绘制出甲板抛势线；3为第三类结构线关系；4001为结构线名；4002也为结构线名，这里是绘制出4001结构线与4002结构线对应点的连线。

其他的结构线关系这里就不再赘述，读者朋友可以自行查阅《船体结构系统用户手册》。

操作目的：对船舶上的结构线在一个文件中进行描述，为后面的结构线计算和结构线生成准备原始材料。

操作步骤：

①建立一个写字板文件，文件名为jgxd??；

②在这个文件中编辑结构线描述语句；

③将这个文件存储为系统能识别的jgxd??.dat文件。

注意事项：

①这里的??表示的是工作文件夹（船舶数据存储的位置）最后两个数字；

②一定将最终的文件格式存储为.dat格式，否则系统是无法识别的。

任务6.2 结构线计算

结构线计算

结构线描述文件准备好以后就可以进行结构线计算了。

6.2.1 结构线计算

运行 HD－SHM 船体结构系统，在“工作编码”栏中输入一个字母或数字用来标示工作者的编码。在“当前工作目录”中找到自己的工作目录，如图 6－12 所示。

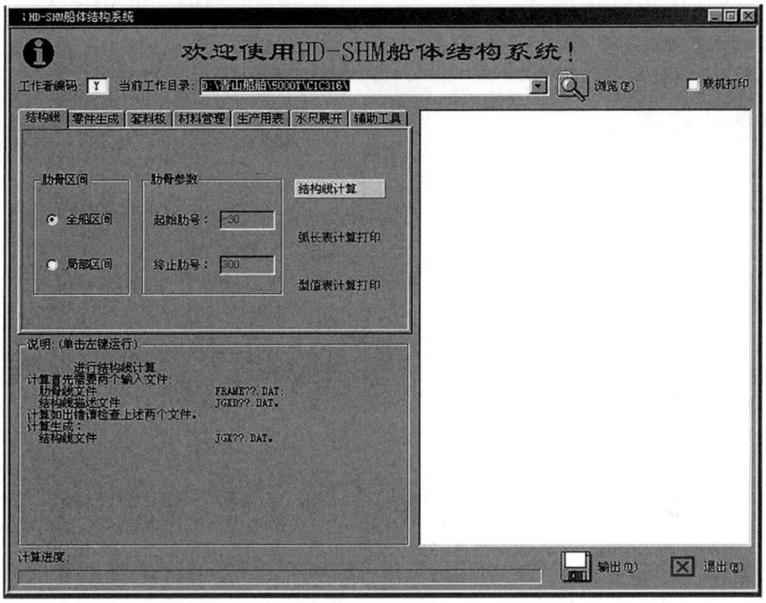

图 6－12 HD－SHM 船体结构系统总体界面

例如，在工作者编码中输入“Y”，当前工作目录为 D:\青山船舶\5000T\C1C316\。

选择“结构线”按钮，首先进行结构线计算。进行结构线计算需要两个文件：一个是肋骨样条文件 Frame??. dat（这里应该为 Frame16. dat，通配符?? 表示文件夹的最后两个数字），这个文件在线型系统中已经生成；一个是结构线描述文件 jgxd??. dat，这个文件在前面的结构线描述中已经准备好。

点击“结构线计算”按钮，系统对所有的结构线逐条进行处理，最后提示结构线处理完毕，并生成结构线型值文件 jgx??. dat，该文件在程序进行打印结构线型值表和计算肋骨弧长时作为输入文件。

选择“弧长表计算打印”按钮，此时可以看到，运行它需要三个输入文件，分别为肋骨线文件 Frame??. dat、结构线文件 jgx??. dat 和结构线描述文件 jgxd??. dat。运行以后可以生成肋骨弧长表文件 J3. dat，该文件中有计算出的肋骨弧长表。肋骨弧长表中对每一根肋骨线，以位于船体表面的结构线把肋骨线分成若干段，给出结构线型值和各段之间的弧长及累积弧长。

点击“弧长表计算打印”以后，系统会自动按照肋骨号逐条进行计算处理，并提示肋骨弧长表计算结束。

选择“型值表计算打印”按钮,此时可以看到,计算需要两个文件:一个是结构线文件 jgx??. dat,一个是结构线描述文件 jgxd??. dat。

点击“型值表计算打印”按钮,系统自动按照结构线号逐条进行处理,最后提示型值表计算结束,并生成结构线型值表文件 j2. dat。该文件中有结构线型值表。结构线型值表给出每一根结构线的各肋位的型值。

当在肋骨区间结构线型值相同时,只给出区间两端的结构线型值。用打印命令可在打印机上打印输出所需份数的结构线型值表。

6.2.2　生成肋骨线型图

结构线计算完成(包括结构线计算、弧长表计算打印、型值表计算打印)后就可以生成带有结构线的肋骨线型图了,如图 6 – 13 所示。

图 6 – 13　结构线计算对话框

在 AutoCAD 界面下,点击“生成肋骨线型图”图标,生成带有结构线的肋骨线型图。

点击“生成肋骨线型图”后,系统会要求选择肋骨样条文件,这里一定要注意选择要处理的船舶的肋骨样条文件,尤其是在处理许多船舶时更应该注意,一定要选择对处理的文件夹。这里是选择 Frame16 肋骨样条文件,如图 6 – 14 所示。

图 6 – 14　选择肋骨样条文件对话框

选择肋骨样条文件，点击“打开”按钮，会出现图6－15所示对话框。

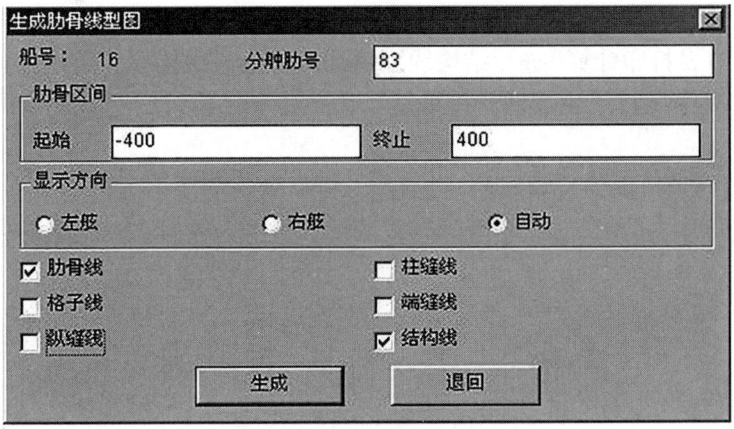

图6－15 生成肋骨线型图对话框

这里需要填写的是分舯肋骨号，根据所处理船舶的分舯肋骨号填写，本船的分舯肋骨号为83号肋骨，所以填写83；肋骨区间填写肋骨号的起止号，这里一般是填写较实际肋骨号大的数字，这对系统处理没有影响，系统只会处理实际的肋骨，所以这里填写－400和400，这样肯定将要处理的肋骨号包含其中了；显示方向可以选择左舷、右舷或自动，通常选择自动；下面的复选框，一般选择肋骨线和结构线，因为此时纵缝线、柱缝线等都还没有生成。

点击“生成”按钮，系统会自动生成并绘制带有结构线的肋骨线型图，如图6－16所示。

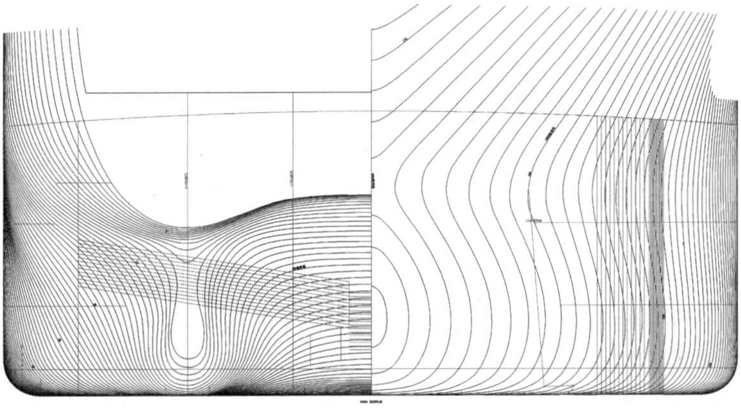

图6－16 肋骨线型图

当然这里的肋骨线型图并不是完整的肋骨线型图，完整的肋骨线型图在纵缝线、柱缝线等准备完毕后可以生成，这里只是告诉读者进行结构线描述和计算后在图形上面是可以体现出来的。

6.2.3 操作小结

操作目的：根据所描述的结构线文件进行结构线计算，以生成船体上的结构线。

操作步骤：

①进入船体结构系统，填写工作者编码并指定当前工作目录；

②点击“结构线计算”进行结构线计算；

③点击“弧长表打印计算”进行肋骨弧长计算；

④点击“型值表打印计算”进行结构线型值计算并生成结构线型值表文件；

⑤在 AutoCAD 中运行“生成肋骨线型图”，生成带有结构线的肋骨线型图。

注意事项：

①工作者编码是可以任意填写的，但当前工作目录一定要正确；

②在“生成肋骨线型图”时一定要选择正确的肋骨样条文件，并正确填写分舯肋骨号。

任务6.3 零件生成

零件生成

在船舶建造过程中有数以千计的各式各样的零件，在本系统中提供了多种零件生成的方法，主要思路是在本系统中生成零件的图形，并生成数控切割机能够识别的切割代码，这样就大大提高了生产效率。

6.3.1 零件生成的方法

船体结构系统提供了多种生成零件的方法。

1. 零件源程序方式

用户用结构几何语言编写零件源程序，描述要生成的结构零件，然后运行编写的零件源程序，从而生成结构零件。

2. 交互式编程调试

用户在图形平台中以交互方式编写零件源程序，并进行调试，生成零件。用户生成零件图形的各步操作会自动转化成一个个语句，构成零件源程序。零件源程序可逐段逐句地运行，并把运行生成的几何图形显示在图形窗口中，并可及时查询几何元素的值，以进行调试。

3. 绘图生成零件

用户在图形平台中绘制零件，把绘制的图形转换成零件存入零件库。在绘制过程中，系统提供调用肋骨线等船体曲线的功能。

用户还可利用本功能对零件库中的零件进行局部修改。这只要从零件库中取出该零件的图形，使用图形平台的功能修改零件的图形后，再存入零件库即可。

4. 文本零件回写

把零件数据按规定的格式组成一文本文件。利用本功能把文本零件中的零件数据转换成零件，存入零件库。通常，零件文本文件可通过“结构零件图”功能中的文本输出功能得到。对所得到的零件文本文件中的数据修改后，通过本功能把零件回写到零件库中。

这里我们就常用的交互式编程调试做以介绍。

6.3.2 交互式编程法零件生成

在“HD - SHM 船体结构系统”中选取“零件生成”项，填写分段名，如 101；填写工作者编码和当前工作目录，点击其他生成方式中的“交互编程调试”可以进入 AutoCAD 界面；然后再点击 HD－SHM 工具条中的“由几何语言生成零件”就可以进入交互编程调试工作状态了，如图 6－17 所示。

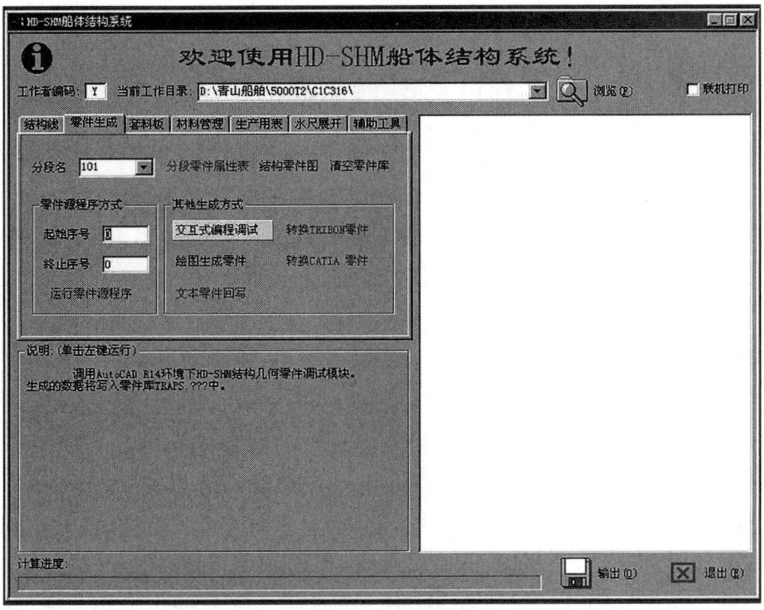

图 6－17 HD－SHM 船体结构系统界面

进入交互式编程调试状态可以用几何语言进行船体零件的生成和调试。所谓几何语言，就是用本系统提供的特定的语言形式描述船体结构的位置和形状，以生成船体结构零件。

1. 几何语言的特点

几何语言使用简便，灵活，功能强。原则上，它能描述各种船舶的各种板材结构，生成组成船体结构的板材零件。此外，还可生成扶强材、面板等附属零件的放样加工信息。

2. 几何语言编程生成零件的原理

一个平面几何图形总可以由点、直线、圆、曲线等几何元素组合而成。对于这些几何元素，根据图纸所给尺寸或根据几何元素相互间的几何关系，是很容易描述和定位的。如果我们对几何元素描述清楚了，那么只要再描述清楚这些几何元素组成平面图形的次序和关系，就完全确定了平面几何图形的位置和形状，从而确定了该构件。

几何语言中对船体构件的这种描述称为零件源程序。零件源程序是由一系列几何语言的语句组成的。

零件编程的实质：其实，所谓的零件编程就是在 AutoCAD 平台上，运用特定的几何语言，在编程的形式下，逐个“绘制”出构件，从而生成零件源程序。

3. 零件编程的根据

但是，零件编程并不是随便编写的，这里所编制的零件其实就是今后需要加工生成的零件，所以零件编程应该有所根据。

零件编程是以分段结构图为据，以材料明细表为纲进行的。

4. 交互式零件编程的方法

用几何语言进行交互式零件编程，首先要了解几何语言的语法规则和使用方法，本系统提供的几何语言是一种相对比较简单的程序语言，它主要由三部分组成，如图 6 – 18 所示。

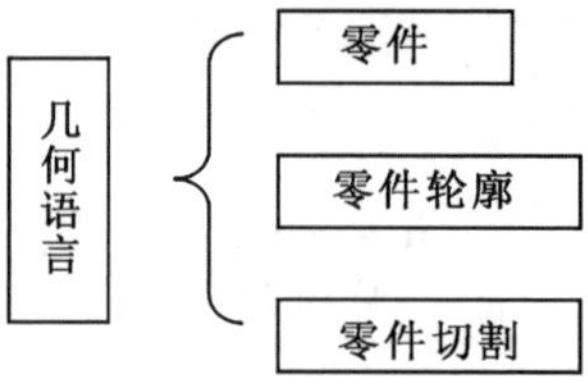

图 6 – 18　几何语言

其中“零件标示”由分段号、零件编号、件数、厚度、材料、加工代号组成；“零件轮廓描述”由系统规定的描述点(P)、直线(S)、曲线(F)、圆(C)的语句组成；“零件切割语句”由能生成数控切割机识别的机器代码组成。

在交互编程状态下，如果编程人员对几何语言比较熟悉，则可以直接通过输入几何语言语句来生成零件；如果对几何语言不熟悉，也可以通过交互的方式进行零件编程，此时操作人员可以依靠鼠标操作，其操作类似于绘图的生成方式。

目前本功能只提供对图元生成的所有语句和零件定义生成的所有语句的生成，对辅助语句(如 CALL、SUB、END、STOP、IF、DO、JUMP、Vi = 等)尚未提供交互生成功能，如要使用这些语句，还请用直接语句输入的方法输入。

(1)零件标识语句

PART/[n1,]n2,[–]n3[ps],[–]d,a,c

该语句表示想要描述的零件的分段号是 n1，件号是 n2，件数是 n3，对称属性是 ps，板厚是 D，材料牌号是 A，加工编码是 C。当分段号 n1 省略时，表示零件的分段号沿用同一源程序的上一零件的分段号，或采用源程序文件名为分段号。

当 D 前有负号时，提示该零件套料时要反套。D 还决定了零件的割缝补偿量。在系统配置文件 HDCONFIG. DAT 中的“割缝补偿”项中定义有板厚 D 与割缝补偿量的函数关系。有时也可直接在 D 数据项中给出割缝补偿量，此时 D 为一个大数，其千位及千位以上位给出割缝补偿量(单位：0.1 mm)，千位以下是板厚。例如，D 为35 011，表示割缝补偿量为 3.5 mm，板厚为 11 mm。

通常当 n3 是偶数时为对称切割。如果 n3 是偶数但不对称切割，则在 n3 前添负号。

也可在件数 n3 后附加对称属性 ps。ps 的取值是 P、S、PS 或 SP，分别表示仅左、仅右、左右对称(但图面所示的是左件)、右左对称(但图面所示的是右件)。

在开始一个零件的描述时，首先必须给出零件标识语句。

如下面的一个零件程序：

```
#1
part/101,1,2,8,a,m
ssd/3,1,416,1/4,2,840,4
pss/1,2,3
start/1
qtu7/s2,s1,25/s4,25/s3
qlp/1
```

STOP

其中,#1 表示 1 号零件。part/101,1,2,8,a,m 为零件标识语句,part 是标识语句开始的标志;101 为分段名,这个分段名可以省略,如果省略的话表示零件的分段号沿用同一源程序的上一零件的分段号,或采用源程序文件名为分段号;1 为件号,也就是零件的编号,1 就表示是第一号零件;2 为件数,即此零件有多少件,此数字还可以表示此零件的对称属性,通常当 n3 是偶数时为对称切割,如果 n3 是偶数但不对称切割,则在 n3 前添负号,也可在件数 n3 后附加对称属性 ps。ps 的取值是 P、S、PS 或 SP,分别表示仅左、仅右、左右对称(但图面所示的是左件)、右左对称(但图面所示的是右件),此处表示零件是对称切割的(因为 2 是偶数);8 为板厚;a 为材料牌号;m 为数控加工工艺代码。

在#号后面输入一个数字作为编程的零件编号,按回车键转换到第二行,在这里可以通过输入的方式进行零件编程,也可以按鼠标右键进行交互式的零件编程,如图 6-19 所示。

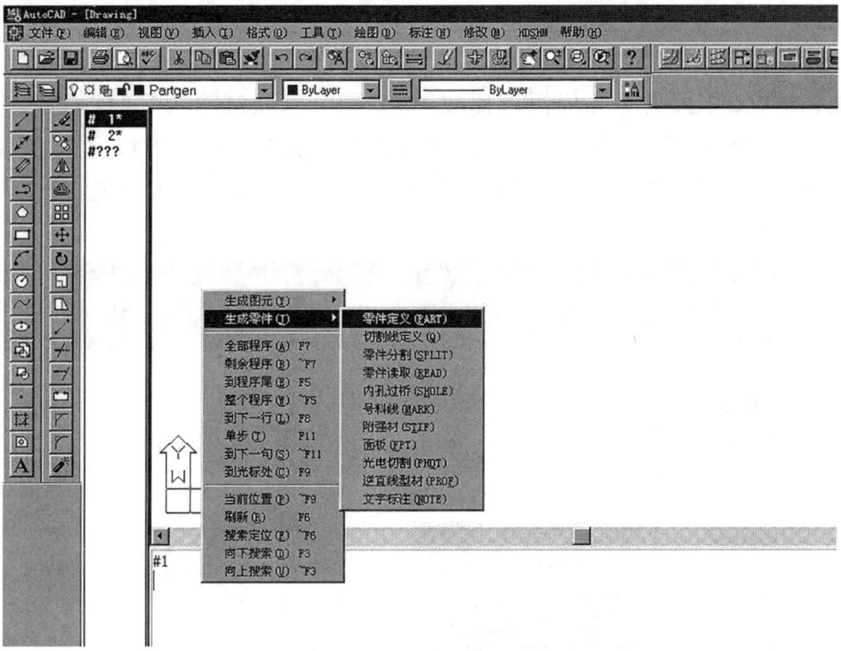

图 6-19 交互式的零件编程对话框

点击"零件定义(PART)"出现图 6-20 所示对话框。

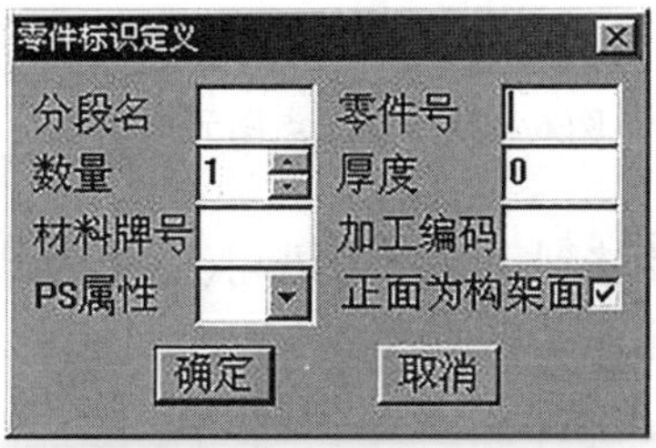

图 6-20 零件标识定义对话框

在分段名中输入分段名,如 101,也可以省略,这在前面已经做了有关说明;在零件号中输入零件号,这里为 1;在数量中输入或选择零件的数量,如 2;在厚度中输入零件的厚度,如

10;在材料牌号中输入材料牌号,如 a;在加工编码,中输入加工编码,如 m;在 PS 属性中选择其属性;“正面为构架面”选项,可勾选或者不勾选。(注:具体各个部分的含义,读者可以查阅系统提供的各个说明书)

点击确定完成零件定义,系统自动生成一个零件标识语句:

PART/101,1,2,10,a,m

此时,在屏幕的中央生成了两条相交的蓝色直线,这其实就是坐标系,后面要生成的点、直线、曲线、圆等图元都是在此坐标系下面的。

(2)零件轮廓描述

“零件轮廓描述”由系统规定的描述点(P)、直线(S)、曲线(F)、圆(C)的语句组成,其工作思路是通过辅助线和辅助点进行零件的轮廓定位,从而生成想要的零件。也就是说,我们要生成的零件是由一系列的点、直线、曲线、圆等几何元组成的,所以我们要首先掌握生成必要的几何元的方法。

①点图元的生成。

同样地,如果操作人员对几何语言比较熟悉,则可以通过输入几何语句的方式进行生成,否则可以通过交互编程的方式生成。这里我们介绍交互式生成方法。

在源程序语句区中按鼠标右键,再将鼠标移动到“生成图元”处,再选“点图元”则进入点图元语句生成操作,如图 6-21 所示。

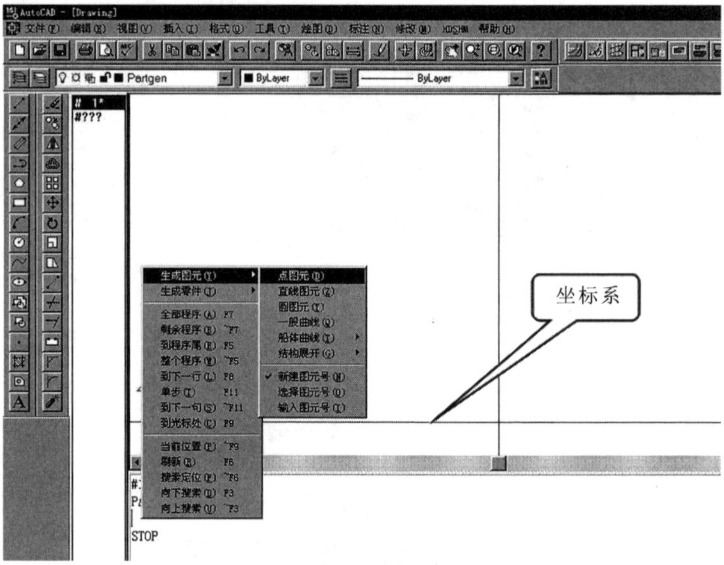

图 6-21 生成点图元对话框

此时需要注意的是,光标要移到零件标识语句(这里为 PART/101,1,2,10,a,m)的下一行,然后按鼠标右键生成点图元。

首先出现如下的第一操作提示:

“请选择生成点的第一个图形:”

此时可以选择一个点或一条线或直接按回车键。如果选择了一个点或一条线,则继续出现如下的第二操作提示:

“请选择生成点的第二个图形:”

这时同样可以选择一个点或一条线或直接按回车键。各次操作情况下的后续操作以及操作结果如下所述。

a. 坐标值点或结构线与当前肋骨面的交点。

第一操作直接按回车键。此时进入取点操作,显示如下操作提示:

"请定点或输入坐标或输入结构线名:"

输入点坐标则生成 PXY 语句,输入 N 结构线名则生成 PJGX 语句。这里我们生成一个 PXY 语句。

在 AutoCAD 的命令栏中出现"请选择生成第一点的图形:",在这里我们按回车键,则在命令栏中会出现"请定点或输入坐标或输入结构线名:",在该坐标系中用鼠标左键点一个点,则会生成一个点;也可以输入坐标值(如 500,500)后按回车链,则会在(500,500)处生成一个点。

此时在源程序语句区则会自动生成语句:

PXY/1,5295.96,4605.26

此句为用鼠标取点生成的语句,它表示 P1 点的 X 坐标为 5295.96,Y 坐标为 4605.26。

PXY/2,500,500

此句是输入坐标生成的语句,它表示 P1 点的 X 坐标为 500,Y 坐标为 500。

b. 相对位移点。

第一操作选择一个点后第二操作直接按回车键。此时显示如下操作提示:请输入与点#的坐标差:

其中#是第一操作所选的点号。用逗号分割 X 和 Y 坐标差分量,则生成 PPXY 语句。

点击"点图元",在 AutoCAD 的命令栏中出现"请选择生成第一点的图形:",此时选择已经存在的一个点,如 P1 点。此时,在 AutoCAD 的命令栏中出现"请选择生成第二点的图形:",直接按回车键,在 AutoCAD 的命令栏中出现"请输入与点 1 的坐标差:",输入 500,按回车键则在 P1 点的右上侧生成一个新点 P3。

此时在源程序语句区则会自动生成语句:

PPXY/3,1,500,500

系统规定 X 轴的右侧为正方向,Y 轴的上侧为正方向。此句表示 P3 是距 P1 点的(500,500)处。

c. 与线的插值点。

第一操作选择一条线后,第二操作直接按回车键。这时,显示如下操作提示:

"请输入与线名#插值的坐标分量:"

其中线名#是第一操作所选的线的类别名(直线、圆、曲线),#是第一操作所选的线号。输入 X 及一个数值或 Y 及一个数值,分别生成 PFX 语句或 PFY 语句。

点击"点图元",在 AutoCAD 的命令栏中出现"请选择生成第一点的图形:",此时选择 X 轴(X 轴是一条直线),在 AutoCAD 的命令栏中出现"请输入与直线 1 插值的坐标分量:",输入 X 1000,则在直线 1(X 轴)距坐标原点1000上生成一个点 P4。

注意 因为直线 1 为 X 轴,所以其 Y 坐标都为 0,故此时如果输入 Y 坐标(如 Y 1000)则会出错。

此时在源程序语句区则会自动生成语句:

PFX/4,S1,1000

此句表示 P4 点是曲线 F1 上 X 坐标为1000的点。此处的 S1 表示曲线 F1 为一直线。

d. 分比点或旋转点。

两个操作都选择点。此时显示如下操作提示：

“请输入点#与点#之间的第一分比值或空格(旋转点)：”

其中两个#分别为所选择的两个点的点号。如果输入一个数值，则继续提示：

“请输入点#与点#之间的第二分比值：”

输入后生成 PPPMN 语句。如果直接按回车键，则继续提示：

“请输入点#绕点#的旋转角度：”

输入后生成 PPPD 语句。

点击“点图元”，在 AutoCAD 的命令栏中出现“请选择生成第一个的图形：”，用鼠标选择 P1 点，在 AutoCAD 的命令栏中出现“请选择生成第二个的图形：”，选择 P2 点，在 AutoCAD 的命令栏中出现“请输入点 1 与点 2 之间的第一分比值或空格(旋转点)：”，此时输入一个数字，如 2，按回车键，在 AutoCAD 的命令栏中出现“请输入点 1 与点 2 之间的第二分比值”，此时输入一个数字，如 1，按回车键。此时生成一个点 P5，此点在 P1P2 连线的 2/3 处，即$\frac{\overline{P1P5}}{\overline{P2P5}}=\frac{2}{1}$，此时在源程序语句区会自动生成语句：

PPPMN/5，1，2，2，1

如果在选择 P1、P2 点后不输入数字而是按空格键，即选择旋转点，则在 AutoCAD 的命令栏中会出现“请输入点 1 绕点 2 的旋转角度：”，此时输入一个角度值，如 70，按回车键。此时生成一个点 P5，此点是点 1 绕点 2 旋转 70°后得到的点。此时在源程序语句区会自动生成语句：

PPPD/5，1，2，70

e. 直线对称点或直线上到指定点为指定距离的点。

一个操作选点，另一个操作选直线。此时显示如下操作提示：

“请输入直线#上点到点#的距离或空格(生成对称点)：”

其中两个#分别为所选择的直线号和点号。若输入了距离，则生成 PSPD 语句；若直接按回车键，则生成 PPS 语句。

f. 点到圆上的切点。

一个操作选点，另一个操作选圆。此时生成 PPC 语句，根据选择圆时的选取位置，自动生成与该选取位置近的切点。

g. 点沿曲线移动一定距离后的点。

一个操作选点，另一个操作选曲线。此时显示如下操作提示：

“请输入从点#起沿曲线#上的弧长值：”

其中两个#分别为所选择的点号和曲线号。输入的距离必须是正值，生成 PFPD 语句，根据选择曲线时的选取位置，自动确定距离的符号，使生成的点与选取位置在所选点的相同方向上。

h. 圆与圆的交点或公切线的切点。

两个操作都选圆。此时显示如下操作提示：

“请输入圆#与圆#生成点的方式(N 内切点/W 外切点/<交点>)：”

其中两个#分别为所选择的圆号。直接按回车键生成交点 PCC 语句，且生成的点取与选择第一个圆时的选取位置近的点;输入 N 生成内切点,输入 W 生成外切点,即 PCCL 语句,且生成的点取与选择第一个圆时的选取位置近的点。

i. 其他线与线的交点。

两个操作都选线(直线、圆或曲线)。此时根据所选择的线的类型,自动生成 PSS、PSC、PSF、PCF 或 PFF 语句。若有两个交点,则生成的点取与选取位置近的点。

②直线图元生成。

在源程序语句区中按鼠标右键,再将鼠标移动到"生成图元"处,再选"直线图元",则进入直线图元语句生成操作。

首先出现如下的第一操作提示:

"请选择生成直线的第一个图形:"

此时可以选择一个点或一条线或直接按回车键。如果选择了一个点或一条线,则继续出现如下的第二操作提示:

"请选择生成直线的第二个图形:"

此时同样可以选择一个点或一条线或直接按回车键。各次操作情况下的后续操作以及操作结果如下所述。

a. 法式方程。

第一操作直接按回车键。此时显示如下操作提示:

"请输入直线法式方程的三个参数(A,B,C):"

输入用逗号分隔的三个参数后,生成 SABC 语句。

点击"直线图元"选项,进入生成直线图元模式,如图 6-22 所示。

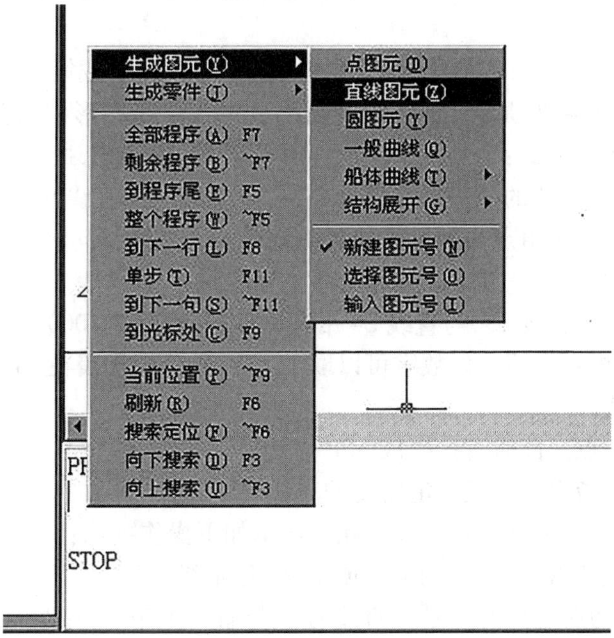

图 6-22 法式方程操作

在 AutoCAD 的命令栏中出现"请选择生成直线第一个的图形:",此时直接按回车键,则在 AutoCAD 的命令栏中出现"请输入直线法式方程的三个参数(A,B,C):",输入数值,如 5,8,15,按回车键,则生成一条过坐标原点的直线,源程序语句区则会自动生成语句:

SABC/3,5,8,15

此语句表示生成了一条直线 S3,这条直线的方程为

$$5x + 8y = 15$$

b. 过指定点且指定斜角的直线。

第一操作选择一个点后,第二操作直接按回车键。此时显示如下操作提示:

"请输入过点#的直线的角度:"

其中#是第一操作所选的点号。输入角度后,生成 SPSD 语句,其中的已知直线号是 1(X 轴)。

点击"直线图元",在 AutoCAD 的命令栏中出现"请选择生成直线的第一个的图形:",选择一个点,如 P1 点,出现"请选择生成第二个的图形:",直接按回车键,出现"请输入过点 1 的直线的角度:",输入一个角度值,如输入 45,按回车键。生成一条直线,源程序语句区会自动生成语句:

SPSD/4,1,1,45

此句表示生成一条直线 S4,它通过点 P1,且与直线 1(即 X 轴)的夹角为 45°。

c. 直线平移。

第一操作选择直线后,第二操作直接按回车键。此时显示如下操作提示:

"请输入与直线#的距离:"

其中#是第一操作所选的直线号。输入距离(必须 >0)后,继续显示如下操作提示:

"请确定新直线的方位:"

以所选直线为分界线,将作图光标移动到要生成直线的一侧,按鼠标左键,则生成相应的 SSD 语句。

点击"直线图元",在 AutoCAD 的命令栏中出现"请选择生成第一个的图形:"选择一条直线,如直线 S4。此时出现提示:"请选择生成直线的第二个图形:",直接按回车键,出现提示:"请输入与直线 4 的距离:",输入一个大于 0 的数字,如1000,按回车键,出现提示"请确定新直线的方位:",在直线的一侧点击鼠标左键,则生成一条直线 S5。这里需注意,直线出现在原来直线的哪一侧是由点击鼠标的位置决定的。源程序语句区会自动生成语句:

SSD/5,4,1000,4

此句表示生成一条直线 S5,与直线 S4 平行,且与其距离为1000,后面的 4 表示 S5 相对于 S4 的位置。系统规定最后一位数字可以取 1,2,3,4,分别代表在 S4 的上、下、左、右侧。

d. 过两点的直线。

两个操作都选择点。此时直接生成 SPP 语句。

e. 过指定点且与指定直线成一定角度的直线。

一个操作选点,另一个操作选直线。此时显示如下操作提示:

"请输入过点#的直线与直线#的夹角或空格(作垂线):"

其中两个#分别为所选择的点号和直线号。若输入了角度,则生成 SPSD 语句,否则生成 SPF 语句(垂线)。

点击"直线图元",在 AutoCAD 的命令栏中出现"请选择生成直线第一个的图形:",选择一个点,如 P2 点。出现提示:"请选择生成直线第二个的图形:",选择直线 S2,出现提示:"请输入过点 2 的直线与直线 3 的夹角或空格(左垂线):",输入 70,按回车键。生成直线 S4,如果直接按空格键则生成直线 S2 的垂线。源程序语句区会自动生成语句:

SPSD/4,2,3,70

此句表示生成一条直线 S4,它是通过点 P2,且与直线 S3 的夹角为 70°。

f. 过指定点且与指定圆或曲线垂直的直线。

一个操作选点,另一个操作选圆或曲线。此时直接生成 SPF 语句。

③圆图元生成。

在源程序语句区中按鼠标右键,再将鼠标移动到“生成图元”处,再选“圆图元”,则进入圆图元语句生成操作,如图 6-23 所示。

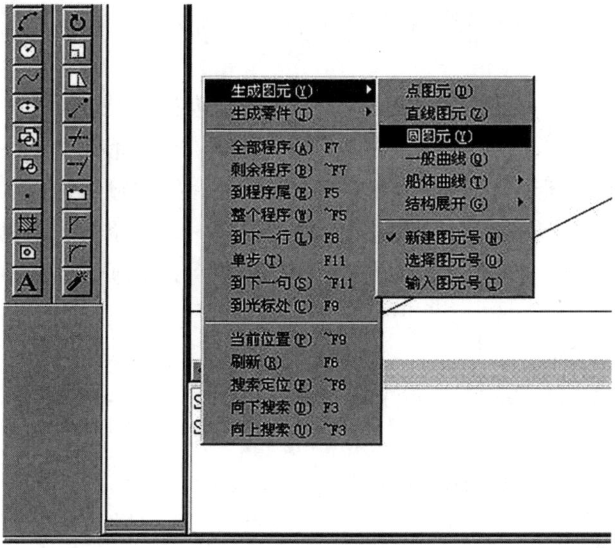

图 6-23 圆图元生成操作

首先出现如下的第一操作提示:

“请选择生成圆的第一个图形:”

此时必须选择一个点或一条线。然后继续出现如下的第二操作提示:

“请选择生成圆的第二个图形:”

此时可以选择一个点或一条线或直接按回车键。如果选择了一个点或一条线,则继续出现如下的第三操作提示:

“请选择生成圆的第三个图形:”

此时同样可以选择一个点或一条线或直接按回车键。各次操作情况下的后续操作以及操作结果如下所述。

a. 指定圆心点和半径。

第一操作选择一个点后,第二操作直接按回车键,此时显示如下操作提示:

“请输入以点#为圆心的圆半径:”

其中#是第一操作所选的点号。输入半径后,生成 CPR 语句。

点击“圆图元”,在 AutoCAD 的命令栏中出现“请选择生成圆第一个的图形:”,选择一个点,如点 P8,出现提示:“选择生成圆的第二个图形:”,此时直接按回车键,出现提示:“请输入以点 8 为圆心的圆半径:”,输入一个数值,如1000,则生成一个圆 C1,源程序语句区则会自动生成语句:

CPR/1,8,1000

此语句表示圆 C1 是以点 P8 为圆心,以1000为半径。

b. 过两点的圆。

第一操作和第二操作选点,第三操作直接按回车键。此时,显示如下操作提示:

"请输入过点#和点#的圆的半径或空格(生成以点#为圆心过点#的圆):"

其中的两个#各自分别为所选择的两个点号。若直接按回车键,则生成相应的 CPP 语句;若输入了半径,则继续显示如下操作提示:

"请确定圆心的方位:"

以过所选两点的直线为分界线,将作图光标移动到圆心所在的一侧,按鼠标左键,则生成相应的 CPPR 语句。

点击"圆图元",在 AutoCAD 的命令栏中出现"请选择生成圆第一个的图形:",选择一个点,如点 P8,出现提示:"选择生成圆的第二个图形:",选择一个点,如点 P3,出现提示:"选择生成圆的第三个图形:",直接按回车键,出现提示:"请输入通过点 8 和点 3 的圆的半径或空格(生成以点 8 为圆心、过点 3 的圆):",输入一个半径值,如2000,出现提示:"请确定圆心的方位:",在两点连线的一侧或另一侧点击鼠标左键,则生成一个圆 C2,源程序语句区则会自动生成语句:

CPPR/2,8,3,-2000

此语句表示圆 C2 通过点 P8 和点 P3,半径为 2000,这里 -2000表示圆心在点 P8 和点 P3 连线的下方。

c. 过指定点且与指定直线相切的圆。

第一操作和第二操作中一个选点,另一个选直线;第三操作直接按回车键。此时显示如下操作提示:

"请输入过点#与直线#相切的圆半径:"

其中两个#分别为所选择的点号和直线号。输入半径后,生成 CPSR 语句,使所生成的圆离选择直线的选取位置较近。

点击"圆图元",在 AutoCAD 的命令栏中出现"请选择生成圆第一个的图形:",选择一个点,如 P9,出现提示:"选择生成圆的第二个图形:",选择一条直线,如 S4,出现提示:"选择生成圆的第三个图形:",直接按回车键,出现提示:"请输入过点 9 和直线 4 相切圆的半径:",输入圆的半径值,如 2000,按回车键。生成圆 C3,源程序语句区则会自动生成语句:

CPSR/3,199,9,4,2000

此语句表示圆 C3 通过点 P9,与直线 S4 相切,半径为2000,同时还生成了一个切点 P199(这里为 P199 是为了不与其他点名字重复才用这样一个大数表示)。通常这样的圆有两个,通过有向半径 R 来选择其中的一个。当 $R>0$ 时,圆 C3 上从 P9 点到 P199 点所形成的劣弧是逆时针向圆弧;当 $R<0$ 时,圆 C3 上从 P9 点到 P199 点所形成的劣弧是顺时针向圆弧。

d. 过三个指定点的圆。

三个操作都选点,直接生成 CPPP 语句。

e. 过两个点且与指定直线相切的圆。

两个操作选点,一个操作选直线。直接生成 CPPS 语句。

f. 与三根直线相切的圆。

三个操作都选直线。直接生成 CSSS 语句,并且三个切点的点号分别取 197,198,199。

④一般曲线图元生成。

在源程序语句区中按鼠标右键，再将鼠标移动到“生成图元”处，再选“一般曲线”，则进入一般曲线图元语句生成操作，如图6-24所示。

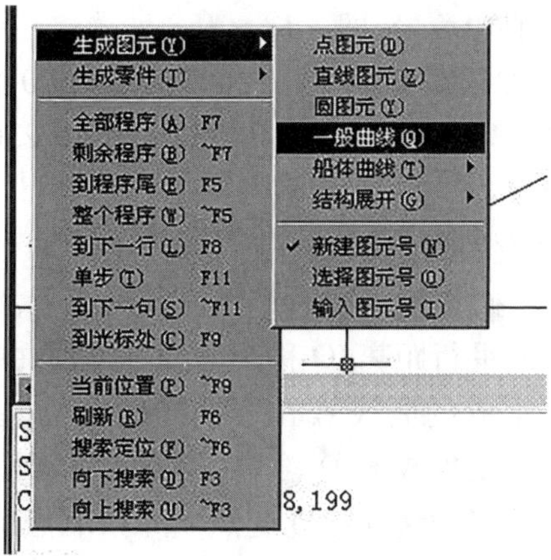

图6-24 一般曲线图元生成操作

首先出现如下的第一操作提示：

“请选择生成曲线的第一个图形：”

此时可以选择一个点或一条线或直接按回车键。如果选择了一个点或一条线，则继续出现如下的第二操作提示：

“请选择生成曲线的第二个图形：”

此时同样可以选择一个点或一条线或直接按回车键。各次操作情况下的后续操作以及操作结果如下所述。

a. 连点成线。

“第一操作直接按回车键。此时显示如下操作提示：”

“请输入曲线#的第n点坐标/U退回/X结束/<选择点图元>：”

其中#是要生成的曲线号，n是要输入的点的序数。如果第n个点是已经定义的点图元，则直接按回车键，显示如下操作提示：

“请选择曲线#的第n点/U退回/X结束/<输入坐标值>：”

此时可以选择图元，或者直接按回车键回到第一个操作提示。输入U则退回前一点，输入点坐标或选择点则进入下一点，输入X则结束点的定义，并且显示如下操作提示：

“请输入曲线#的拟合方式(G光顺/<Z折线>)：”

输入G或Z或直接按回车键，则生成相应的FXY语句。

点击“一般曲线”，在AutoCAD命令栏中出现提示：“请选择生成曲线的第一个图形：”，直接按回车键，则出现提示：“请输入曲线1的第1点坐标/U退回/X结束/<选择点图元>：”，此时可以输入第一点的坐标值，如(500,500)，也可以用鼠标拾取点，出现提示：“请输入曲线1的第1点坐标/U退回/X结束/<选择点图元>：”，与第一步的做法一样得到曲线上的第二点，依此类推，可以得到曲线上的若干点。如果选错了点，可以用“U”来退回一个点，当所有点都选取完毕后，输入“X”来结束。此时出现提示：“请输入曲线1的拟合方式(G光顺/<Z折线>)：”，输入G得到光顺的曲线，输入Z则得到一条折线。源程序语句区则会自动生成语句：

FXY/1,500,500,2028.8,2657.89,5401.36,7500,11197.9,6710.53,13147.7,11342.1,16204.1,13973.7,13885.4,16236.8,8826.61,17236.8,5875.62,17710.5

此语句表示曲线 F1 是通过点(500,500),(2028.8,2657.89)等各点的光顺曲线,如果为折线则在第一个数字“1”前加负号,即 -1。

FXY/ -1, 500, 500, 2028.8, 2657.89, 5401.36, 7500, 11197.9, 6710.53, 13147.7, 11342.1,16204.1,13973.7,13885.4,16236.8,8826.61,17236.8,5875.62,17710.5就表示折线。

b. 曲线位移、平行和截取生成的曲线。

第一操作选择线后,第二操作直接按回车键。此时显示如下操作提示:

“请输入曲线#到线名#的平行距离/O 移动曲线/C 截取曲线:”

其中的两个#分别为要生成的曲线号和所选择的线号,线名是所选择的线的类别(直线、圆或曲线)。若输入距离,则生成 FFD 语句;若输入 O,则显示如下操作提示:

“请输入曲线#离线名#的移动量或移动起点 < 原拾取点 > :”

输入移动量或移动起点后,显示如下操作提示:

“请输入曲线#离线名#的移动终点 < 接受移动量 > :”

此时,直接按回车键则将前面的输入值作为移动量,否则输入移动终点坐标,取该坐标与前面的输入值的差作为移动量,生成 FFXY 语句;若在第一个操作中输入 C,则进入取点操作,显示如下操作提示:

“请输入曲线#的在曲线#上的起点:”

或

“请选择曲线#的在曲线#上的起点:”

输入起点后继续进入取点操作,显示如下操作提示:

“请输入曲线#的在曲线#上的终点:”

或

“请选择曲线#的在曲线#上的终点:”

输入终点后,生成 FFBE 语句。

点击“一般曲线”,在 AutoCAD 命令栏中出现提示:“请选择生成曲线的第一个图形:”,选择曲线 F1,出现提示:“请选择生成曲线的第一个图形:”,直接按回车键,出现提示:“请输入曲线 2 到曲线 1 的平行距离/O 移动曲线/C 截取曲线:”,输入2000,则可以生成曲线 F2,源程序语句区则会自动生成语句:

FFD/2,1,2000

此语句表示曲线 F2 距曲线 F1 的水平距离为 2000 的曲线,二者是平行的曲线。

c. 曲线连接。

一个操作选择点,一个操作选择线。此时显示如下操作提示:

“请选择要连接的曲线:”

选择一条线后,继续显示如下操作提示:

“请选择生成曲线的终点:”

选择一个点后,继续显示如下操作提示:

“请输入连接半径 <0> :”

输入半径后,生成 FCOMB 语句。

d. 与直线对称的曲线。

一个操作选曲线，一个操作选直线。直接生成 FFS 语句。

⑤船体曲线生成。

在生成船体结构零件时，有很多时候需要调用船体本身已经存在的曲线，如肋骨曲线、水线、纵剖线和许多结构线等。在编程“绘制”零件时要用到这些线就没有必要再进行编程了，可以通过一定的方法直接调用这些线。

在源程序语句区中按鼠标右键，再将鼠标移动到“生成图元”处，再移动到“船体曲线”，就会出现如图 6－25 所示的子菜单。

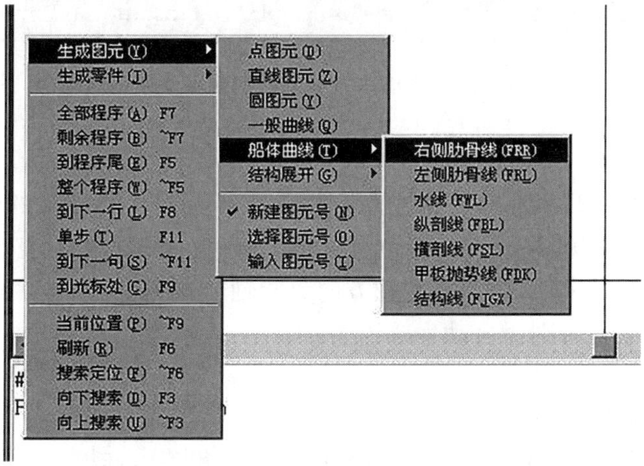

图 6－25 船体曲线生成操作

选择各个船体曲线生成语句，则进入相应的语句生成操作对话框。

a. 左、右侧肋骨线生成语句(FRL、FRR)。

进入如图 6－26 所示的操作对话框，从“可以生成的肋骨位置”表中选择肋位，然后按“生成”按钮，或者双击肋位，则生成相应的 FRL 或 FRR 语句。

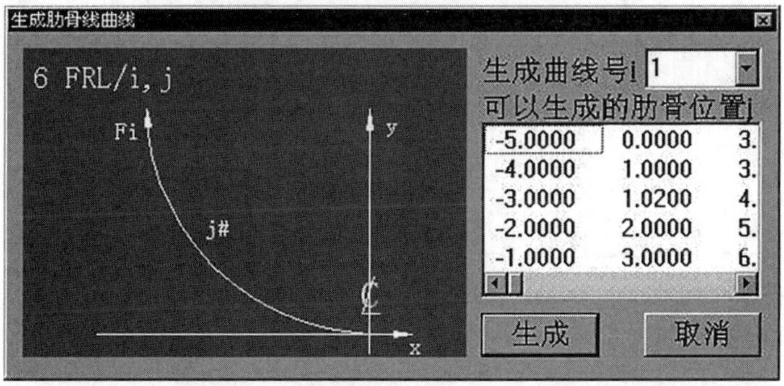

图 6－26 生成肋骨线曲线对话框

例如，FRR/1，46 表示生成右侧第 46 号肋骨线，曲线号为 1。

FRL/3，－2 表示生成左侧第 －2 号肋骨线，曲线号为 3。

b. 水线、纵剖线生成语句(FWL、FBL)。

进入生成水线段或纵剖线段曲线的操作对话框，如图 6－27 所示，输入“水线高度”或者“纵剖线宽”，选择或输入“起始肋号”“终止肋号”和/或“Y 轴肋号”，然后点击“生成”按钮,则生成相应的 FWL 或 FBL 语句。

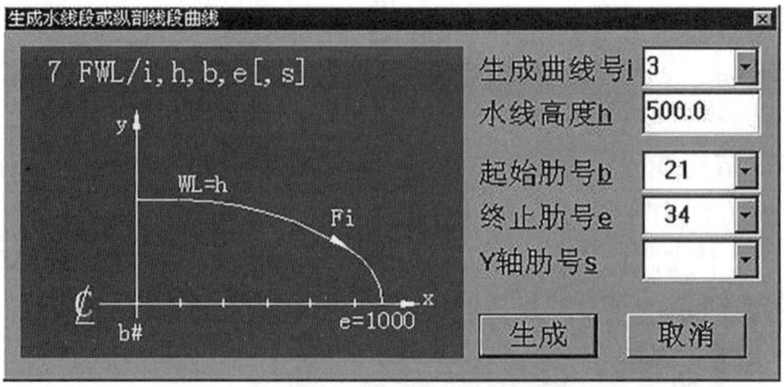

图 6 – 27　生成水线段或纵剖线段曲线对话框

FWL/i,h,b,e[,s]

曲线 Fi 是高度为 H 的水线样条中从起始肋号 B 到终止肋号 E 的样条曲线。当起始位置是船尾时,用 B = –1000表示;当终止位置是船首时,用 E = 1000表示。曲线 Fi 所在的坐标系如下:以船舯线为 x 轴,船宽向左舷方向为 y 轴,y 轴通过肋号 s(s 可缺省)。当 s 缺省时,s = B。源程序语句区则会自动生成语句:

FWL/3,500,21,34

c. 横剖线生成语句(FSL)。

生成横剖线曲线属性页,进入如图 6 – 28 所示的操作对话框。

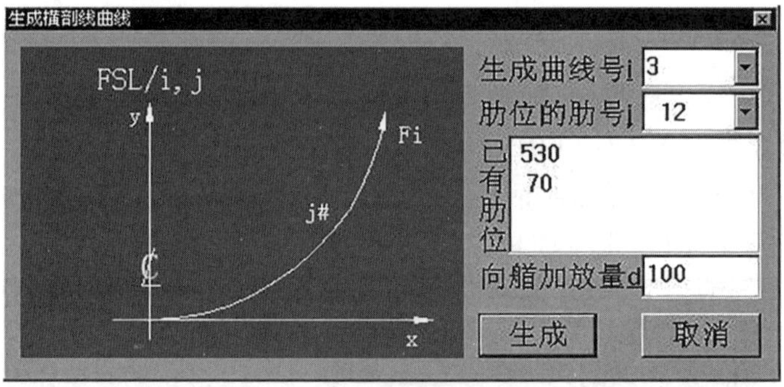

图 6 – 28　生成横剖线曲线属性页

首先从“肋位的肋号”中选择要生成横剖线肋位所在的肋号,则该肋号中已有的肋位显示在“已有肋位”表中,再输入“向艏加放量”,此时如果所输入的加放量是 0 或是“已有肋位”表中的数值,则显示如图 6 – 29 所示的错误提示对话框。

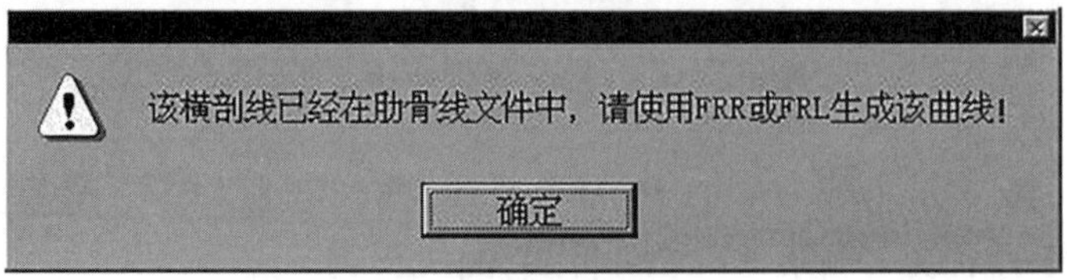

图 6 – 29　错误提示

此时可以先点击“确定”按钮,再点击“取消”按钮,选 FRR 或 FRL 语句生成命令;或者可以先点击“确定”按钮，再重新输入“向艏加放量”，最后点击“生成”按钮生成相应的 FSL 语句。

FSL/5,140.01

此语句表示生成的曲线号为 5 号，曲线为 140 号肋号向艏加 100 mm 的横剖线。

d. 结构线语句(FJGX)。

进入生成结构线曲线的操作对话框，如图 6－30 所示。选择“可以生成的结构线名”，则该结构线的起点和终点被自动设置到“起点位置”和“终点位置”中，然后选择“投影面”、“起点位置肋号”和“终止位置肋号”，并且输入“起点位置加量”“终点位置加量”后，点击“生成”按钮，则生成相应的 FJGX 语句，注意终点位置肋号与起点位置肋号之差必须小于 50。

如选择2102号结构线，点击“生成”按钮，则源程序语句区会自动生成语句：

FJGX/4,2102,1,21,0,34,0

此语句表示第 4 结构线；2102 表示结构线号；1 表示投影面为水平面；21 表示起始肋骨号为 21 号；第一个 0 表示起点位置为肋骨号向艏加 0 mm；34 为终点肋骨号；第二个 0 表示终点位置为肋骨号向艏加 0 mm。

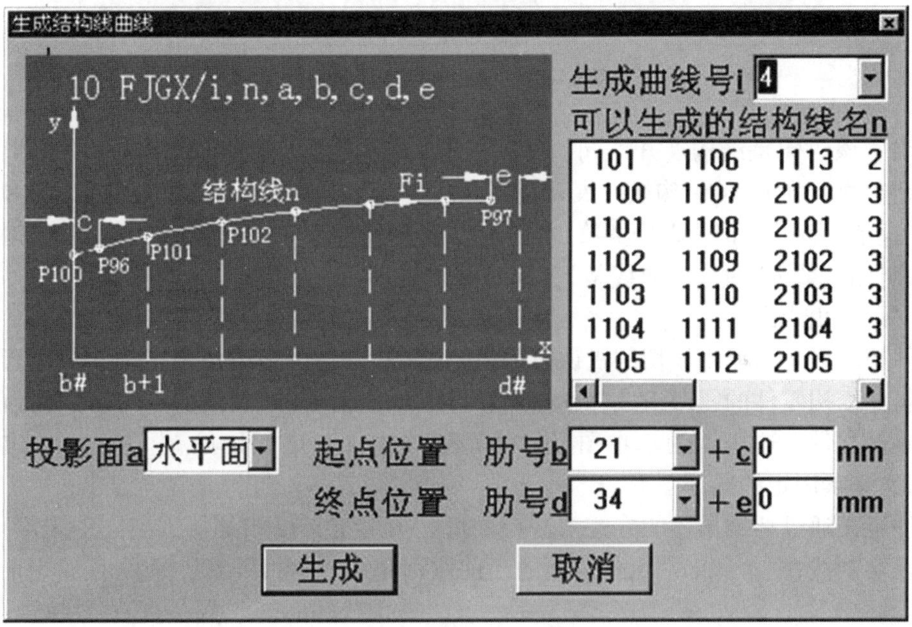

图 6－30　生成结构线曲线属性页

e. 结构展开。

在源程序语句区中按鼠标右键，再将鼠标移动到“生成图元”处，再移动到“结构展开”，在子菜单中点选各个结构展开的生成语句，则进入结构线展开的操作对话框，如图 6－31 所示。

选择或输入所有输入项后，点击“生成”按钮，则生成相应的结构展开语句(DEV、DEV1、DEV2)。根据结构展开语句的不同，“结构线名 n3”“折角肋位”“起始端线”和“终止端线”等对于该语句不需要的项会变灰，不允许输入或选择。另外当选择结构线名时，会根据该结构线的实际定义范围，当“终止位置”或“起始位置”超出范围时会自动修改这些位置，而且最后的“终止位置肋号”与“起始位置肋号”之差必须小于 50。

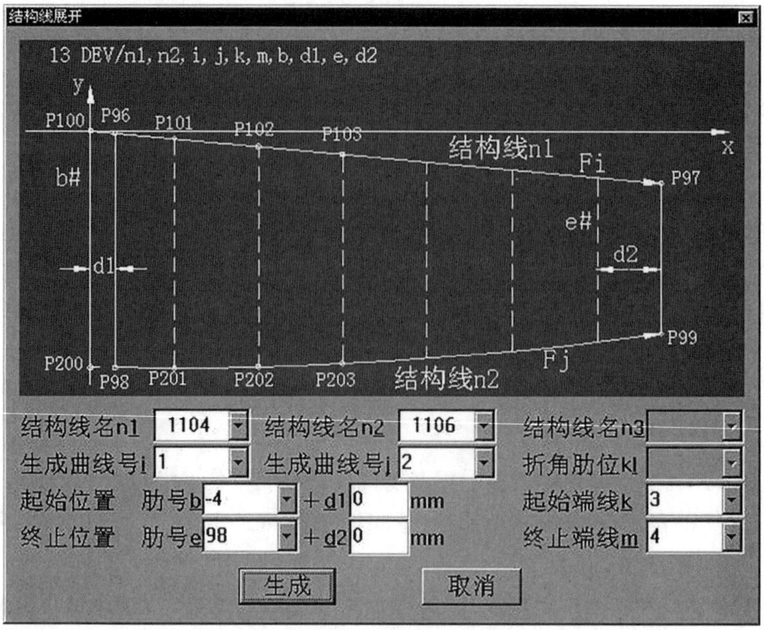

图 6－31　结构线展开属性页

说明　该语句是结构展开语句。所要展开的结构一边为结构线名为 n1 的结构线，另一边为结构线名为 n2 的结构线。展开范围是从 B 号肋号向艏 d1 毫米处开始，到 E 号肋号向艏 d2 毫米处为止。d1、d2 是实数，当小于 0 时表示向艉。展开后，与结构线 n1 对应的曲线是 Fi，与结构线 n2 对应的曲线是 Fj，起始端线是 Sk，终止端线是 Sm。

（3）零件切割语句

零件切割语句由能生成切割机认可的机器代码组成，也是图形定义语句。图形定义语句描述船体结构零件的图形组成。它指明零件图形是由哪些点、线、基本图形串接而成的，以生成零件文件。这里说的基本图形指的是船体构件上诸如切口、内孔之类的出现频率高，形状又基本固定的局部图形。

图形定义通过切割描述的方式来进行。每一图形定义语句都从当前图形末端点出发，描述一段切割线，把新的末端点作为新的当前图形末端点，并用点元 P300 存放当前图形末端点的坐标。

切割语句是零件编程的核心部分，如果前面所进行的点、线、曲线、圆弧等是用来描述零件的轮廓的话，那么这里的切割语句就是根据前面所确定的轮廓来形成零件的形状并生成切割机能识别的切割代码。

设置切割起点语句（START）。在源程序语句区中按鼠标右键，再将鼠标移动到“生成零件”处，再选“切割线定义”，在操作提示 1 后，选择一个点，则显示操作提示 3，然后直接按回车键生成正方向 START 语句，输入 S 则生成反方向 START 语句。

这里定出了切割的起点，但是应该往哪里走，沿着什么路线走呢？这里的零件切割语句就是定义零件内部规则内孔和零件的切割路线的，并把前面定义的图元连接起来。

①规则内孔切割语句。

在源程序语句区中按鼠标右键，再将鼠标移动到“生成零件”处，再选“切割线定义”，则进入切割线定义系列操作，如图 6－32 所示。

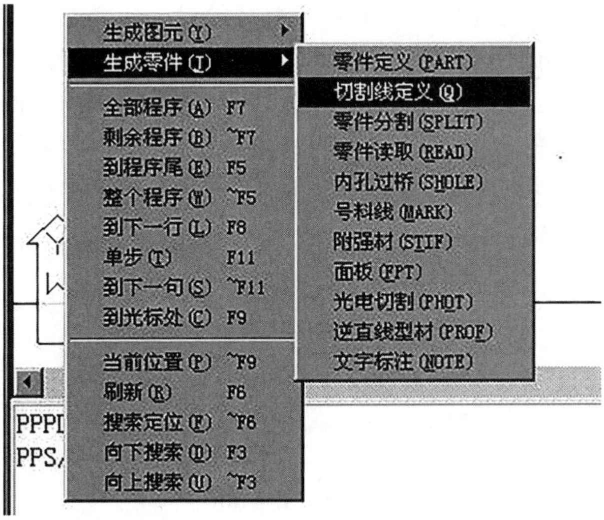

图6－32　切割线定义系列操作

如果尚未定义切割起点，则显示如下的操作提示1：

"请选择切割起点或规则内孔中心点或对称轴直线/K输入规则内孔中心点："

在AutoCAD命令栏中输入字母"K"，按回车键，则出现提示："请输入规则内孔的中心点："，此时输入内孔中心点的坐标如(200,300)，按回车键，或者在用鼠标的左键点一个位置，则出现图6－33所示的界面。

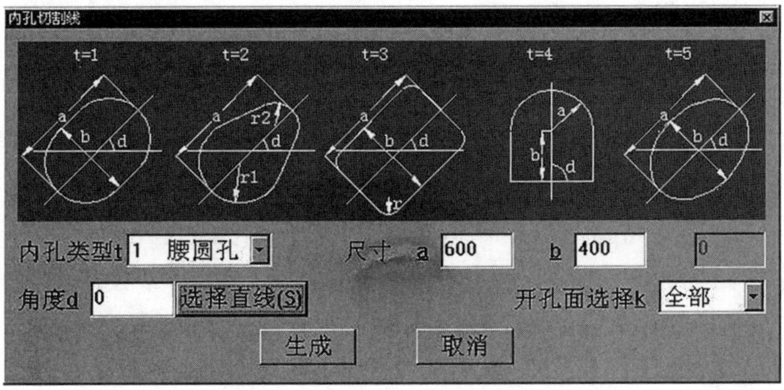

图6－33　内孔切割线属性页

在"内孔类型"中选择要生成内孔的类型，如腰圆孔；尺寸a表示长轴的长度，如600；尺寸b表示短轴的长度，如400；角度d表示长轴方向与X轴的夹角，如90表示与长轴的夹角为90°；开孔面选择可以为全部、仅反面和仅正面。则源程序语句区会自动生成语句：

QTU1/1,500,500,600,400,90

如果点击"选择直线"则表示生成的内孔与所选直线的倾斜角度相同，也就是内孔的长轴与所选直线是平行的。

②QLP/i。

直线段定义语句。生成从当前图形末端点到Pi的直线段。这个语句的意思是在当前图形的末端点起到点Pi止连成一条直线。如想在起点和某一点间连直线，就在START后面直接输入QLP/i。

③QTU7/[i,]j[,r]

基本图形7定义语句。基本图形7由曲线段Fi及Fi、Fj之间所夹的一个切角组成。切角的中心是两曲线Fi、Fj的交点,大小为r。当r>0时,为圆弧切角,r为半径;当r<0时,为三角形切角,|r|为等腰边的边长;当r=0或r省略时,基本图形7退化成曲线段,没有切角。曲线编号i可省略,此时Fi沿用上一图形定义语句中给出的曲线编号,如图6-34所示。

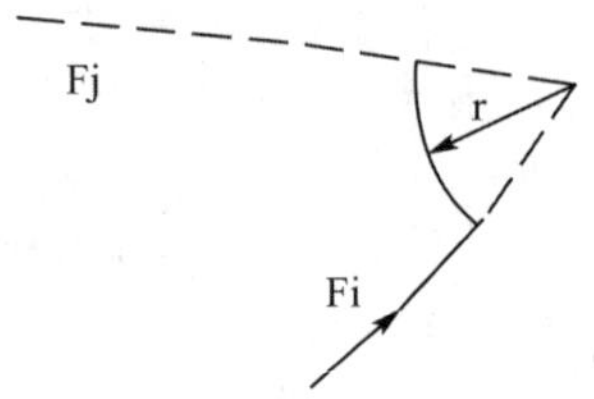

图6-34　基本图形7

这条指令主要是用来带切角的形状的。

在结构编程中还有许多其他的语句,限于篇幅这里就不再一一介绍,读者可以在《船体结构几何语言说明书》中查阅。

6.3.3　操作方法和思路总结

事实上,用交互式零件编程语言,可以不用记忆这些指令。在源程序语句区中按鼠标右键可以得到相应的指令。

从前面的介绍中可知,零件编程分成三个部分:

1. 零件标识语句

这一部分是用来描述零件的分段号、件号、件数、对称属性、板厚、材料编号、加工编码等信息的。其固定的格式为PART/[n1,]n2,[-]n3[ps],[-]d,a,c,这一语句一定是在一个零件编程程序的最前面的。其操作方法可以通过直接输入几何语言的方式,也可以在源程序语句区中按鼠标右键,选择"零件定义part",输入相应的参数得到。这一部分是不能缺省的。

2. 几何元定义语句(零件轮廓描述)

这个部分就是通过生成一些辅助的点、线、圆、样条曲线等来限制一个零件的轮廓,注意,此时零件并没有生成,只是零件被限制到了一个范围以内。这是零件编程的主体部分。

3. 零件定义语句

零件定义语句也称为切割语句,是用来生成切割代码的。前面进行零件轮廓描述时,只是限制了零件的轮廓范围,实际上还没有生成独立的零件。这里零件定义语句就是生成零件的形状并生成切割机能够识别的切割代码,这是零件编程的核心,如图6-35所示。

4. 零件定义实例

现在给出如图6-36所示的某一零件图形,我们用交互式零件编程来生成。

这是一个比较简单的零件,根据前面所讨论的生成原理和操作方法,用交互式零件编程来生成这个零件。

(1)零件标识语句

在源程序语句区中输入零件编号,如#1。

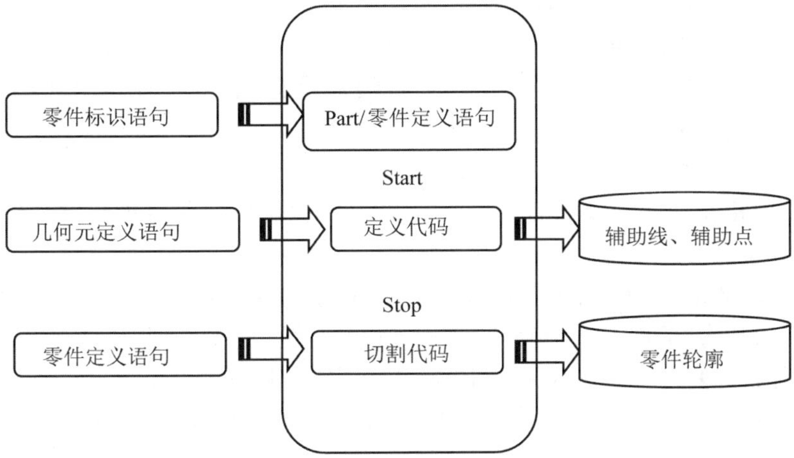

图6－35　零件定义语句构造图

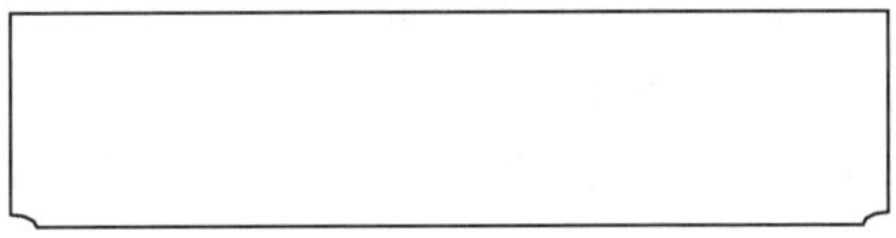

图6－36　某一零件

在源程序语句区中按鼠标右键，选择“生成零件”→“零件定义”，出现如图6－37所示对话框。

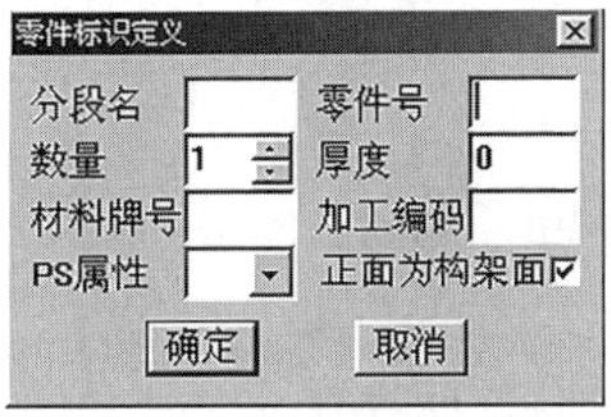

图6－37　零件标识定义对话框

在分段名中输入分段名，如100，也可以省略；在零件号中输入1，这里一定要输入1，因为前面我们所输入的零件编号为1；在数量中输入一个数字，如2，表示这个零件的数量；在厚度中输入一个数字，如10，表示板的厚度；在材料牌号中输入a，表示材料牌号为a；在加工编码中输入m；PS属性，可以根据需要选择，这里不选。这样就形成了如图6－38所示状态。

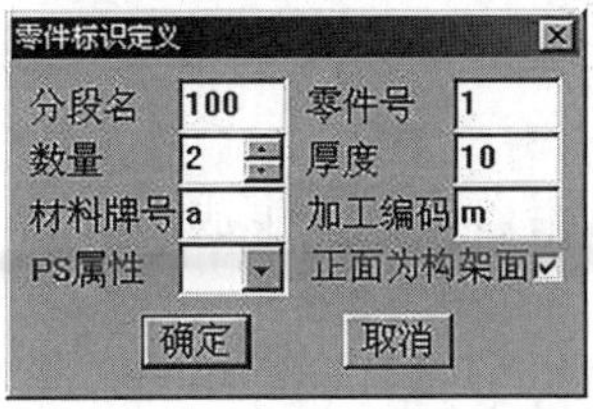

图6－38　零件标识定义对话框

点击“确定”按钮，零件标识语句完成，自动生成语句：

PART/100,1,2,10,a,m

并在 AutoCAD 界面中生成两条互相垂直的蓝色直线，分别表示所绘图形的 X 轴和 Y 轴。

(2)零件轮廓描述

这一部分就是作辅助线和辅助点等来描述零件的轮廓，使零件的形状限制在所作的辅助线和辅助点内。

此时我们要分析所绘制的零件可以由什么样的辅助线或点等来得到，显然，这个零件是一个平行四边形，然后有了 2 个倒角。对于倒角这里先不做处理，它是在零件标识语句中得到的，所以我们这里只需要得到一个相应尺寸的平行四边形和四个角点的交点就可以了。

系统默认 X 轴为第一条直线，即 S1、Y 轴为第二条直线，即 S2，所以要得到平行四边形，只需要再有两条直线就行了。

作一条直线与 X 轴(S1)平行，距离为要求的距离。

在源程序语句区中按鼠标右键，点击直线图元，在 AutoCAD 命令栏中提示：“请选择生成直线的第一个图形：”，选择 S1，在 AutoCAD 命令栏中提示：“请选择生成直线的第二个图形：”，直接按回车键(即不选择任何图形)，在 AutoCAD 命令栏中提示：“请输入与直线 1 的距离：”，根据要求输入一个距离，如 500，在 AutoCAD 命令栏中提示：“请确定新直线的方位：”，此时用鼠标点击 S1 的上方，表示在直线 1 的上面生成新直线。这样一条新的直线 S3——ssd/3,1,500,1——就生成了。

同样地，再生成一条与 Y 轴(S2)平行的直线 S4，ssd/4,2,1000,4。

生成一个点作为切割的起点，这里选择直线 S2 与 S3 的交点。再在源程序语句区中按鼠标右键，点击“生成点图元”。分别选择两条直线，则可以生成这两条直线的交点：pss/1,2,3。

(3)零件定义语句

①定义切割起点。

这里选择 P1 点作为切割的起点：start/1。

②生成零件轮廓。

在直线 1(X 轴)与直线 2(Y 轴)之间存在一个切角。由于切割起点是从 P1 点开始的，所以应该是在直线 2 到直线 1 之间有一个切角。

在源程序语句区中按鼠标右键，选择“生成零件”→“切割线定义”。

在 AutoCAD 命令栏中提示：“请选择切割路线或下一切割点/S 输入下一个切割点坐标/ <上次曲线>：”(这里要选择切割路线)，先选择直线 2，在 AutoCAD 命令栏中提示：“请选择切割终点或转弯曲线/S 输入切割终点/F 封闭对称切割/D 非封闭对称切割：”(这里要选择转弯曲线)，选择直线 1，在 AutoCAD 命令栏中提示：“请输入转角半径：”(这里要生成切角的半径)，如输入 25 则表示转角的半径为 25 mm。在 AutoCAD 命令栏中提示：“请选择转角类型……：”，这里选择圆弧倒角。

此时可以发现从切割起点 P1 沿着直线 2 生成了一条直线，并且在直线 2 与直线 1 的相交处生成了一个圆弧状的倒角。

在源程序语句区自动生成语句：

QTU7/S2,S1,25

此时切割路线已经走到了直线 1 与直线 2 的交点处。

在 AutoCAD 命令栏中提示:“请选择切割路线或下一切割点/S 输入下一个切割点坐标/ <上次曲线> :”,选择直线 S1 或者直接按回车键(表示还选择原来的曲线),在 AutoCAD 命令栏中提示:“请选择切割终点或转弯曲线/S 输入切割终点/F 封闭对称切割/D 非封闭对称切割:”,选择直线 S3,在 AutoCAD 命令栏中提示:“请输入转角半径:”,输入一个值 25,在 AutoCAD 命令栏中提示:“请选择转角类型……:”,这里选择圆弧倒角。在源程序语句区自动生成语句:

QTU7/S4,25

在 AutoCAD 命令栏中提示:“请选择切割路线或下一切割点/S 输入下一个切割点坐标/ <上次曲线> :”,按回车键,选择直线 S3,在 AutoCAD 命令栏中提示:“请输入转角半径 <0> :”,直接按回车键(因为这里没有转角)。在源程序语句区自动生成语句:

QTU7/S3

此时可以看出,只要在最后这一点和切割起点连一直线,零件轮廓就可以完成了。所以可以用前面介绍的直线段定义语句 QLP/1 来表示从当前位置到 P1 点间连直线。

这样零件的生成就可以完成了,总结起来其语句为:

```
PART/100,1,2,10,a,m    ‘零件标识语句
ssd/3,1,500,1          ‘生成一条直线 S3 与 S1 平行
ssd/4,2,1000,4
pss/1,2,3              ‘生成一个点 P1
start/1                ‘定义切割起点
QTU7/S2,S1,25          ‘生成 S2 到 S1 的切割线并生成切角
QTU7/S4,25
QTU7/S3
QLP/1                  ‘在当前位置到 P1 点间连直线
STOP                   ‘结束语句
```

任务6.4 零件套料

零件套料

6.4.1 板材零件交互套料

零件编制完毕后,要进行数控切割。我们知道所切割的零件是在钢板上的,而钢板是的尺寸往往是固定的,为了最大限度地利用钢板,要进行适当的套料。HD－SHM2005 系统中提供了良好的交互套料功能,可以在电脑屏幕上直观地进行操作,将一个个编制好的零件一个个地“放置”到钢板上去,这样就可以在一块钢板上摆尽可能多的零件。

1. 工作原理(图 6－39)

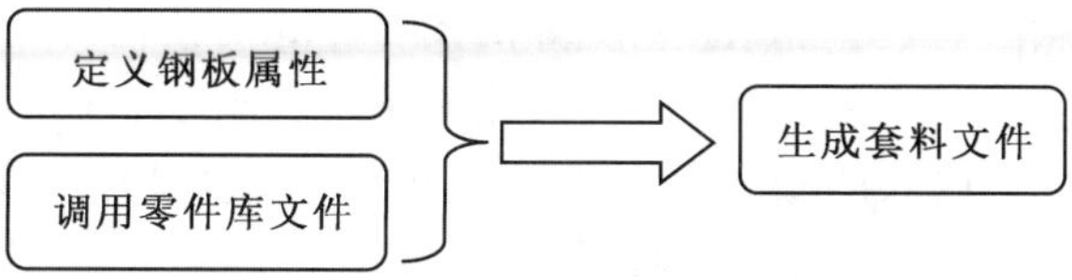

图 6－39 工作原理

2. 工作方法

从图形平台的“HDSHM”下拉菜单中选择“板材零件交互套料”，或者从工具条中点击“板材零件交互套料”按钮则进入图 6－40 所示的操作对话框。

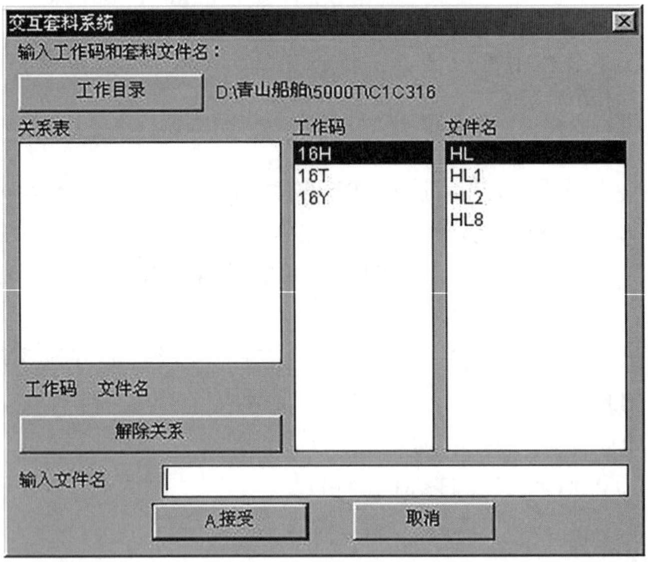

图 6－40 交互套料系统对话框

点击“工作目录”，选择零件库及其目录，会出现如图 6－41 所示对话框，这步操作是为了找到前面零件编程中所得到零件及其所在的目录。

图 6－41 零件库及其目录

选择你的零件库，这里的 traps. 16t 中：traps 表示零件库文件，16 表示船名或分段名，t 表示工作者编码。点击“打开”进入如图 6－42 所示界面。

在“输入文件名：”输入你的套料文件名，一般为了识别往往输入 HL，HL 表示号料。这里笔者输入 yanghu。点击“接受”按钮，系统弹出图 6－43 对话框。

点击“确定”按钮生成一个新的套料文件，此时系统会出现图 6－44 所示界面。

这里要求输入板号。输入的板号就是要定义的钢板，也是作为套料的地方，如输入板号1000。点击“接受”按钮会出现图 6－45 所示界面。

这里需要选择切割码，其含义可以在《HD－SHM 系统配置文件 hdconfig. dat 的说明》中查阅；长度表示钢板的长度，根据实际情况输入一个数值，如20000表示该钢板的长度为20 000 mm；在宽度中输入钢板的宽度值，如10000；在厚度中选择钢板的厚度，如10，这里需要注意的是后面要进行套料的零件的厚度一定要与钢板的厚度相同；在数量中输入该钢板的数量，如2。

点击“接受”按钮，则钢板的属性设置完毕，进入图6－46所示界面。

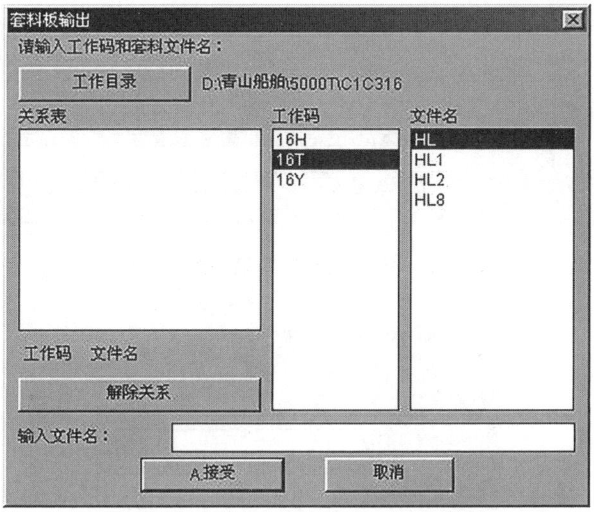

图6－42　套料板输出对话框

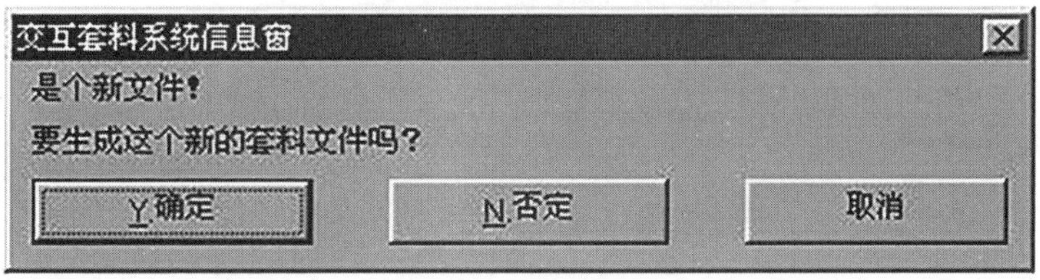

图6－43　交互套料系统信息窗

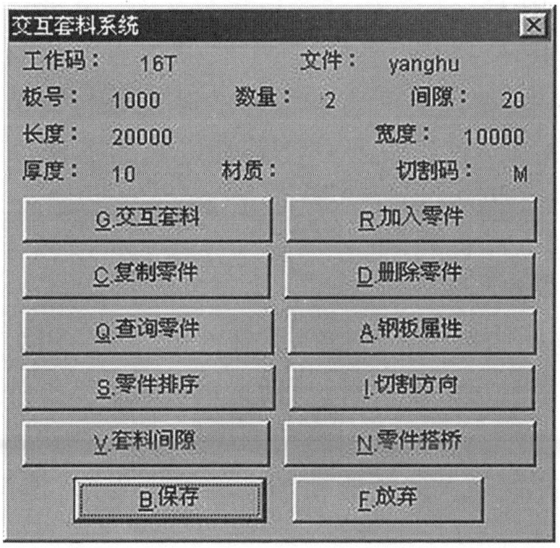

图6－44　交互套料系统对话框

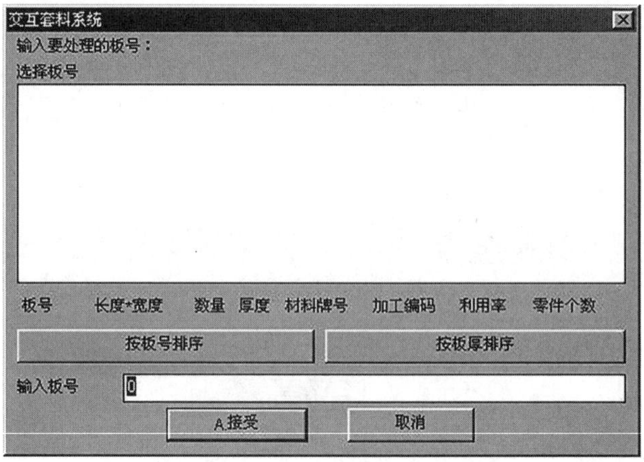

图 6－45　交互套料系统对话框

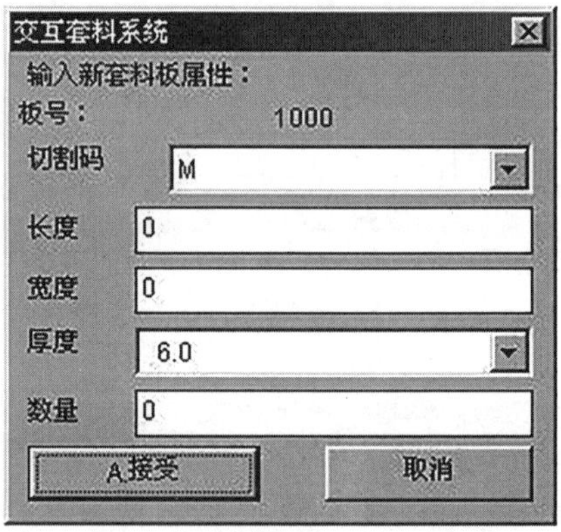

图 6－46　交互套料系统对话框

同时，在 AutoCAD 中出现了一个矩形框，就是你定义的钢板。

此时，钢板的属性定义完毕，也就是要套料的基础已经有了，现在要做的就是将前面生成的零件“放进”这块钢板中了。

点击“加入零件”出现图 6－47 所示界面。

这里选择要加入的零件，要注意所选的零件的厚度要与钢板的厚度相同，并且零件的尺寸要小于钢板的尺寸。(其实这里只显示能够套进去的零件，即其厚度是与钢板的厚度相同的，同时其尺寸也是小于钢板的尺寸的)

选择一个零件，或者输入零件名(此零件必须存在才可以)，点击“接受”按钮就可以进入图 6－48 所示套料界面了。

根据 AutoCAD 命令栏中的提示要求可以将零件进行旋转、移动、翻身等操作，直至其达到要求的效果为止。这里需注意零件的剩余数量的变化，当套料完一个零件后，其数量就相应地减少了 1。

将一个零件定位后，再次进入选择所要加入的零件界面，选择要加入的零件可以再将一个零件加入钢板。

为了便于操作和查看，最好将套料的零件进行编号，点击如图 6－49 所示的“零件排序”按钮。

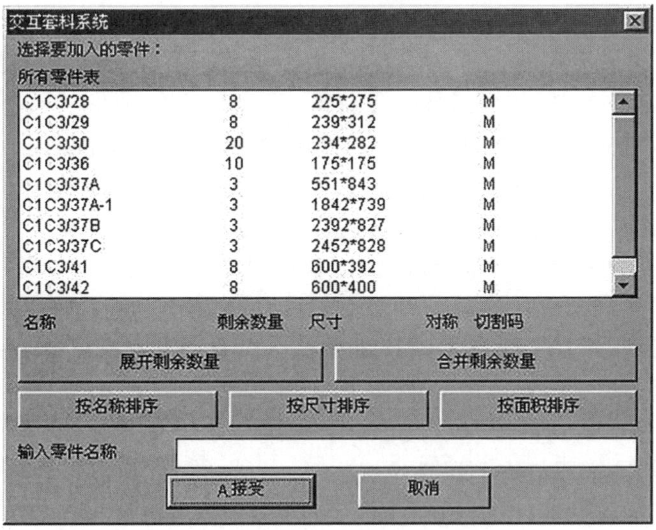

图 6－47　交互套料系统对话框

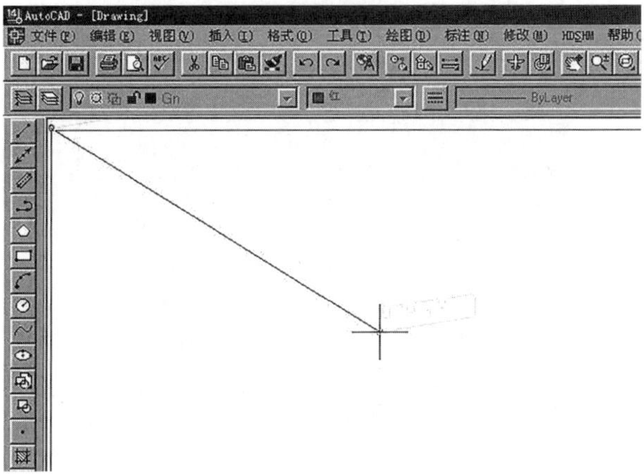

图 6－48　套料界面

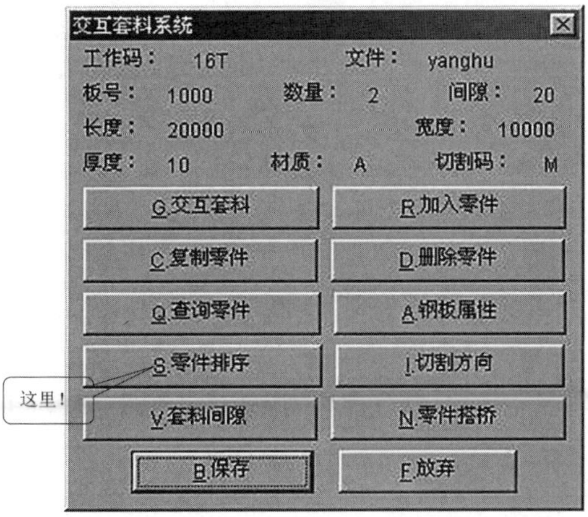

图 6－49　交互套料系统对话框

为了更精确、更迅速、更简便地移动零件，系统在零件平移时会进行自动碰靠。套料时，各个零件间、零件和套料板边框间不能相交，并且必须留有一定的间隙。系统通过提供自动碰靠功能来实现这一目的。当移动鼠标时，所选的零件图形将被拖动。但是，当拖动到与其他零件或套料板边框间隙接近规定的间隙（即自动碰靠间隙）时，就自动停止零件图形的进一步向前拖动。此时，按鼠标左键，零件图形就被确定在新的位置，该位置零件间隙正好等于规定的间隙（即自动碰靠间隙），这就是自动碰靠功能。

在移动过程中，只要按住“Shift”键，就可取消自动碰靠，此时，零件可与其他零件或套料板边框相交。零件只要与其他某零件或套料板边框相交，在移动过程中，就不受该零件或套料板边框的限制，而一旦脱离了与该零件或套料板边框的相交状态，系统就立刻恢复与该零件或套料板边框的自动碰靠功能。

另外，当鼠标移动到的钢板空白位置能够容纳要定位的零件时，系统会越过套料板边框或之间相隔的零件，把零件拖到鼠标位置。

如果想对已经加入的零件进行修改（指放置的方位），可以点击如图 6－50 所示对话框的“交互套料”按钮。

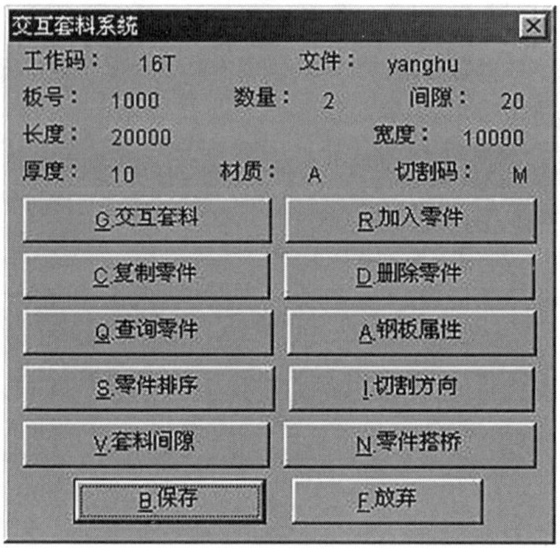

图 6－50　交互套料系统对话框

进入交互套料界面后可以对零件进行旋转、移动等操作。

最后，充分利用钢板的面积，将足够多的零件加入。输出结果如图 6－51 所示。

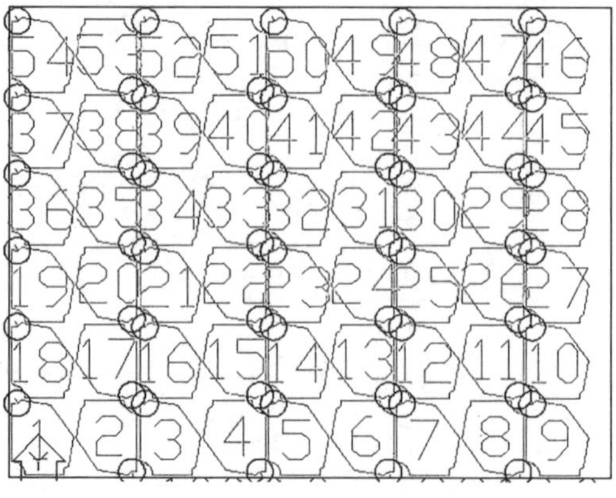

图 6－51　输出结果

6.4.2 套料板输出

前面所进行的零件套料只是生成了一个套料文件,还不能进行切割和输出图形,套料板输出就可以进行零件套料图的输出。

选择“套料板输出”,出现如图 6-52 所示界面。

同样地选择工作目录,并选择或输入文件名,点击“接受”按钮进入图 6-53 所示界面。

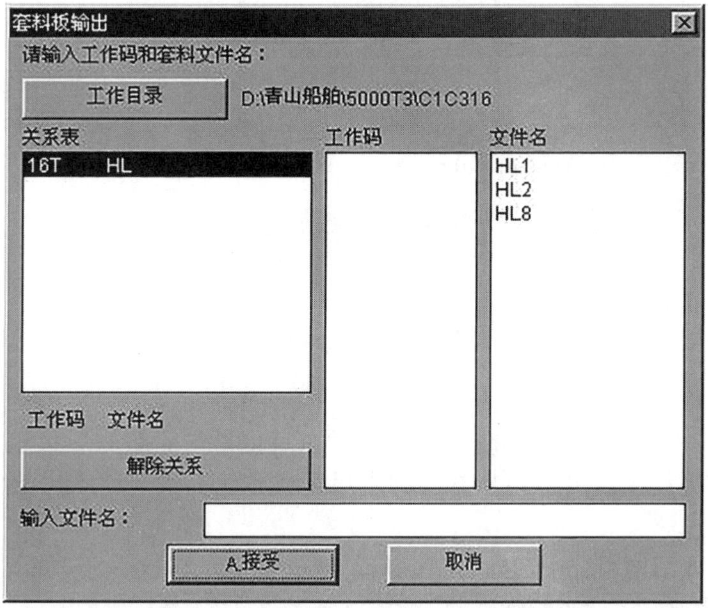

图 6-52 套料板输出对话框

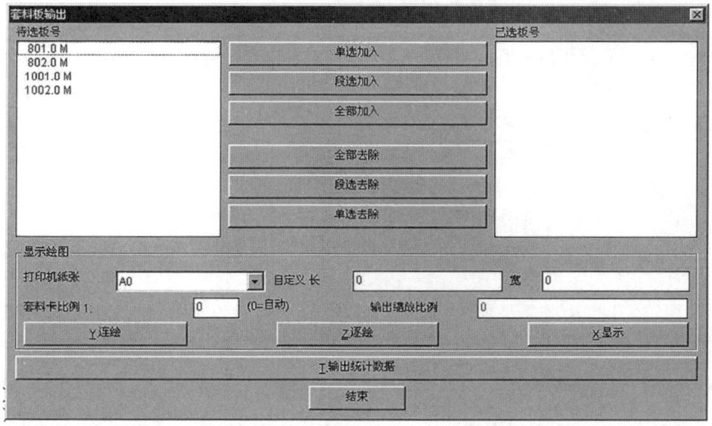

图 6-53 套料板输出对话框

在左侧的“待选板号”中选择要显示的板号,点击“单选加入”或“全部加入”按钮,则在右侧的“已选板号”中出现选中的板号,点击右下侧的“显示”按钮,则可以显示套料的结果,如图 6-54 所示。

这里所介绍的只是套料操作最基本的内容,要想了解具体的操作方法和功能可以去查阅相关的说明书,这里不再赘述。

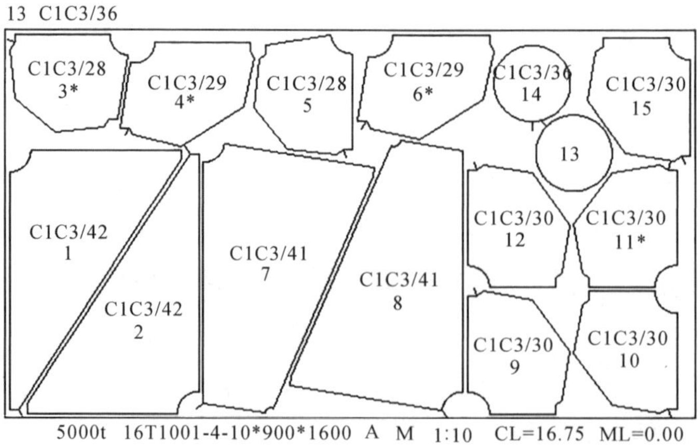

图 6-54 套料结果

任务 6.5 水尺展开

由于船舶是一个具有三曲度的实体,其上的水尺也是与船舶的形状相对应的有一定曲度的实体。在本系统中给出了相当方便的水尺生成方法。本节就水尺的生成方法做以简单介绍。

在 HD-SHM 结构系统中选择“水尺展开”属性按钮,如图 6-55 所示。

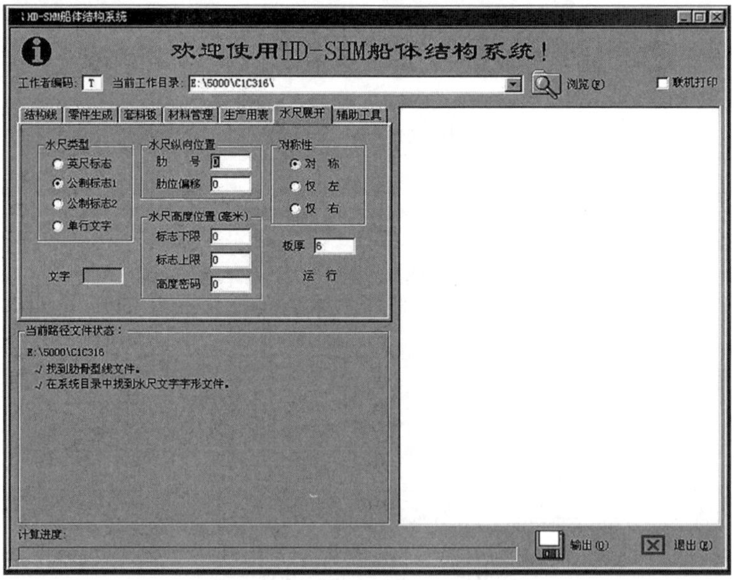

图 6-55 HD-SHM 结构系统总体界面

6.5.1 功能

本属性页用于水尺标志和水尺文字的展开。水尺标志通常出现在船首、船舯和船体左右两侧,用以标记吃水深度。有三种形式的水尺:公制水尺 1、公制水尺 2 和英制水尺。

6.5.2 操作方法

1. 在工作者编码中输入一个字母，并选择正确的当前工作目录

要正确运行本功能需要两个文件，一个是肋骨型线文件，另一个是水尺文件字形文件。肋骨型线文件在线型系统中已经生成，水尺文件字形文件系统自动提供。

2. 选择水尺类型

公制水尺 1 如下：	公制水尺 2 如下：	英制水尺如下：
…	…	…
10M	10.0M	34F
8M	9.8M	33F
6M	9.6M	32F
4M	9.4M	31F
2M	9.2M	30F
9M	9.0M	29F
…	…	…

其中 M 表示米，F 表示英尺。

在水尺标志中，除上述形式的文字外，还会有一些文字行。

水尺标志中的文字从侧面正视，应为矩形。对公制水尺文字，矩形大小为 100 × 60，但 M 字为 100 × 80。对英制水尺文字，矩形大小为 150 × 90，但 F 字为 150 × 105。而各文字行的文字大小按设计要求会有各种高度和宽度。

水尺文字是贴在船体曲面上的，因此必须展开。通常，展开后的水尺文字是一平行四边形。左右舷相同位置的展开矩形的尺寸基本对称，但文字图形不对称，因此，左右舷的水尺文字必须分别展开。

3. 水尺纵向位置

水尺纵向位置表示水尺沿船长方向的位置。在水尺纵向位置中填写肋号，如 30 表示水尺在第 30 号肋位的位置。如果水尺的位置不是刚好在整数肋位，那么可以填写肋位偏移，如 100，它表示水尺所在的纵向位置为 30 号肋位向艏偏移100 mm。

4. 水尺高度位置

水尺高度位置表示水尺的上端点和下端点的位置，其单位是毫米。“高度上限”填写水尺的上端点高度值，如100000；“高度下限”填写水尺的下端点的高度值，如1000。高度密码是针对军用舰艇，出于保密要求，水尺标志不标真实吃水，而在高度 h 处标为 h′，这里 $\Delta h = h' - h$ 就是高度密码。

5. 对称性

“对称性”表示水尺是生成左右两侧，还是仅左、仅右的水尺。通常选两侧（对称）。

6. 板厚

“板厚”给出水尺文字零件的板厚，输入一个数字，如 6。

点击“运行”按钮，如果没有什么错误的话，系统则提示：“肋位 30#100 的水尺计算结束”。

生成的水尺文件系统是作为一个零件来处理的，该水尺文字零件被存放在零件库中。它也可以像其他零件一样进行显示、绘图、套料并生成切割文件。

要想看到生成水尺的结果，可以点击“HDSHM 图形文件输出”，如图 6－56 所示。

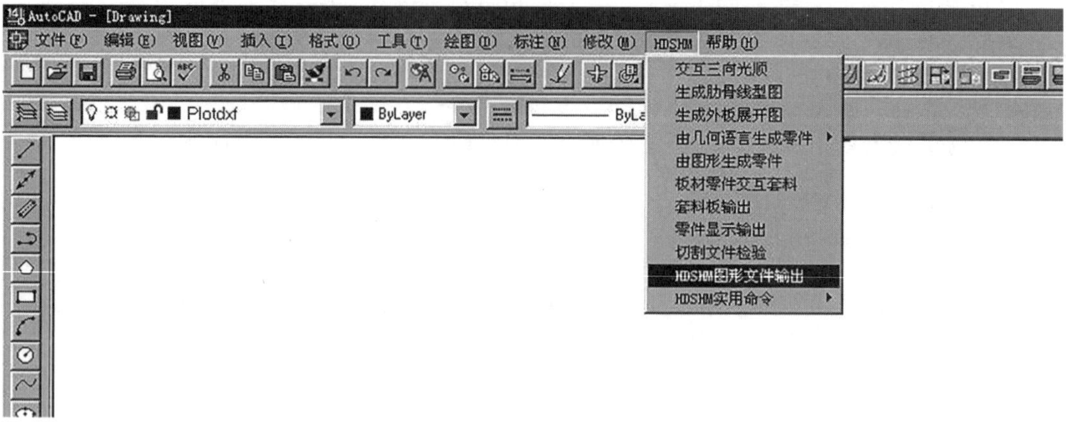

图 6－56　生成水尺步骤图

点击后出现如图 6－57 所示对话框。

图 6－57　选择绘图文件对话框

在这里一定要找到你的工作目录，其中存在一个文件 dmark. hdg，这就是水尺文件，选择该文件，点击“打开”按钮，则水尺文字出现。

如果选择单行文字，则“水尺类型”下面的文件输入框变得可用，输入文字，如 YANGHU，其他的各项也填写完毕，如图 6－58 所示。

点击“运行”按钮，系统提示：“肋位 50#100 的水尺计算结束”。

点击“HDSHM 图形文件输出”，选择相应的水尺文件，则出现如图 6－59 所示内容。

【思考与练习】

1. 简述结构线布置说明数据块的格式和内容。
2. 生成 150 t 冷藏船结构线。

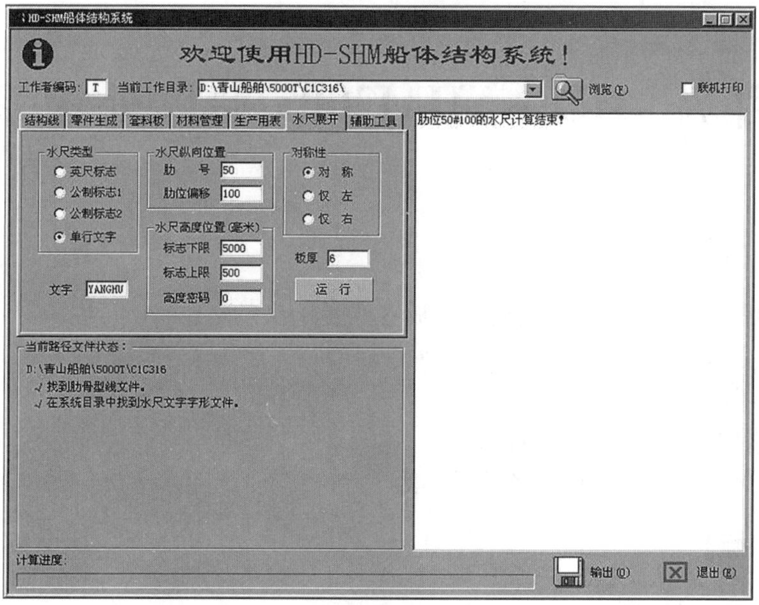

图 6－58　HD－SHM 结构系统总体界面

6－59　HDSHM 图形文件输出结果

项目7 HD－SHM2005船体外板系统

【项目任务】

本项目的任务是150 t冷藏船典型外板零件展开。

【学习内容】

1. 掌握船体板缝描述文件准备的操作。
2. 掌握船体柱缝描述文件准备的操作。

【能力目标】

1. 能生成外板展开图。
2. 能展开外板零件。

任务7.1 板 缝 布 置

板缝布置

7.1.1 概述

HD－SHM船体外板系统是HD－SHM2005系统的一个分系统。HD－SHM船体外板系统布置生成外板板缝，展开外板零件，提供外板零件下料图、外板加工用的活络样板调节型值表、样箱制作图及分段支柱式胎架的图表。由此可见，HD－SHM船体外板系统已覆盖外板放样和加工的各方面，是目前国内最完备的船体外板系统。

1. 数学放样展开外板的基本思想

数学放样展开外板是模拟手工进行的，用数学计算方法描述外板接缝线生成、零件展开计算、数控绘图切割等过程。

2. 数学放样展开外板的任务

船体外板展开计算是在船体型线三向光顺、插值生成肋骨型值、排定船体结构后进行的。它的主要任务如下：

①生成外板纵接缝；

②计算展开外板零件；

③实现合理的加工补偿和修正计算，将工艺融入外板展开计算中；

④提供外板零件加工所需的各种数据图表、数控切割程序；

⑤为造船工程管理提供数据和信息。

3. 数学放样展开外板的展开方法

目前手工展开外板的方法有许多种，其中以测地线法展开最为普遍。现在的外板数学展开程序也经常选用该法。

7.1.2　板缝布置

船体外板系统充分利用来自 HD－SHM 船体线型系统和结构零件系统的数据。这些数据文件有:

①肋骨型线文件:FRAME＊＊.DAT;

②水线型线文件:WLINE＊＊.DAT;

③直剖线型线文件:BLINE＊＊.DAT;

④肋位坐标文件:CHARP＊＊.DAT;

⑤结构线文件:JGX＊＊.DAT。

船体外板系统启动后,出现图 7－1 所示系统窗口。

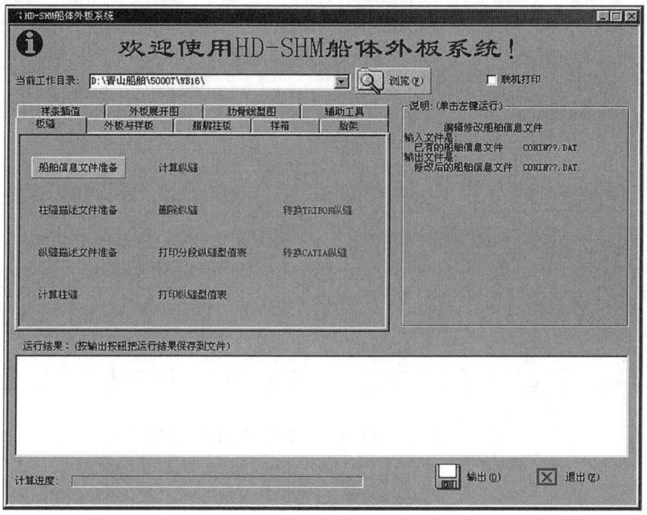

图 7－1　船体外板系统界面

点击“板缝”,首先进行船舶信息文件准备。

7.1.3　船舶信息文件准备

进入船舶信息文件准备对话框界面,如图 7－2 所示。

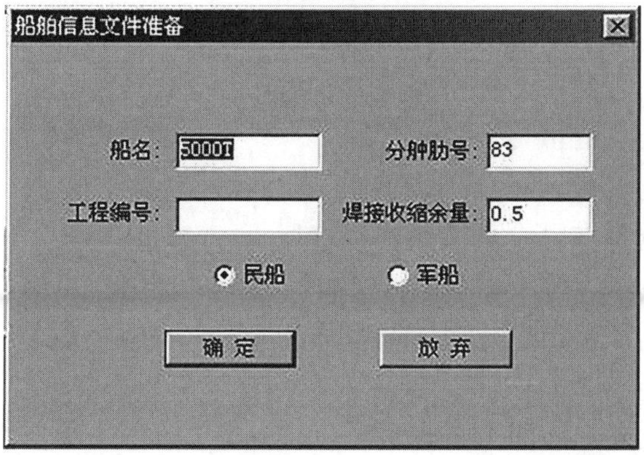

图 7－2　船舶信息文件准备对话框

在这个对话框中，我们要填写船名，这里为“5000t”；分舯肋号，这里为83号肋骨；工程编号；焊接收缩余量。点击“确定”按钮，则船舶信息文件准备完毕。

7.1.4 柱缝描述文件准备

点击“柱缝描述文件准备”，进入图7－3所示界面。

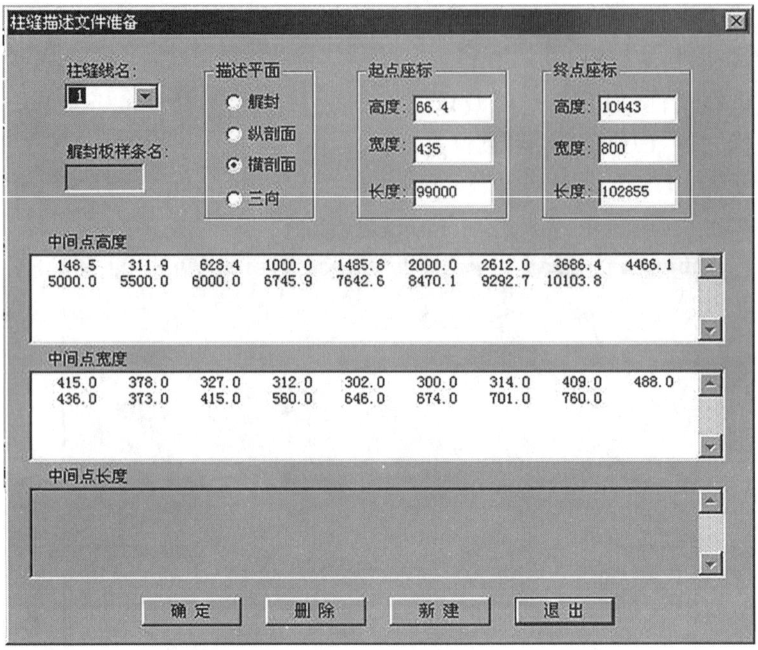

图7－3　柱缝描述文件准备对话框

1. 板缝线说明

这个对话框是进行柱缝描述的，根据设计部门提供的“艏艉柱图”，填写必要的数据。艏艉接缝线是艏艉柱与外板交界的样条曲线。在外板展开计算时，它的一部分作为外板纵接缝线，另一部分作为外板端接缝处理。

一般艏艉柱接缝线是一条三维曲线，必须经过三向型线光顺以后得到。目前进行数学放样展开外板时，艏艉柱接缝线仍然采用手工光顺的方法作出。

外板展开计算所需要的艏（或艉）柱接缝线有两组：一组是艏（或艉）柱接缝线在横剖面上投影线的高度和半宽值（即作为外板端接缝处理的部分）；另一组是艏（或艉）柱接缝线在中纵剖面上投影线的高度和距坐标系原点的水平距离（即作为外板纵接缝线处理的部分）。

2. 板缝描述文件准备的填写

①在柱缝线名中选择或填写柱缝线名。

②在描述平面中选择在哪个剖面描述柱缝线。

③在起（终）点坐标中填写三个实数，分别表示高度、半宽、船长。船长是到0号肋骨的距离，正肋骨方向船长为正，负肋骨方向船长为负，这组坐标值表示柱缝线的起（终）点坐标。

④中间点高度填写从第二点起各点的高度值。

⑤中间点宽度填写从第二点起各点的半宽值。

⑥中间点长度填写从第二点起各点的长度值。

注意 选取的描述平面不同,在下面所需要输入的值也不相同。如选择纵剖面,则可以输入中间点高度和中间点长度,其实这是将柱缝线作为纵缝线处理;如选择横剖面则可以输入中间点高度和中间点宽度,其实这是将柱缝线作为端接缝线处理。柱缝线号是一个不大于40 的正整数,全船统一编号,间断的柱缝线应分别编号,所以如果将艏艉柱缝线分成两组,也要分别给出编号。

7.1.5 纵缝描述文件准备

1. 板缝线说明

点击“纵缝描述文件准备”,可以进入纵缝名选择对话框。它需要船舶信息文件(第一步已经准备完毕)和肋位坐标文件(在线型系统中已经存在),如图 7-4 所示。

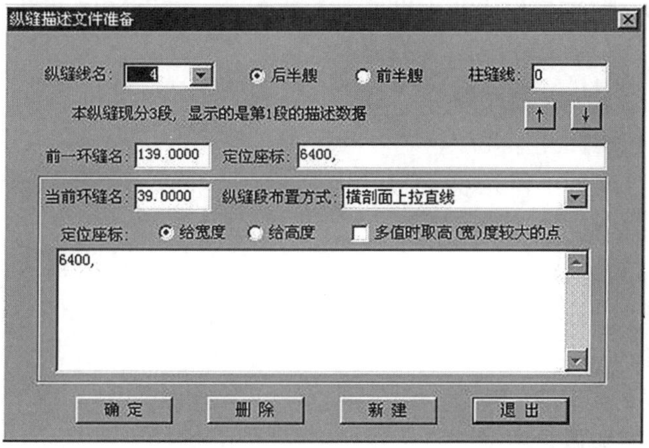

图 7-4 纵缝名选择对话框

在外板接缝线中,纵接缝线排列最为复杂。国内至今还没有实现计算机程序自动排列纵接缝线,这里的 HD-SHM2000 船体建造系统的纵接缝线布置是利用人-机交互的方式布置外板纵接缝。

首先在配好船体结构线、端接缝线及艏艉柱接缝线的 1:10 肋骨型线图上,用类似手工的方法粗排出纵接缝,然后通过外板计算程序将纵接缝最终确定下来。

目前,手工粗排的纵接缝线有以下两种类型:

(1)一根纵接缝与各肋骨线的交点可以确定

这种情况是已知纵接缝与肋骨线交点的高度值(半宽值),通过纵缝线计算得到交点的半宽值(高度值),用测地线法展开。

(2)一根纵接缝与各肋骨线的交点不能确定,只能确定纵接缝与端接缝的交点

采用短程线法,使展开后的外板零件的纵接缝成为一条直线,通过系统自动计算得到与各肋骨的交点。

2. 板缝线描述文件准备的填写

(1)纵缝线名

在纵缝线名中选择或填写纵缝线名,如果该纵缝线已经存在,则可以得到其相关信息。用户要想得到一条新的纵缝线,可以点击“新建”按钮来生成一条新的纵缝线。

(2)前后半艘选择

在单选框“后半艘”或“前半艘”中选择要描述的纵缝线的区域。系统即在“纵缝线名”组合框中列出已定义的该区域的纵缝线名。在“纵缝线名”组合框中选择纵缝线名,系统就显示已定义的该纵缝线的描述数据,供浏览或修改。

(3)纵缝线段选择

系统显示纵缝线的一段描述数据,并提示“本纵缝现分 n 段,显示的是第 i 段的描述数据”。用鼠标点击按钮,可滚动显示前一段或后一段描述数据。当滚动到系统提示“本纵缝现分 n 段,显示的是第 0 段的描述数据”时,用户可向舯延伸定义该纵缝线,系统自动给出向舯延伸最近的环缝名。同样,当滚动到系统提示“本纵缝现分 n 段,显示的是第n +1段的描述数据”时,用户可向艏(艉)延伸定义该纵缝线,系统自动给出向艏(艉)延伸最近的环缝名。

(4)纵缝段布置方式

“纵缝段布置方式”下拉框中给出纵缝段布置方式。用户可从以下 11 种布置方式中选择一种:

①给出每个肋位坐标并作光顺;
②给出 n 个肋位坐标并作光顺;
③给出每个肋位坐标不作光顺;
④横剖面上拉直线;
⑤船体曲面上拉直线;
⑥取 1#拟纵缝;
⑦取 2#拟纵缝;
⑧取 3#拟纵缝;
⑨相对某结构线加弧长增量;
⑩相对某结构线加高度增量;
⑪相对某结构线加宽度增量。

(5)定位坐标

定位坐标的“给宽度”和“给高度”单选框,指示下面定位坐标编辑框中坐标是宽度还是高度。但要注意,描述一条纵缝,从某段起一旦换用高度坐标,其后各段都必须用高度坐标,不能再改用宽度坐标。

“多值时取高(宽)度较大的点”复选框选中时,表示在求取纵缝线时取肋骨线上从舷侧算起的第一个交点。

(6)柱缝线

“柱缝线”输入框中为 0 时表示该纵缝不与柱缝相交。如果该纵缝与柱缝相交,则在“柱缝线”输入框中给出柱缝线名。

7.1.6 计算柱缝

点击“计算柱缝”,系统自动计算柱缝并提示计算完毕。系统对柱缝描述文件中描述的艏柱缝或艉柱缝型值进行光顺,生成柱缝线在纵剖面和横剖面上的投影圆弧样条及型值坐标,存入柱缝线文件。

1. 输入文件

计算柱缝线,需要以下输入文件:

①肋骨线型文件 FRAME＊＊.DAT；

②船舶信息文件 CONIN＊＊.DAT；

③肋位坐标文件 CHARP＊＊.DAT；

④柱缝描述文件 POST1＊＊.DAT；

2. 输出文件

计算结果为以下输出文件：

①柱缝线文件 POST2＊＊.DAT。

该文件是二进制的数据文件，存放柱缝线在纵剖面和横剖面上的投影圆弧样条及型值坐标。

②柱缝线绘图文件 POST＊＊.HDG。

该文件存放柱缝线在纵剖面和横剖面上的投影圆弧样条的绘图数据。使用“辅助工具”属性页中的“图形文件输出”按钮，可在图形平台上把该文件中的绘图数据转换成图形，供操作者观察检查。图中，每一柱缝线的端点处标有该柱缝线名。图中还特意给出轮廓线和0号肋骨位置线。

7.1.7 计算纵缝

点击“计算纵缝”按钮即弹出纵缝名选择对话框，供操作者选择想要计算的纵缝线名，如图7－5所示。

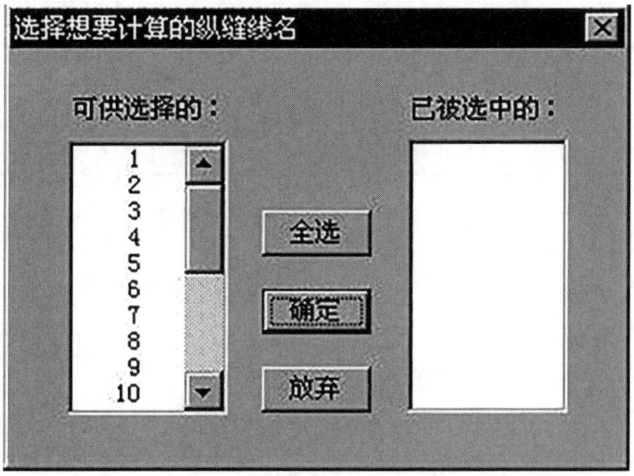

图7－5 纵缝名选择对话框

在“可供选择的”纵缝线名列表框中选择纵缝线名，选中的纵缝线名即从“可供选择的”纵缝线名列表框中消失，而出现在“已被选中的”纵缝线名列表框中。按“全选”按钮，可选中全部纵缝线名。对错选的纵缝线名，只要点击该纵缝线名，该纵缝线即从“已被选中的”纵缝线名列表框中消失，并退还给“可供选择的”纵缝线名列表框。

点击“放弃”按钮，系统关闭选择对话框，放弃计算纵缝线。

点击“确定”按钮，系统关闭选择对话框，开始计算选中的纵缝线。

系统对纵缝描述文件中描述的纵缝进行计算，生成纵缝线在各肋位处的三维型值坐标，并对同名纵缝线进行拼接处理，在输出数据文件（纵缝线文件）中生成完整的纵缝线记录。

任务7.2 外 板 展 开

外板展开

一般情况下，一块外板由左右端接缝和上下纵接缝组成，前面我们已经进行了柱缝线、端缝线（在线型系统中定义和生成，与肋骨的处理方法类似）、纵缝线的填写和计算。通过这些外板的缝线可以将一块块外板围起来，为外板的展开提供信息。

7.2.1 外板与样板

外板与样板的属性页如图7－6所示。

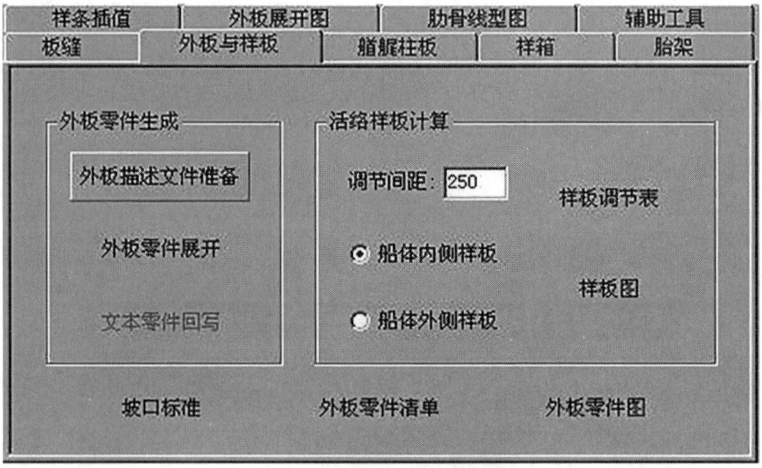

图7－6 外板与样板的属性页

外板与样板属性页提供给用户一系列外板零件处理的功能：

①外板描述文件准备；

②外板零件展开；

③外板零件数据文本文件中的外板零件回写到外板零件库；

④显示打印外板零件图、下料图；

⑤生成外板零件清单；

⑥计算生成活络样板调节表；

⑦计算生成外板零件加工样板图；

⑧坡口标准定义。

下面主要介绍前两种功能。

1. 外板描述文件准备

点击外板描述文件准备，出现如图7－7所示对话框。

（1）序号

自然数，在文件中顺序排列。

（2）分段名

字符串常量，表示零件所在分段的名称。

图 7-7 外板描述文件准备对话框

(3)近舯端缝

实数,外板的近舯端缝线号。当零件有近舯柱缝线或零件为 3 条边(无近舯端缝线)时,端缝线 1 可填略超出外板近舯端的估计肋位。

(4)远舯端缝

实数,外板的远舯端缝线号。当零件有远舯柱缝线或零件为 3 条边(无远舯端缝线)时,端缝线 2 可填略超出外板远舯端的估计肋位。

(5)K 行板信息

外板零件可分成三类:普通板(非 K 行板)、1 型 K 行板(舯线对称的 K 行板)和 2 型 K 行板(由 1 型 K 行板划分而得的 K 行板)。<K 行板信息>给出该列外板的第一块外板的类型,意义如下:

0,该列外板均为普通板。

1,该列外板的第一块外板是 1 型 K 行板,后继的是普通板。

2,该列外板的第一块外板是 2 型 K 行板,后继的是普通板。

不带折角的 K 行板可作为普通板展开。此时,<K 行板信息>填 0,如果下旁纵缝线对称于上旁纵缝线,则下旁纵缝线号取上旁纵缝线号的负值。

(6)纵缝线名

分别填写该外板所在的纵缝线名,这些纵缝线前面必须已经定义过,并通过了计算。

(7)零件信息

零件信息是最大长度为 13 的字符串常量,由零件的件号、件数、材质和对称信息组合而成,需括以单引号,如'6//A''7/SB'。件数用斜杠"/"表示,一条杠表示单件,两条杠表示两件。斜杠前是件号,斜杠后是零件的对称信息,后接材料牌号,或直接是材料牌号。零件的对称信息取法:

P 左舷；

S 右舷；

K 龙骨底板。

当零件为两件或虽然只有一件但不考虑零件的对称性时，对称信息可缺省。

上例中‘6//A’就是件号为6、2件、材质为A的零件；‘7/SB’就是件号为7、单件、右舷、材质为B的零件。

一列板的零件信息由下至上依次给出。

(8)柱缝线信息

4位整数，前2位为近舯端的柱缝线号，后2位为远舯端的柱缝线号。若零件以柱缝线为端线，则填零件所接的柱缝线号；若零件不与柱缝线相接，则相应的柱缝线信息填0。

2. 外板零件展开

用鼠标点击“外板零件展开”按钮，即弹出分段名选择对话框，供操作者选择想要展开的外板零件所属的分段名，如图7－8所示。

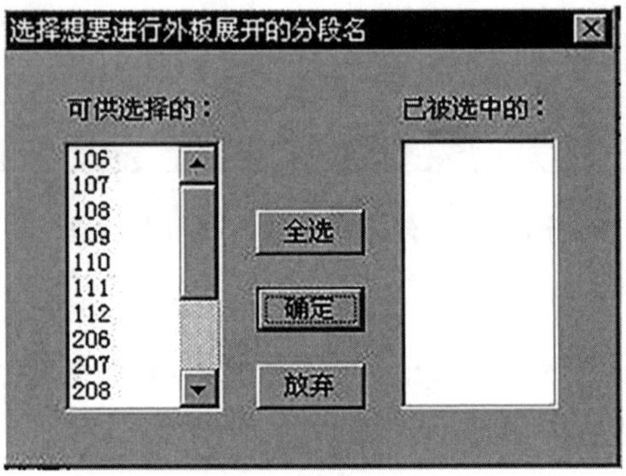

图7－8　分段名选择对话框

在“可供选择的”分段名列表框中用鼠标选择分段名，选中的分段名即从“可供选择的”分段名列表框中消失，而出现在“已被选中的”分段名列表框中。点击“全选”按钮，可选中全部分段名。对错选的分段名，只要点击它，该分段名即从“已被选中的”分段名列表框中消失，而退还给“可供选择的”分段名列表框。

点击“放弃”按钮，系统关闭选择对话框，放弃外板零件展开，如图7－9所示。

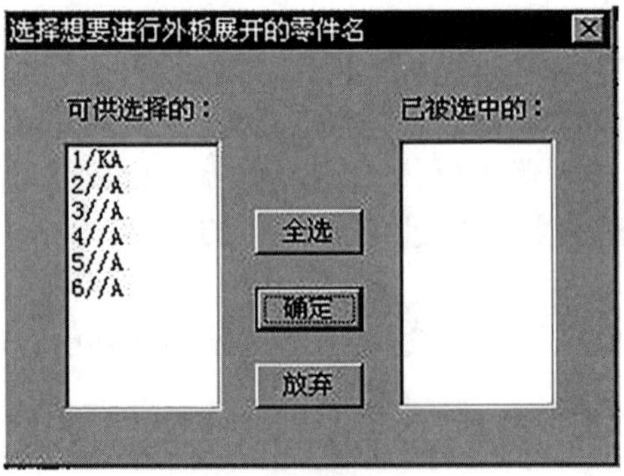

图7－9　选择对话框

点击“确定”按钮，系统即关闭选择对话框。如果选中了一个以上的分段，则系统即开始展开选中的分段的外板零件；如果仅选中一个分段，则系统弹出零件名选择对话框，供操作者选择该分段想要展开的外板零件名。该选择对话框的操作与分段名选择对话框的操作类似。点击“确定”按钮，系统即开始展开选中的外板零件。

系统计算过程中，在“运行结果”框中显示：

处理外板零件：序号 m - i(n)，零件名　<零件信息>

用＊＊＊展开法展开

其中，m 是数据块序号，i 是数据块内零件序号，n 是数据块内零件总数。处理结束，在“运行结果”框中显示“完成外板展开计算”。

完成外板展开计算后，可以进行零件显示输出。

任务7.3　外板展开图和肋骨型线图生成

外板展开图和
肋骨型线图生成

在外板系统中还有许多重要的功能，如生成艏艉柱板、胎架、样板样箱等，这些都是在船舶建造过程中必不可少的。限于篇幅本书不再讨论，读者朋友可以参阅《HD - SHM2005 船体建造系统外板子系统用户手册》。结合我们前面所讨论的知识，这部分的功能是比较容易操作的。

这里我们讨论如何生成外板展开图和肋骨线型图这两个重要图样。

7.3.1　外板展开图

选择“外板展开图”属性按钮，点击“运行”按钮进入 AutoCAD 界面，如图 7 - 10 所示。

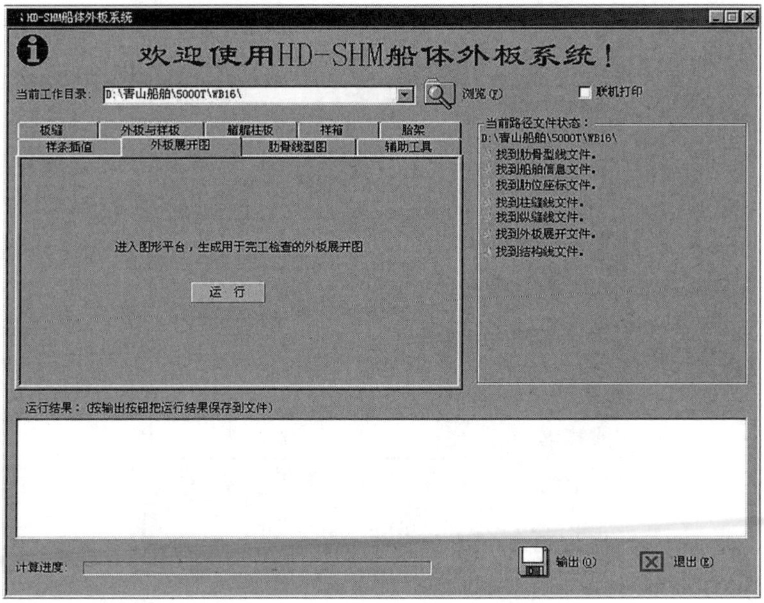

图 7 - 10　船体外板系统界面

点击“生成外板展开图”，如图 7－11 所示。

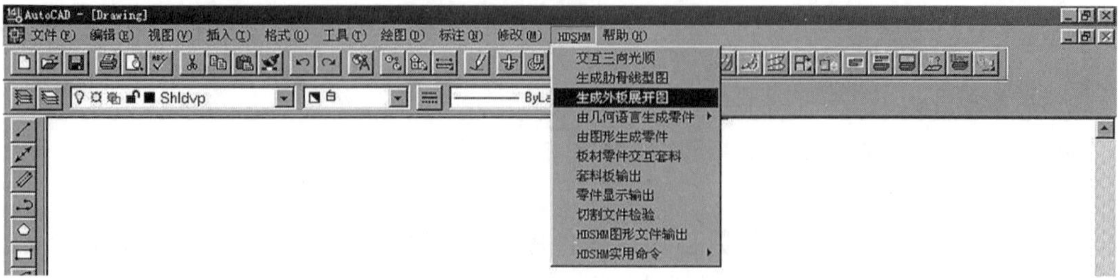

图 7－11　生成外板展开图对话框

系统自动生成外板展开图，出现图 7－12 所示对话框。

图 7－12　自动生成外板展开图

选择外板所在文件夹，并选择肋骨样条文件 Frame16. dat，点击“打开”按钮出现图 7－13所示对话框。

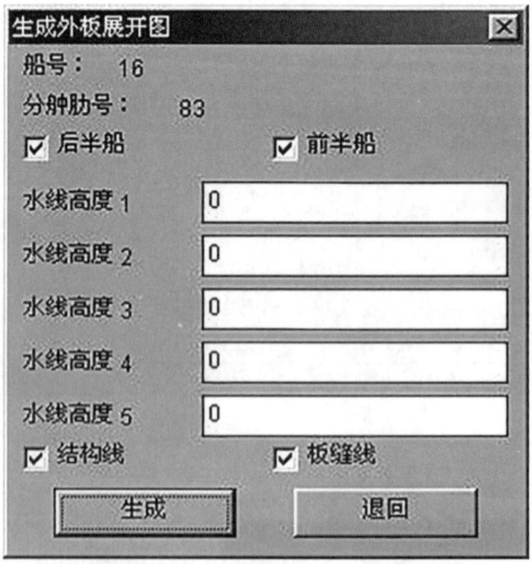

图 7－13　生成外板展开图对话框

这里选择要生成图样的区域，如后半船或前半船，或者全部；水线高度可以根据需要来填写，也可以不填；选中结构线和板缝线，点击“生成”按钮，生成图 7－14 所示图形。

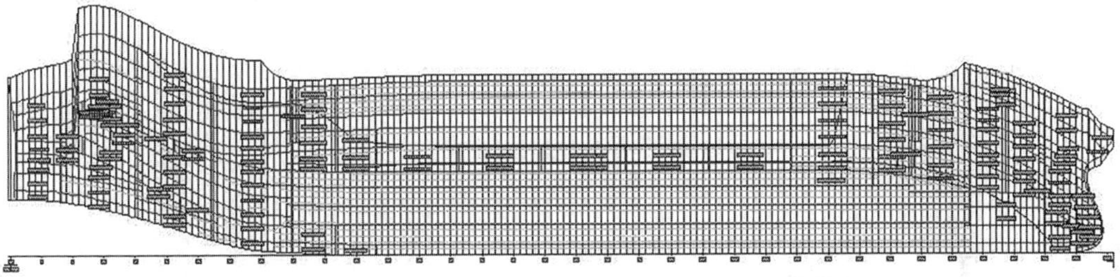

图 7－14 生成的图形

7.3.2 肋骨型线图

在 AutoCAD 界面中点击“生成肋骨线型图”，则出现“选择肋骨样条”对话框，如图 7－15所示。

图 7－15 “选择肋骨样条”对话框

这里需要注意的是，一定要找到肋骨样条文件，且该文件属于要处理的船。

点击“打开”按钮，出现“生成肋骨线型图”对话框，如图 7－16 所示。

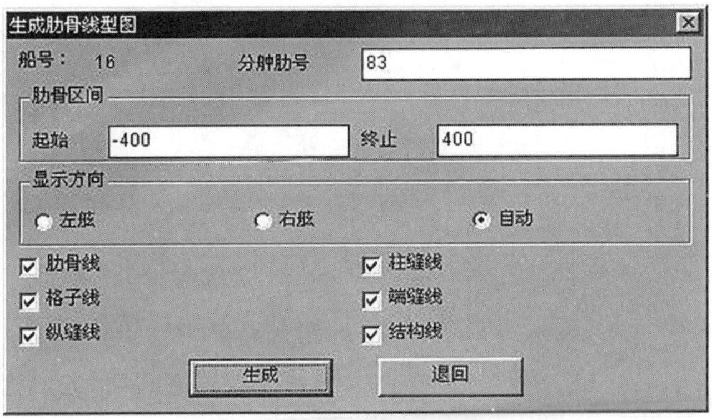

图 7－16 生成肋骨线型图对话框

这里要输入分舯肋骨号和起止肋号，起止肋号可以输入一个比较大的范围，这样系统只会生成存在的所有肋号；并选择此肋骨线型图要显示那些图线，如肋骨线、格子线、纵缝线等。

点击“生成”按钮，则生成了比较完整的肋骨线型图，如图 7－17 所示。

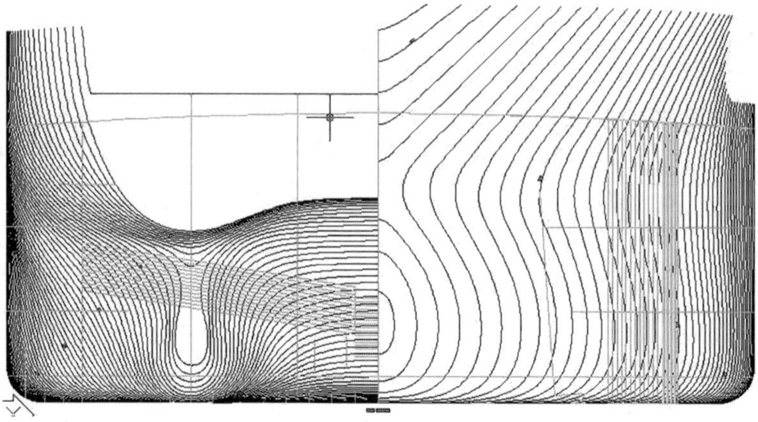

图 7－17　肋骨线型图

【思考与练习】

1. 简述准备柱缝描述文件和纵缝描述文件的方法。
2. 生成 150 t 冷藏船板缝线，并进行典型零件的展开。

参 考 文 献

[1] 魏莉洁. 船体放样[M]. 哈尔滨:哈尔滨工程大学出版社,2011.
[2] 刘玉君,汪骥. 船舶建造工艺学[M]. 大连:大连理工大学出版社,2011.
[3] 费敏杰. 船体放样[M]. 哈尔滨:哈尔滨工程大学出版社,2015.
[4] 彭辉. 造船 CAD/CAM 实训指导[M]. 哈尔滨:哈尔滨工程大学出版社,2007.
[5] 邹劲,刘旸. 计算机辅助船舶制造[M]. 哈尔滨:哈尔滨工程大学出版社,2003.
[6] 高靖. 船体识图与制图[M]. 哈尔滨:哈尔滨工程大学出版社,2010.